Mechanical Analysis of Vehicle-Asphalt Pavement System

车辆—沥青路面系统力学分析

吕彭民　董忠红　著

人民交通出版社

内容提要

本书是为了推广应用西部交通建设项目——“沥青路面动力响应分析方法研究”所取得的成果而编写的，系统而全面地阐述了重型车辆荷载作用下沥青路面的力学行为，分理论研究和试验研究两部分。理论部分阐述了车辆动力学和沥青路面动力学理论体系，试验部分阐述了实际交通荷载下沥青路面内部动力响应研究和沥青路面层间黏结强度研究。

本书研究成果不仅理论方法和内容新颖，而且在实际工程应用中适应性强，适合于从事公路交通的科研人员和工程技术人员阅读参考，也可供高等学校教师和研究生学习参考。

图书在版编目（CIP）数据

车辆—沥青路面系统力学分析/吕彭民，董忠红著.
—北京：人民交通出版社，2010.5
ISBN 978-7-114-08390-7

Ⅰ①车… Ⅱ.①吕… ②董… Ⅲ.①汽车-沥青路面-系统动力学-动力学分析 Ⅳ.①U461.5

中国版本图书馆 CIP 数据核字(2010)第 075439 号

书　　名：车辆—沥青路面系统力学分析
著 作 者：吕彭民　董忠红
责任编辑：韩亚楠　贾秀珍
出版发行：人民交通出版社
地　　址：(100011) 北京市朝阳区安定门外外馆斜街 3 号
网　　址：http://www.ccpress.com.cn
销售电话：(010) 59757969，59757973
总 经 销：人民交通出版社发行部
经　　销：各地新华书店
印　　刷：北京鑫正大印刷有限公司
开　　本：787×980　1/16
印　　张：13
字　　数：269 千
版　　次：2010 年 5 月第 1 版
印　　次：2010 年 5 月第 1 次印刷
书　　号：ISBN 978-7-114-08390-7
定　　价：27.00 元

前　言

改革开放以来,中国公路交通得到迅速发展。到2008年年底,全国高速公路通车里程达到6.03万km,为国民经济发展提供了基础条件。但近年来我国高速公路在运营过程中出现了使用寿命严重不足的现象。

引起路面结构使用寿命不足的原因较多,现有路面结构设计体系无法有效反映实际交通荷载下路面结构力学行为是其重要原因之一。目前我国及世界其他国家的沥青路面设计方法中,把车辆荷载视为静荷载或近似等效静荷载,路面结构视为弹性体系结构。但随着高速公路建设的发展,高速公路运输已经实现高速重载化。运行速度越高,车辆振动越严重,车辆对路面的振动冲击荷载越大;运载重量越大,路面承受的荷载越高,尤其是高温状态下,沥青路面表现出严重的黏弹性。路面设计中仍旧使用静载模式已不能反映路面的实际受力状况,无法解释动态荷载作用下路面结构产生的各种现象。因此,深入研究重型车辆作用下沥青路面承受的动荷载以及沥青路面在移动荷载下的动力响应,具有十分重要的现实意义。

公路交通运输中,车辆均采用橡胶轮胎,轮胎变形较路面变形大得多,车辆、轮胎与路面组成一个弱耦合系统。本书运用系统动力学思想,建立车辆动力学模型和路面动力学模型,开展重型车辆—沥青路面系统力学行为研究。

全书共分8章。第1章阐述沥青路面常用设计方法,车辆动力学和沥青路面动力学研究现状。第2章进行了交通现状调查与车辆—沥青路面系统动力学模型相关参数的调查。第3章建立了常用重型车辆动力学模型,将轮胎刚度处理为轴重和胎压的函数,使得车辆动荷载影响因素与路面设计输入条件结合起来,分析了路面不平度、轴重、胎压和车辆速度对车辆动荷载的影响。第4章建立了基于三维黏弹性本构关系的移动荷载作用下沥青路面动力响应模型,分析多种典型路面结构动力响应特点,分析轴重、胎压和车辆速度等参数对其动力响应的影响。第5章将沥青路面简化为作用在Kelvin黏弹性地基上具有黏弹性的无限长梁,建立了移动载荷下黏弹性道路动力学模型。利用数学变换解得了路面响应解析解,分析了在车辆速度、轴载和面层黏性阻尼取不同值时路面响应的变化规律。第6章采用试验方法研究沥青路面动力响应特点，修筑试验路和足尺试验场，埋入置入式传感器，采用重型运输车辆和加速加载设备作为加载装置，研究沥青路面动力响应影响规律，也验证了理论研究的正确性。第7章采用动力响应研究结果和交通调查结果，进行沥青路面疲劳寿命评估。第8章根据半刚性沥青路面的受力特点，对沥青路面基层与面层之间的剪切强度进行了研究。介绍了检测仪器、试验方法和部分现场试验结果，通过试验结果给出了提高层间剪切强度的方法和措施。

本书内容是依托西部交通建设项目——“沥青路面动力响应分析方法研究”的研究成果撰写而成。第1章由董忠红、吕彭民完成，由董忠红执笔撰写；第2章由董忠红、叶俊杰完成，由董忠红执笔撰写；第3章由董忠红完成并执笔撰写；第4章由董忠红、吕彭民完成，由董忠红执笔撰写；第5章由吕彭民、田润利、刘小云完成，由吕彭民执笔撰写；第6章由吕彭民、董忠红、郑仲浪、张培森、贺雨田、孔庆强、汪锋、梁佳、司小伟、王保良等完成，由董忠红执笔撰写；第7章由董忠红、吕彭民完成，由董忠红执笔撰写；第8章由吕彭民、宋绪丁、梁佳、司小伟、吴卫国、包维杰完成，由吕彭民执笔撰写。全书由吕彭民统稿。

项目研究过程中得到了西部项目管理中心领导小组的关心和支持，试验部分得到了陕西省高速公路建设集团、甘肃路桥公路投资有限公司、河南公路项目代理有限公司、北京路桥中咨科技有限公司、河北省公路局等单位的大力支持，在此表示诚挚的感谢！另外，本书的编写得到人民交通出版社的大力支持，借此机会向为本书出版付出努力的编辑表示感谢！

限于著者水平，书中错误之处在所难免，敬请广大读者批评指正。

著　者

2009年12月于西安

目　　录

1 绪 论

自1988年沈大、沪嘉高速公路建成通车,我国公路建设进入了以高速公路和高等级公路为主的崭新时代。到2007年年底,高速公路通车总里程已经达到5.36万km[1]。经过短短十几年的建设,我国高速公路的发展走完了发达国家半个多世纪的发展历程,成就斐然[2]。在取得巨大成就的同时,也出现了一些问题,特别是在已建成的高速公路中,沥青路面结构出现了较多的早期损坏,明显表现出沥青路面结构长期使用性能不足[2-5]。一些高速公路建成通车后不久,短的几个月或者半年,长的3~5年就不得不进行大面积维修,既造成巨大的国有资产浪费,又影响交通服务能力。这促使我们对现有设计方法进行深入研究,提出能够反映实际交通荷载下路面结构力学行为的结构分析方法。

目前世界各国的沥青路面设计方法中,把车辆荷载视为静荷载或近似等效静荷载。经过多年的发展,静荷载模式路面设计方法已经较完善,使用较广,为工程设计人员所接受。同时,在车速较低、车载较小的情况下,静荷载模式路面结构设计也是比较合适的。但从世界公路交通发展的规律看,随着国家高速公路交通网致密化,交通车辆组成必然向高速重载方向发展。我国的公路交通现已进入重交通阶段。尽管可通过采用增加轴数、轮胎数及轮胎接地面积等措施,使得重载车辆单位作用面积下的静态压强与小吨位车辆相同或接近,但由于车辆速度的提高和车辆载重的增大,使车辆在运动状态下由于振动所引起的惯性荷载和冲击荷载会大大增加。静力荷载模式与车辆行驶过程中对地面的实际作用力之间的差异越来越大,地面结构的动力特性也远非静力特性所能描述。因此,仍旧使用静载模式已不能反映路面的实际受力状况,无法解释动态荷载作用路面结构产生的各种现象。

随着交通运输业的发展,车辆类型越来越多,而且沥青路面结构属于典型的层状黏弹性体系。因此,道路结构在运动车辆荷载作用下的力学行为相当复杂,既受到车辆结构参数、车辆运行速度和车辆载重的影响,也受路面结构参数和路面平整度及周围环境的影响,同时与轮胎和路面的接触关系密切相关。必须利用大系统理论,研究路面在实际运行车辆作用下的动力响应,确定不同路面结构在不同车辆作用下的动态响应规律、车辆动荷载影响系数规律,从而为高速公路路面设计提供合理的车辆荷载,为路面结构设计评价指标的合理确定提供理论依据,为路面动态设计方法乃至设计规范的制订做前期准备工作。

1.1 常用路面设计方法

路面结构由路基、垫层、基层和面层组成。面层是道路工程中直接承受荷载和环境作用的部分。对路面最基本的要求是耐久、平整和光滑。路面设计的主要任务就是确保其寿命期间不发生不可接受的损坏。常用的沥青路面设计方法可分为两类:经验设计法和力学—经验设计法[3,6]。

有代表性的经验设计方法有 CBR 设计法和 AASHTO 设计法。有代表性的力学—经验设计方法有 Shell 设计法和 AI 设计法[3,6]。

Shell 设计法[7,8]把路面当作一种多层线弹性体,设计中考虑两项主要设计指标和两项次要设计指标。两项主要设计指标是沥青面层底部的容许弯拉应变 ε_r 和路基顶面的容许竖向压应变 ε_z:

$$\varepsilon_r = CN^{-0.25} \tag{1-1}$$

$$\varepsilon_z = 0.018(\text{或}\ 0.021)N^{-0.25} \tag{1-2}$$

式中:N——累计标准荷载作用次数;

C——与沥青层模量有关的系数。

式(1-2)中系数 0.018 的保证率为 95%;系数 0.021 的保证率为 85%。

两项次要指标是水泥稳定类材料底面的弯拉应力 σ_{r2} 和路表面的永久变形 Δh。

$$\sigma_{r2} = \sigma_{r1}(1 - 0.075\lg N) \tag{1-3}$$

式中:σ_{r2}——容许弯拉应力;

σ_{r1}——材料的极限弯拉强度。

$$\Delta h = kh\frac{\sigma_0}{S_{mix}} \tag{1-4}$$

$$k = C_m Z_0 \tag{1-5}$$

式中:Δh——车辙深度;

h——沥青层厚度;

σ_0——标准轮载作用下的应力;

S_{mix}——沥青混合料的劲度;

C_m——动态因子;

Z_0——构造因子。

AI 设计法[3]也把路面结构视为弹性层状体系,设计中采用沥青层底面的水平拉应变 ε_t 控制沥青面层的疲劳裂缝,采用路基顶部竖向压应变 ε_c 控制路面的永久变形。路面寿命与 ε_t 和 ε_c 的关系为:

$$N_f = a(1/\varepsilon_t)^b \tag{1-6}$$

$$N_d = c(1/\varepsilon_c)^d \tag{1-7}$$

式中:N_f——路面开裂时的荷载作用次数;

N_d——路面永久变形的荷载作用次数;

ε_t——沥青层底面的水平拉应变;

ε_c——路基顶面的竖向压应变;

a、b、c、d——相关系数，由疲劳试验得到。

同时，世界各国还对本国的道路使用状况进行深入调查研究，制定相应的沥青路面设计规范和设计方法，总体来讲，各国沥青路面设计均采用多层弹性体系理论，损坏模式主要为疲劳和路面结构的永久变形，路面设计中考虑的外部使用条件主要是交通荷载和温度。

我国的《公路沥青路面设计规范》是众多学者辛勤劳动的结晶，总结了我国道路结构设计经验，已正式颁布五个版本。在最新发布的《公路沥青路面设计规范》(JTG D50—2006)[9]中，以弹性层状连续体系理论为基础，路面结构层厚度设计时，应满足结构整体刚度和沥青层或半刚性基层、底基层抗疲劳开裂的要求，分别采用轮隙中心处路表弯沉和面层及基层层底拉应力作为控制指标，采用双圆均布垂直荷载模式和 BZZ-100 标准荷载计算路面结构层厚度。

总体来讲，国内外沥青路面设计规范均采用力学—经验设计方法，理论基础均为弹性层状体系理论。采用的荷载模式均为静态荷载，对动荷载的影响提出基于经验的修正系数。设计模型中采用的材料性能参数有的是静模量，有的是动模量，但只考虑环境因素对模量的影响，没有考虑荷载因素对模量的影响。虽然有些设计方法，如 AI 设计法，考虑了沥青混合料的黏弹性特性，但也只是在实践基础上提出相应的模量修正公式。从动力学角度分析实际车辆荷载下路面结构的动力响应还有待深入研究。

1.2 车辆动力学研究现状

车辆动力学是伴随着车辆的出现而发展起来的一门专业学科[10]。车辆动力学从严格意义上来讲，包括与车辆系统运动相关的所有研究，然而最为核心的是平顺性和操纵稳定性这两大领域。一般认为，平顺性主要研究影响车身的垂向跳跃、俯仰、侧倾振动的因素，而操纵稳定性主要研究车辆的横向、横摆和侧倾运动。目前，在车辆动力学方面的研究已经取得了很大的成就。车辆系统的线性建模相当多，有平面模型、空间模型，自由度数可以高达 40 多个。车辆动力学的研究重点为如何提高车辆的行驶平顺性，改善乘员的乘坐舒适性。国内外汽车行业的专家学者，利用随机振动和系统动力学等理论，研究车辆动力学模型在路面不平度作用下的频率响应函数，目的在于完善汽车动态设计、减小车辆振动、提高舒适性和疲劳寿命。国外的研究机构，特别是许多大型汽车制造公司，如美国通用公司、福特公司、德国大众公司、日本丰田公司等，在这方面都做了大量深入的研究工作。国内也进行了相关研究，如清华大学、吉林工业大学(现吉林大学)、中国第一汽车集团公司、中国第二汽车集团公司等单位从理论研究和试验研究两方面做了大量工作，得到许多有价值的结论和理论分析方法及试验方法。

进行车辆动力学研究时，常常将车辆简化成由弹簧、质量和阻尼元件的组合。其中较为经典的模型有整车模型[11,12]、二分之一车辆模型[13,14]、四分之一车辆模型[15]等。线性范围内的研究手段和研究方法已经比较成熟。为了更准确地模拟车辆动力性能，许多学者还建立了非线性车辆动力学模型[16-19]。车辆研究人员对以上模型进行了研究，其目的基本集中在改善车辆平顺性、舒适性和安全性。

实际上，高速行驶的车辆高速行驶在不平整的路面上，路面和车辆相互作用一个随机激励，不仅影响车辆的振动，而且对路面的动力响应有着严重影响。尤其是重型运输车辆，对路面作用的冲击荷载是路面结构产生早期破坏的力学条件。在车辆对路面结构作用的动力荷载方面的研究相对较少。采用系统动力学方法，研究运动车辆和路面结构之间的相互作用，分析车辆的振动性能和路面结构的动力响应，建立车—路友好系统，提出相应的车辆和路面设计参数，是目前国际上研究的热点。比较著名的研究项目为美国的 SHRP 计划[20]。另外，Cebon[21-24]、Sun Lu[25-28]、Christison[20]和 Corinell[20]等人在这方面作出了突出的贡献。由于安装在车辆上的充气轮胎具有包容特性，而且轮胎的变形量较路面变形量大得多，因此，车辆和路面是一弱耦合系统。Cenbon 将车辆响应和路面响应分开建模，在建立路面模型时着重考虑路面的转移函数和脉冲响应，借助于振动系统理论，计算运动的点源随机载荷下的路面响应问题。Christison 和 Corinell 则是使用了与路面结构模型有关的影响函数，考虑到不同的响应（如应力、应变等）将会有不同的影响函数，然后综合影响函数和车辆模型，就可得到路面结构层的某点在随机荷载下的响应。

1.3 沥青路面动力学研究现状

由前述基于力学—经验法的沥青路面设计方法知道，进行沥青路面动态设计时，要建立路面使用寿命与路面结构参数之间的关系，首先应知道移动车辆荷载下路面结构的动力响应。但沥青路面结构是一个复杂的黏弹塑性层状体系，即使在位置固定的动荷载下求解其动力响应也非常困难。因此，研究其动力响应的力学模型常常要对路面结构进行一定的简化处理。Alpan[29]、Harr[30]和 Kerr[31]采用离散的质量、弹簧和阻尼元模拟路面结构，研究位置固定荷载下路面结构的动力响应。Kenis[32]、Monismith[33]、Ullidtz[34]等人采用弹性层状体系理论，模型中的参数考虑了荷载频率及车辆速度的影响，修正静态分析结果。这些模型既没有考虑车辆荷载形式对路面结构动力响应的影响，也没有考虑动力响应的时间累计效应。许多学者采用线性系统的叠加原理，研究移动荷载下的动力响应，采用的力学模型有无限长梁模型、无限大板模型、弹性均质半空间体模型和层状介质模型。Battiato[35-37]等人采用双层和三层黏弹性层状体系模型研究了移动半正弦波作用下的动力响应。Kausel[38,39]等人采用 Green 函数研究刚性基础上层状体系的动力响应。Hardy 和 Cebon[40-43]采用数值积分方法研究了随机移动荷载下 Winkler 地基上无限长梁的动力响应。

大量研究发现，沥青混合料的模量既受应力应变大小影响，也受加载频率影响。

Huang[44]和 Monismith[45]等人分别开发了 KENLAYER 软件和 SAPSI 软件，两个软件功能相似，都是将路面结构视为多层体系，各层的材料参数可以是线弹性的也可以是黏弹性的。所施加的车轮荷载为位置固定的圆形荷载，荷载大小随时间变化，为半正弦波形式，作用时间为车辆速度的函数。考虑到计算多轮荷载下的动力响应时进行了轴对称处理，该方法无法研究复杂轮迹荷载下的动力响应，Siddharthan[46-54]等人建立了移动荷载下层状体系的动力学模型，并编制了 3DMOVE 软件，引起广泛的反响。其模型采用 Fourier 变换技术对复杂的车轮荷载进行处理，求解出在简单移动荷载下路面结构动力响应的基础上，采用线性叠加原理分析实际车辆荷载下的动力响应。但该方法采用的是弹性体的本构关系模型，在考虑沥青路面的黏弹性时，仅仅是用沥青混合料的复模量代替弹性本构关系的模量。

我国在路面动力学研究方面也做了大量工作。任瑞波[55]等人采用传递矩阵法研究了 FWD 冲击荷载下黏弹性层状体系路表弯沉的解析解。钟阳[56]等人利用积分变换和传递矩阵相结合的方法研究了轴对称半空间体的动力响应。东南大学的邓学钧和孙璐[57-60]采用广义 Duhamel 积分和积分变换方法研究了 Bornoulli-Euler 梁、Kirchhoff 板和弹性半空间介质在运动点源、线源和面源荷载作用下的动力响应。

任何理论研究模型都是在一定的假设条件下是适用的。如前所述，实际交通荷载下沥青路面的动力响应既受车辆荷载和轮胎参数的影响，还受路面结构及材料性能的影响，同时还受温度、湿度等环境因素的影响。虽然经过众多学者的不懈努力，已经建立了多个路面结构动力学模型，考虑了一些影响因素，但与实际路面结构的动力性能还有一定的差距。为了更好地研究路面结构的使用性能，为基于力学—经验设计法提供符合实际情况的寿命模型和参数，许多国家进行了大量的野外现场动力性能试验。

国际上进行路面结构行为研究的研究方法可分为两类。第一类通过对正在使用的道路进行跟踪调查，长期观测路面结构行为的变化，提出各种因素对路面使用性能影响的模型，比较有代表性的研究为 SHRP 研究计划中的 LTPP[61-63]研究计划。另一类为进行足尺加速加载试验 APT（Accelerated Pavement Test）[64-66]，修建不同组成的路面结构，采用加速加载装置，在较短时间内和一定控制条件下反复施加车轮荷载，研究路面使用性能的变化规律。受试验条件的限制，对路面结构行为的研究主要采用测量路表反映，如测量路表裂纹和车辙，或切开路面观测内部变化的方法进行。主要原因在于缺乏使用可靠的用于直接检测路面结构内部动力响应的传感器，美国 CTL 公司开发了一套用于检测沥青路面动力响应的传感器，在许多大型工程中得到应用[67]。采用置入传感器，检测车轮荷载下路面结构内部的动力响应，如应变和弯沉，是近十余年才广泛开展起来的。比较著名的研究项目有 Mn/Road 试验路、The Virginia Smart Road、NCAT 试验路、CPATT 试验路、HVS、SISSI 等[68-77]。

各个研究项目都选择多个本国或本地区常用路面结构，修筑试验路，道路结构施工时埋入传感器（也有些项目在施工结束后局部刨开路面置入传感器），采用加速加载设备或本地区典型重型运输车辆作为加载装置，监测移动车辆荷载下路面结构的动力响应。各个项目检测的参数基本相同，反映路面结构动力响应的参数为面层底部弯拉应变和路基顶部的竖向压应变以及各个结构层的竖向弯沉，反映路面结构内部环境因素的参数有各个结构层的温度和湿度。该类项目研究时间一般较长，如 SISSI 至今已进行了 6 年的试验[76,77]，研究不同季节及不同的使用年限下路面结构的动力响应。由于路面结构组成差异较大，各个项目的试验结果差异很大。

在路面结构动力响应试验研究方面，国内研究相对较少，主要通过采用 FWD 弯沉仪检测路表弯沉，评价路面结构的动刚度，进而推断各个结构层的动态性能。与国外的研究思想和研究手段存在较大差距。近年来，由于高速公路路面结构出现大面积的早期破坏现象，促使我们对其破坏机理进行深入研究，交通运输部公路科学研究院在北京、江苏、山西等地区修筑足尺试验场，置入相应的传感器，研究不同组成路面结构的动力性能[2,5]。

2 车辆—路面系统动力学模型相关参数调查

本书采用系统动力学方法建立车辆动力学模型和路面结构动力学模型,分析典型重型车辆对路面结构的动力荷载和沥青路面结构在移动车辆荷载下的动力响应,研究路面结构动力响应特点,分析不同参数对车辆动力响应和路面结构动力响应的影响。

车辆—路面系统动力学模型中包括大量的车辆动力学参数和路面动力学参数,参数的取值直接影响动力学研究结果能否反映实际交通荷载下路面结构的动力响应。因此,需要对车辆—路面系统动力学模型中重要的参数进行深入调查研究,其中包括典型重型车辆、轴载谱、路面结构材料模量等。

2.1 典型重型车辆和轴载谱调查

实际交通车辆组成及轴载是进行车辆—路面系统动力响应研究的基础数据。因此,作者采用现场调查和收集资料相结合的办法,进行调查研究,包括车辆组成调查研究和轴载谱调查研究。

调查时,借助于收费站的动态称重收费系统,根据记录的每辆车每个轴的轴重,确定车辆类型和轴重,进而确定一段时间内的车辆组成(即不同类型车的比例)和轴载谱。调查时间为24h。

值得说明的是,2004 年之前,我国高速公路超载普遍严重,使得高速公路出现严重的早期破坏现象,既影响高速公路的服务能力,又造成严重的国有资产浪费。为了解决超限超载运输问题,交通运输部、公安部、国家发展和改革委员会、国家质量监督检验检疫总局、国家安全生产监督管理总局、工商行政管理总局、国务院法制办公室等七部委于2004 年6 月20 日在全国范围内开展了联合治超行动。2004 年10 月1 日起,重型汽车生产厂家在制造车辆时,必须执行《道路车辆外廓尺寸、轴荷及质量限值》(GB 1589—2004)强制性标准。这些文件的出台,对交通组成影响很大。本书给出的调查数据全部是“治超”以后的数据。

我国高等级公路上常见载货汽车按轴型分为 5 类:①二轴车;②三轴车;③四轴车;④五轴车;⑤六轴车。各轴型货车如图 2-1 所示。

值得说明的是,图 2-1 中所指的“1 型轴”是指两侧各有一个轮胎的单轴,即单轴,单轮,该型轴标准轴重为 70kN;“2 型轴”是指两侧各有两个轮胎的单轴,即单轴,每侧双轮,该型轴标准轴重为 100kN;“5 型轴”是指两侧各有四个轮胎的双连轴,即双联轴,每侧双轮;“7 型轴”是指两侧各有六个轮胎的三连轴,即三联轴,每侧双轮。

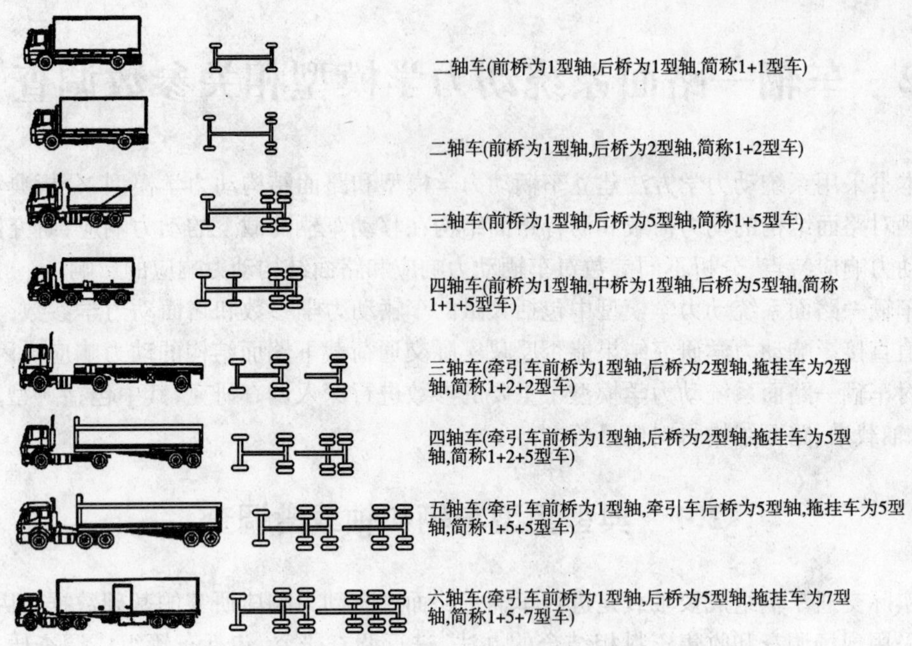

图 2-1　我国高等级公路上常见的各轴型货车

2.1.1　典型路段交通组成和轴载谱调查

1)京珠高速公路河南段轴载谱

京珠高速公路河南段车型比例统计见表 2-1。

京珠高速公路河南段车型比例统计表　　表 2-1

车　型	二轴车	三轴车	四轴车	五轴车	六轴车	合计
数量(辆/24h)	961	396	514	70	58	1 999
比例	48.07%	19.81%	25.71%	3.50%	2.90%	100%

从表 2-1 可见,京珠高速公路河南段上重型车中二轴车所占比例最大,达 48.07%,其中 1 + 2 型车辆比例最大,达到 47.8% ,1 + 1 型车辆仅占 0.27%。三轴车和四轴车也占有较大比例,分别达到 19.81% 和 25.71%。通过现场调查发现,二轴车和三轴车以短途运输为主,而四轴车以长途运输为主。五轴车和六轴车所占比例较小,可以认为是非典型车辆。

京珠高速公路河南段的汽车通行量为 1 999 辆/d,这表明京珠高速公路河南段的货物运输非常繁忙,是一条载货汽车比较集中的重载道路。根据测试结果,对京珠高速公路河南段各类型载货汽车的轴载进行统计得到四种主要轴型的轴载谱，如图 2-2 ~ 图 2-5 所示。

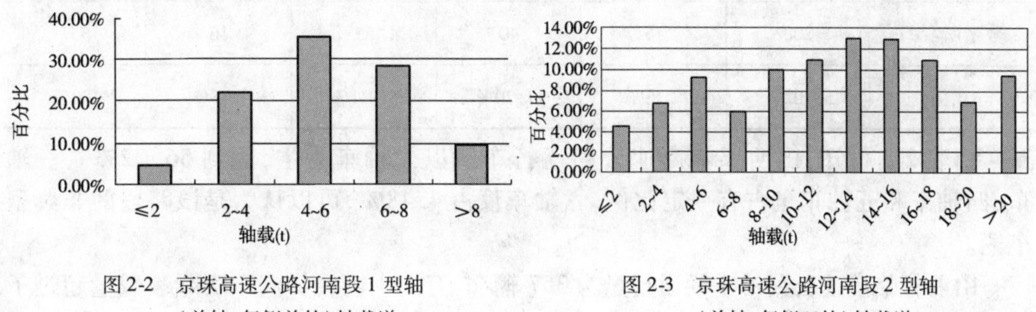

图 2-2　京珠高速公路河南段 1 型轴（单轴、每侧单轮）轴载谱

图 2-3　京珠高速公路河南段 2 型轴（单轴、每侧双轮）轴载谱

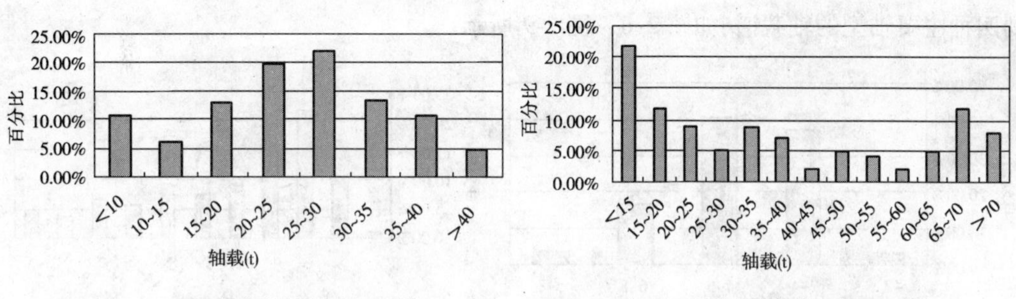

图 2-4　京珠高速公路河南段 5 型轴（双联轴、每侧双轮）轴载谱

图 2-5　京珠高速公路河南段 7 型轴（三联轴、每侧双轮）轴载谱

由图 2-2 ~ 图 2-5 各轴型的轴载谱可以看出，1 型轴（单轴、每侧单轮）的轴载谱只显示一个峰值，近似服从正态分布，因为车辆前轴多用这种轴型，车辆载质量的大小对它的影响较小。但是 1 型轴载超过 6t 的比例占到 37.96%，根据《道路车辆外廓尺寸、轴荷及质量限值》（GB 1589—2004）标准，这些轴处于超负荷运行状态。2 型轴（单轴、每侧双轮）轴载谱出现两个峰值，分别对应于空车和承载车。超出国家规定的最高限 10t 的轴数较多，占总轴数的 63.9%，甚至有 9.49% 的 2 型轴载超过了 20t。5 型轴（双联轴、每侧双轮）轴载谱近似服从正态分布，荷载大多集中在 20 ~ 40t。其中有75.61% 的轴载超出国家规定最高限 18t，所以这种轴型的车辆对路面的损伤很大。按国家规定的 7 型轴（三联轴、每侧双轮）轴限为 22t，由京珠高速公路河南段轴载谱知，绝大部分的三联轴类型车辆都超过了这个范围，超限比例为 76.48%。其中最大轴载为 79.14t，是轴限 22t 的 3.6 倍。因此，从京珠高速公路河南段的车辆轴载数据可知，虽然进行了“治超”，但货车超载情况依然十分严重，这就加剧了路面的损伤。

2）山西祁临高速公路轴载谱

山西祁临高速公路车型比例统计见表 2-2。

山西祁临高速公路车型比例统计表　　表 2-2

车　型	二轴车	三轴车	四轴车	五轴车	六轴车	合计
数量(辆/d)	200	46	40	55	16	357
比例	56.02%	12.89%	11.20%	15.41%	4.48%	100%

由表 2-2 可知,山西祁临高速公路通行车辆以二轴车为主,达到 56.02%。三轴车、四轴车和五轴车也占有一定比例,六轴车仅占 4.48%,可以认为是该路段的非典型车辆。

山西祁临高速公路的车辆通行量为 357 辆/d,有 154 辆载货汽车实际装载量超过了额定装载量,占总车辆的 43.13%,甚至有 5.32% 的载货汽车载质量超过了额定载质量的 200%,这种车型多为五轴车。对山西祁临高速公路各类型载货汽车的轴载进行统计得到四种主要轴型的轴载谱,如图 2-6 ~ 图 2-9 所示。

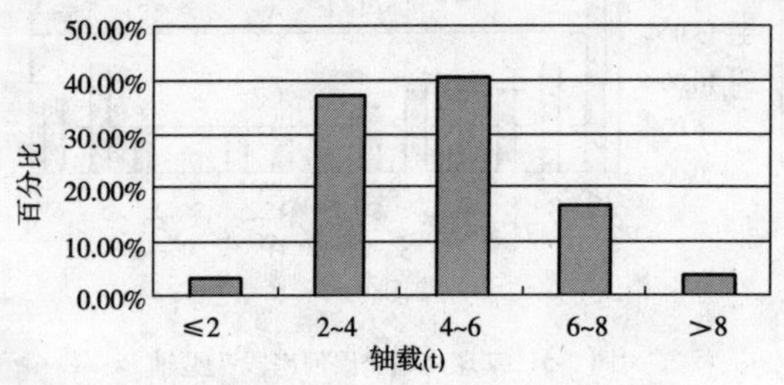

图 2-6　山西祁临高速公路 1 型轴(单轴、每侧单轮)轴载谱

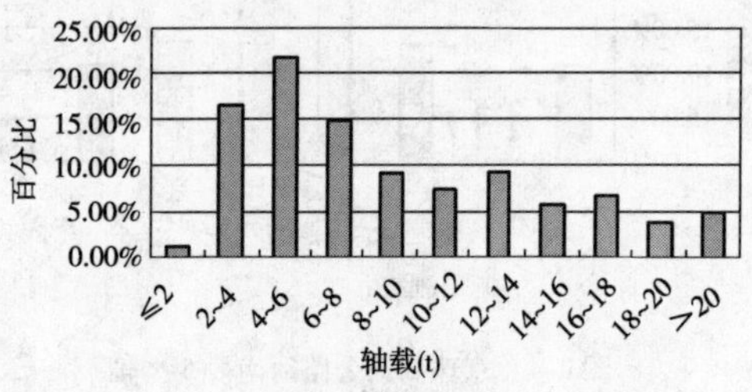

图 2-7　山西祁临高速公路 2 型轴(单轴、每侧双轮)轴载谱

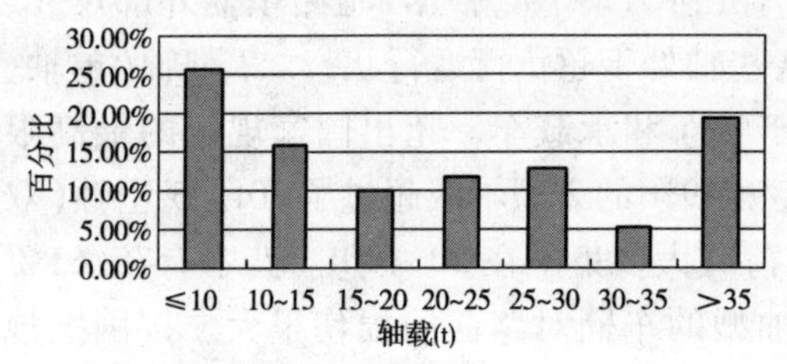

图 2-8　山西祁临高速公路 5 型轴(双联轴、每侧双轮)轴载谱

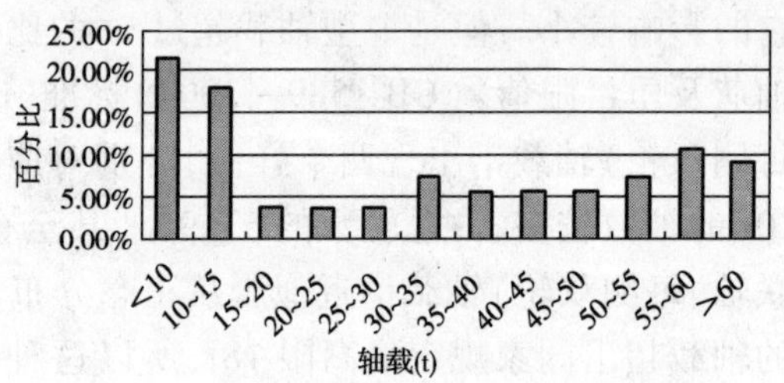

图 2-9　山西祁临高速公路 7 型轴(三联轴、每侧双轮)轴载谱

由图 2-6 ~ 图 2-9 各轴型轴载谱可以看出,1 型轴(单轴、每侧单轮)的轴载谱只显示一个峰值,近似服从正态分布,因为车辆前轴多用这种轴型,车辆载质量的大小对它的影响较小。但是 1 型轴超限(6t)比例达到 19.75%,这些轴处于超负荷运行状态。2 型轴(单轴、每侧双轮)轴载谱出现两个峰值,分别对应于空车和承载车,其中有 36.96% 轴载

超过了国家规定的最高限10t,有4.78%的2型轴载甚至大于20t。5型轴(双联轴、每侧双轮)中,有52.94%的轴载超出国家规定最高限18t,即这种轴型的车辆超限比例较大,是引起路面损伤的主要车型。按国家规定,7型轴(三联轴、每侧双轮)的轴限为22t,由山西祁临高速公路轴载谱得知,绝大部分的三联轴型车辆都超过了这个范围,超限比例为55.35%。其中最大轴载为64.68t,是轴限22t的2.9倍。

该路段为煤炭运输重要通道,重型车辆比例较大,车辆载质量大,超载比较严重。

3)渝涪高速公路轴载谱

渝涪高速公路车型比例统计见表2-3。

渝涪高速公路车型比例统计表　　表2-3

车　型	二轴车	三轴车	四轴车	五轴车	六轴车	合计
比例	89.4%	5.7%	4.2%	0.6%	0.1%	100%

从表2-3可见,渝涪高速公路上重型车辆以二轴车为主,所占比例达到89.4%,其他车型所占比例较小,可以认为是该路段非典型重型运输车辆。根据测试结果,对各类型车辆的轴载进行统计得到轴载谱,如图2-10～图2-13所示。

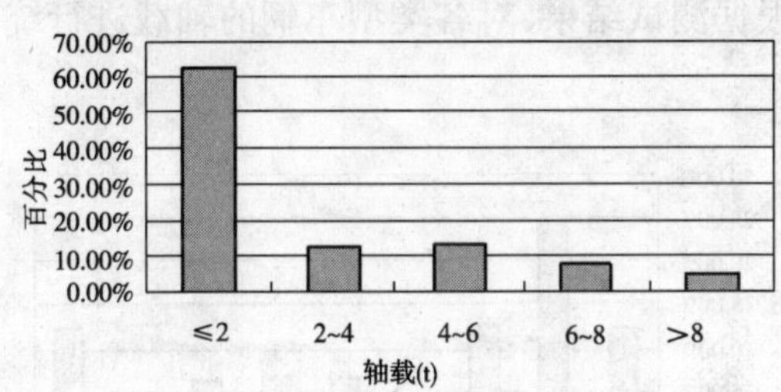

图2-10　渝涪高速公路1型轴(单轴、每侧单轮)轴载谱

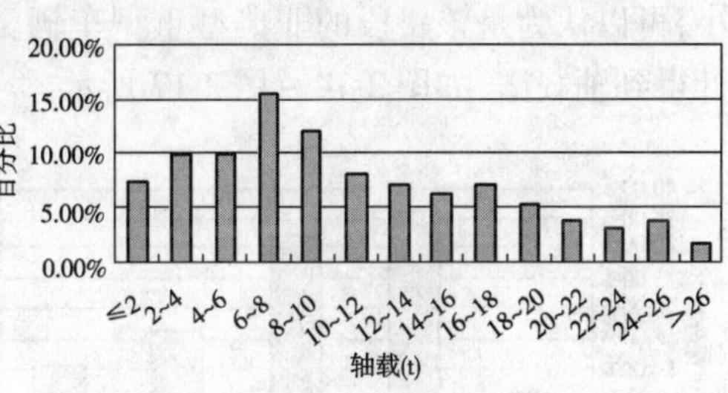

图2-11　渝涪高速公路2型轴(单轴、每侧双轮)轴载谱

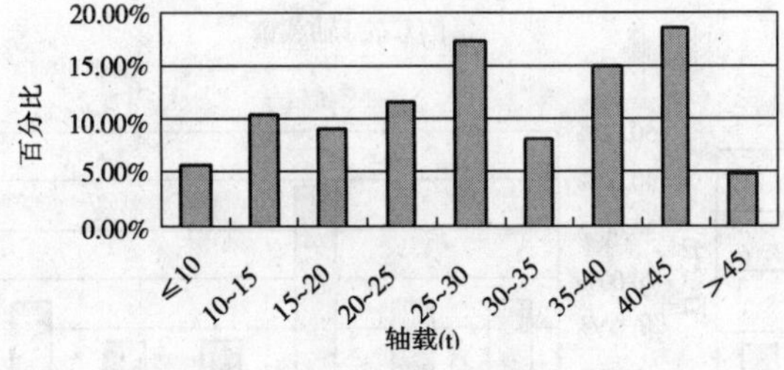

图2-12　渝涪高速公路5型轴(双联轴、每侧双轮)轴载谱

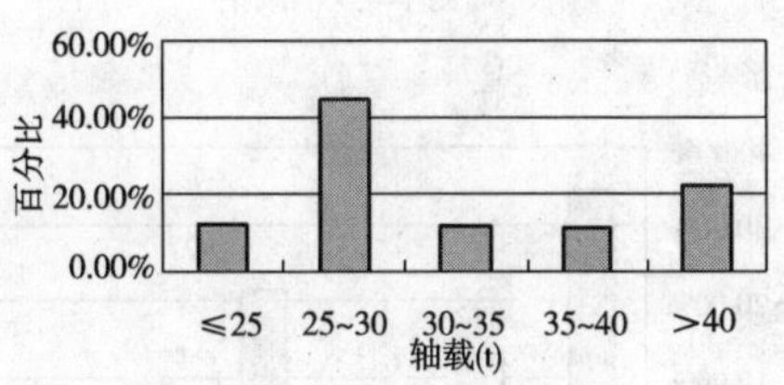

图2-13　渝涪高速公路7型轴(三联轴、每侧双轮)轴载谱

由图2-10～图2-13各轴型的轴载谱可以看出,1型轴(单轴,每侧单轮)中有62.2%的轴载小于2t,依据《公路沥青路面设计规范》(JTG D50—2006),此轴载对于沥青路面的

损伤影响可以忽略不计，仅有12.15%的1型轴轴载超过国家所规定的最高限6t，这些轴处于超载状态。2型轴（单轴、每侧双轮）、5型轴（双联轴、每侧双轮）、7型轴（三联轴、每侧双轮）轴载谱均出现两个峰值。2型轴超限（轴限10t）率为45.58%，其中有11.8%的2型轴载超过最大轴限的2倍。5型轴（双联轴、每侧双轮）荷载大多集中在20～45t。其中有77.7%的轴载超出国家规定最高限18t，即路面损伤主要是由此类轴型的车辆造成的。按国家规定的7型轴（三联轴、每侧双轮）的轴限为22t，由渝涪高速公路轴载谱可知，绝大部分的三联轴类型车辆都超过了这个范围，超限比例为88.89%。然而，此类轴型车辆数量较少，可以认为是造成沥青路面破坏的非典型重型车辆。

4）成渝高速公路轴载谱

成渝高速公路车型比例统计见表2-4。

成渝高速公路车型比例统计表 表2-4

车　　型	二轴车	三轴车	四轴车	五轴车	六轴车	合计
比例	76.84%	12.62%	8.35%	0.89%	1.29%	100.00%

从表2-4可见，成渝高速公路上重型车辆以二轴车为主，占76.84%。三轴车和四轴车也占有一定的比例，分别占有12.62%和8.35%。四轴车、五轴车和六轴车的比例很小，可以认为是该路段的非典型重型车辆。根据测试结果，对各类型车辆的轴载进行统计得到轴载谱，如图2-14～图2-17所示。

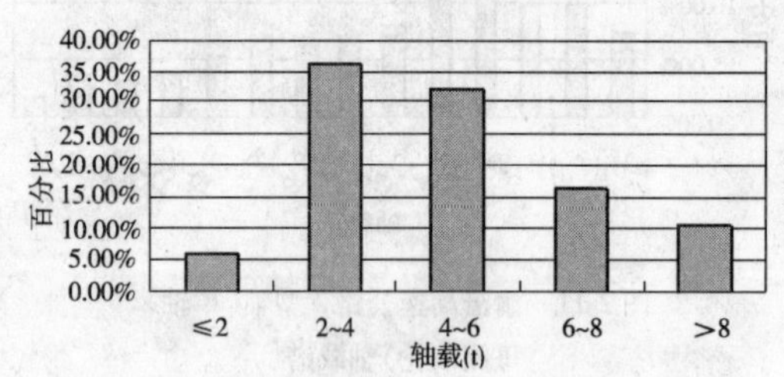

图2-14　成渝高速公路1型轴（单轴、每侧单轮）轴载谱

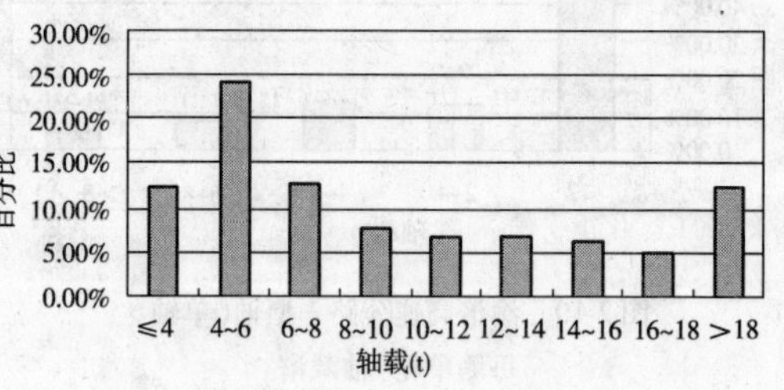

图2-15　成渝高速公路2型轴（单轴、每侧双轮）轴载谱

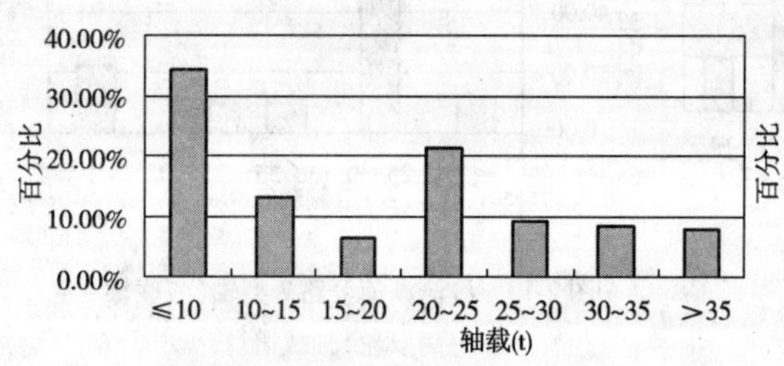

图2-16　成渝高速公路5型轴（双联轴、每侧双轮）轴载谱

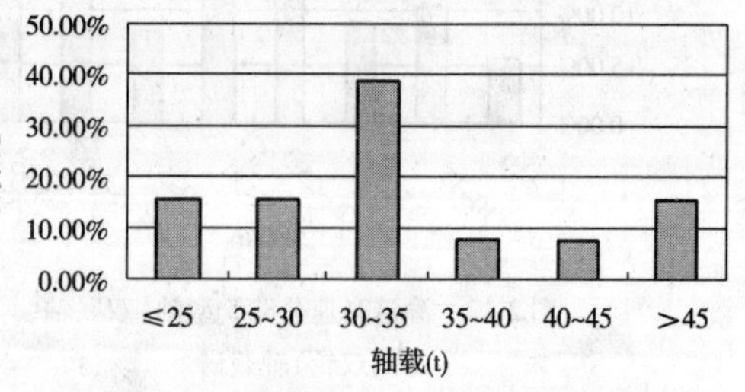

图2-17　成渝高速公路7型轴（三联轴、每侧双轮）轴载谱

由图2-14~图2-17各轴型的轴载谱可以看出,1型轴(单轴、每侧单轮)近似服从正态分布,因为车辆的前轴多用这种轴型,车辆载质量的大小对它的影响较小。但是一轴超过6t的比例占到26.39%,即有26.39%的1型轴处于超限状态。2型轴(单轴、每侧双轮)轴载谱出现两个峰值,主要集中在5t与18t左右,分别对应着空车和承载车,其轴载超过国家规定的最高限10t的占总量的36.2%;5型轴(双联轴、每侧双轮)有48.79%的轴载超过了国家规定的最高限18t;7型轴(三联轴、每侧双轮)轴载出现两个峰值,分别为30t与45t左右。按国家规定的三联轴22t为轴限,7型轴的超限比例为92.31%,其中最大轴载为53.58t,为轴限的2.44倍。虽然7型轴超限比例很高,但由于数量很少,可以认为是非典型重型车辆轴型。

2.1.2 典型路段交通组成和轴载谱调查总结

通过对4条高速公路中重型车辆进行24h连续调查,可以得到如下结论:

(1)高速公路重型车辆中以二轴车为主。京珠高速公路河南段二轴车占48.07%,山西祁临高速公路二轴车占56.02%,渝涪高速公路二轴车占89.4%,成渝高速公路二轴车占76.84%。其中以1+2型为主。因此,在进行车辆—路面系统动力响应研究时,可以以该型车为典型车辆分析其对路面的动荷载。

(2)超载依然严重。以典型的2型轴为例,京珠高速公路河南段超载比例占63.9%,山西祁临高速公路超载比例占36.96%,渝涪高速公路超载比例占45.58%,成渝高速公路超载比例占36.2%。在"治超"大环境下,总体来讲,超载现象已经得到有效控制,但超载现象依然严重,进行超载下路面结构动力响应研究依然很有必要。

(3)在调查中发现,高速公路上的重型二轴车以东风、解放、跃进、斯太尔、黄河为主,因此,在后续车辆动力学研究时,可以通过分别研究这些车的动力响应研究重型车辆对路面的动力荷载。

2.2 沥青路面材料静态和动态模量调查

2.2.1 常用试验方法

所谓的静态模量是在相当于静态条件下,加载速度比较慢(一般为1mm/min),根据材料所受应力和产生回弹应变计算的模量,即弹性力学中的杨氏弹性模量。我国的设计方法中采用的是静态模量。

按照现行规范[143],静态模量测定的室内试验方法有顶面法和承载板法。顶面法是通过测量试件顶面的变形来测定静态模量的。室内承载板法是测定试样回弹模量的标准试验方法,其基本原理是根据实测的各级承载板压力和回弹变形的关系,运用圆形垂直刚性分布荷载作用下的弹性半空间体竖向位移理论公式来计算试样回弹模量。这两种试验方法有一个共同之处:试验过程中,荷载变化速度缓慢,并在一定级位下保持一段时间。规范中规定荷载采用逐级加载—卸载的方式,加载速率为1mm/min,加载后荷载维持1min,卸载后维持0.5min。材料的静态弹性模量是根据不同荷载级位下的不同变形回归分析得到的。

沥青混合料的静态模量包括静态抗压模量和静态回弹模量,静态抗压模量主要在室内进行测试[144]。回弹模量可以在室内测试也可以在室外进行。在室外的测试方法有整层材料上的承载板法,足尺路面结构的分层承载板法以及表面测弯沉和下层有承载板法,测得不同层位上的回弹模量后,利用理论公式反算上层材料的回弹模量[144]。室内试验大多采用圆柱体试件,并在试件顶面施加垂直荷载,由于测量荷载作用下变形的方法不同,可分为顶面法、标距法、夹具法、电测法和室内承载板法等。

动态模量与静态模量不同,它模拟汽车动态荷载的作用条件,是在加载速度比较快的情况下(相当于静态加载速度的几十倍~几百倍)测定的模量。它部分地反映材料的惯性和阻尼特性。

路面材料动态模量测试方法分室内和室外两类[144-146]。室外测试方法主要有基于弯沉的反算方法和基于应力波的反算方法。基于弯沉的反算方法是基于弹性层状体系理论,通过测量弯沉求得路面各结构层的强度值,即反算各结构层的模量值。基于应力波的反算方法是通过应力波理论反算动态模量。弯沉反算法能够模拟路面实际荷载的作用形式和大小,且以反应路面结构整体强度的弯沉作为路面结构的响应参数,易于理解和接受,因此是目前国内外使用较为广泛的方法。弯沉反算法使用的主要仪器设备有落锤式弯沉仪、自动弯沉仪等,其代表性的仪器是落锤式弯沉仪。应力波反算法以波动理论为基础,反算确定不同结构层的模量,其代表的试验方法是表面波谱分析法。

室内试验测定材料动态模量的方法有多种,根据振动原理的不同,主要分为:重复加载法、超声波法、敲击振动法以及共振法等几种形式[144]。重复加载法是按照路面材料静态模量的测试思路,通过MTS等能施加动载的测试系统,测试材料在周期性重复动荷载作用下所表现的应力应变幅值,据此计算材料的动态模量。超声波法是根据弹性波在传播过程中,其传播速度与材料弹性模量之间的关系,通过时距法求得弹性波波速,从而计算出弹性模量并作为动态模量。敲击振动法是依据试件在外部瞬态激振力作用下作自由阻尼振动时测得的激振频率,通过振动频率与弹性参数间的关系式,来计算材料的弹性模量并作为动态模量。

对于相同的试样,采用不同的测试方法,测试得到的沥青混合料动模量差异较大。各个国家试验规范中推荐的沥青混合料动模量测试方法差异也较大[144],如:英国混凝土动态模量的国家标准规定试验方法为波传法(BS:1881:1990,Part209);日本国家标准混凝土动态模量的试验采用共振柱方法(JIS A1127-76);美国材料与试验协会标准(ASTM)规定,混凝土动态模量采用共振柱法,沥青混合料的动态抗压模量和劈裂模量采用重复加载的方法(ASTM-79 和 ASTM-82)。此外,美国 SHRP 计划 LTPP 中有关路面基层、底基层材料和土基材料都采用重复加载的动态测试方法。总体上讲,当材料强度较高,或者测量变形较小时,采用波传法和共振柱法比较合适;其他情况采用重复加载的方法为宜。重复加载法是一种主要的动态模量测定方法,与其他两种方法相比,原理上有本质的不同,测定结果也不同。因为在动态试验过程中,波传法和共振法被测试件基本不产生塑性变形或塑性变形小,试件基本处在弹性变形中;而重复加载试验,试件将会产生比较明显的塑性变形,在整个试验过程中试件处于弹—塑性变形中。因此,一般来说,重复加载试验测量的变形范围比较大,动态模量比较小。

重复加载法是通过在试件顶端重复施加具有一定波形和频率的动态荷载,然后,通过传感器测定试件产生的变形(或应变),计算材料的模量。根据加载形式的不同,可分为三种试验方法:单轴试验、三轴试验、劈裂实验(径向试验)。根据路面材料的力学性质和实验目的,采用不同的试验方法。一般对于土基和非结合性材料及沥青材料,采用三轴试验;对于半刚性材料和沥青混凝土,采用单轴试验;当需测定材料的泊松比时,可采用劈裂实验(径向试验)。

2.2.2　静模量

沥青混合料在静载作用下力学性能的研究,在我国已有多年的历史。早在 20 世纪 70 年代,交通部的"柔性路面抗弯拉、抗剪切指标的研究"及以后的"七五"国家科技攻关项目"高等级公路半刚性基层沥青路面结构设计与抗滑表层的研究"、"八五"期间的交通部"沥青路面结构的可靠性研究"、"沥青路面设计指标与参数的研究"等课题都开展了大量的工作,既积累了丰富的经验,取得了很好的成果,又形成了一套较为成熟的方法。

《公路沥青路面设计规范》(JTG D50—2006)建议,进行沥青路面设计和校核时,沥青混合料材料设计参数参考表 2-5 选取。

沥青混合料设计参数[9]　　表 2-5

材料名称		抗压模量(MPa)		15℃劈裂强度(MPa)	备注
		20℃	15℃		
细粒式沥青混凝土	密级配	1 200 ~ 1 600	1 800 ~ 2 200	1.2 ~ 1.6	AC-10, AC-13
	开级配	700 ~ 1 000	1 000 ~ 1 400	0.6 ~ 1.0	OGFC
沥青马蹄脂碎石		1 200 ~ 1 600	1 600 ~ 2 000	1.4 ~ 1.9	SMA
中粒式沥青混凝土		1 000 ~ 1 400	1 600 ~ 2 000	0.8 ~ 1.2	AC-16, AC-20
密级配粗粒式沥青混凝土		800 ~ 1 200	1 000 ~ 1 400	0.6 ~ 1.0	AC-25
沥青碎石基层	密级配	1 000 ~ 1 400	1 200 ~ 1 600	0.6 ~ 1.0	ATB-25, ATB-35
	半开级配	600 ~ 800	—	—	AM-25, AM-40
沥青贯入式		400 ~ 600	—	—	—

2.2.3 动态模量与黏度

路面材料动态模量是路面结构或试件在动荷载作用下,路面材料表现出的性质。影响沥青混合料动态模量的因素众多,主要有试件尺寸、加载频率、加载力大小与加载方式以及试验温度等参数[144]。

沥青混合料是由集料加沥青胶泥组成的混合体,其力学性能既受集料影响,又受沥青影响,还受沥青与集料的黏附性等因素的影响,因此,目前研究沥青混合料的性能时,往往从宏观角度假设沥青混合料为均匀连续体材料。实际上,沥青混合料的黏弹性主要来源于沥青的黏弹性,沥青材料具有明显的荷载依赖性、频率依赖性和温度依赖性,使得沥青混合料也表现出明显的相关性质。

假设沥青混合料为线黏弹性材料。由线性系统理论知道,在试样上施加一简谐荷载时,其动力响应也是同样频率的简谐信号,只是有一定的相位滞后,即,如果沥青混合料试样施加荷载 P:

$$P = P_0 \exp(i\omega t) \tag{2-1}$$

式中:P_0——荷载峰值;

ω——加载频率;

t——时间。

沥青混合料试样动力响应为:

$$X = X_0 \exp[i(\omega t - \delta)] \tag{2-2}$$

式中:X_0——响应峰值;

δ——相位角。

则:

$$\frac{P}{X} = \frac{P_0}{X_0}\exp(i\delta) = k' + ik'' = k^* \tag{2-3}$$

$$\frac{P_0}{X_0} = \sqrt{(k')^2 + (k'')^2} = |k^*| \tag{2-4}$$

$$\tan\delta = \frac{k''}{k'} \tag{2-5}$$

如果认为 P 为试样动应力,X 为试样动应变,沥青混合料动态弹性模量和动态剪切模量可表示为:

$$E^* = E(1 + 2i\zeta_e) \tag{2-6}$$

$$G^* = G(1 + 2i\zeta_G) \tag{2-7}$$

$$\zeta_G = \tan\delta/2 \tag{2-8}$$

式中:ζ_e——轴向荷载下的内部阻尼;

ζ_G——剪切荷载下的内部阻尼。

Sousa 和 Monismith 采用空心圆柱试样，施加轴向荷载和剪切荷载。轴向荷载与剪切荷载为相互独立的正弦荷载[147]。试验时，不断改变加载频率和温度，研究加载频率和温度对材料动态特性的影响(图 2-18 ~ 图 2-20)。荷载频率为 0.5Hz、1.0Hz、5.0Hz、10Hz、15Hz 和 20Hz 6 个频率等级，试验温度为 11℃、25℃和 40℃ 3 个温度等级，研究了密级配沥青混合料动态弹性模量、动态剪切模量、阻尼和泊松比等参数的变化规律。

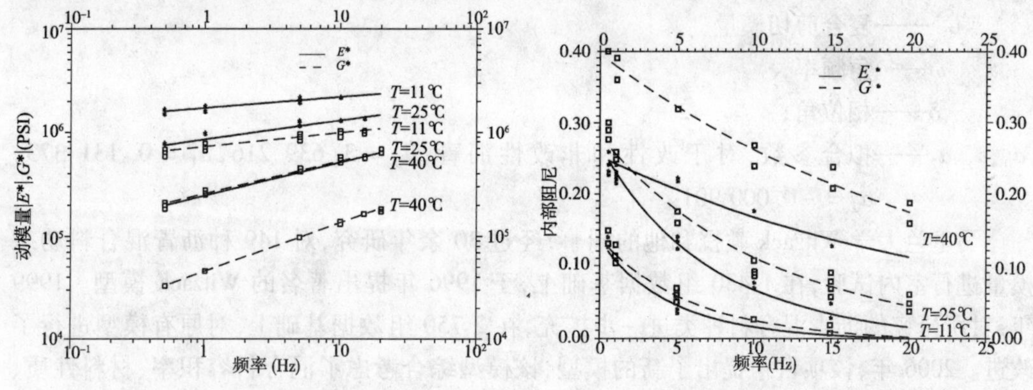

图 2-18 加载频率和温度对弹性模量与剪切模量的影响[147]

图 2-19 加载频率和温度对内部阻尼的影响[147]

通过 Sousa 和 Monismith 的研究，根据图 2-18 ~ 图 2-20 可以得到如下结论：沥青混合料弹性模量、剪切模量、内部阻尼和泊松比受加载频率和温度影响严重。随着加载频率的提高，弹性模量和剪切模量增加，而泊松比和内部阻尼减小；弹性模量、剪切模量和泊松比与加载频率基本呈线性关系，内部阻尼与加载频率呈非线性关系；弹性模量和剪切模量随着温度的增加而迅速减小，内部阻尼和泊松比随着温度的增加而增加。

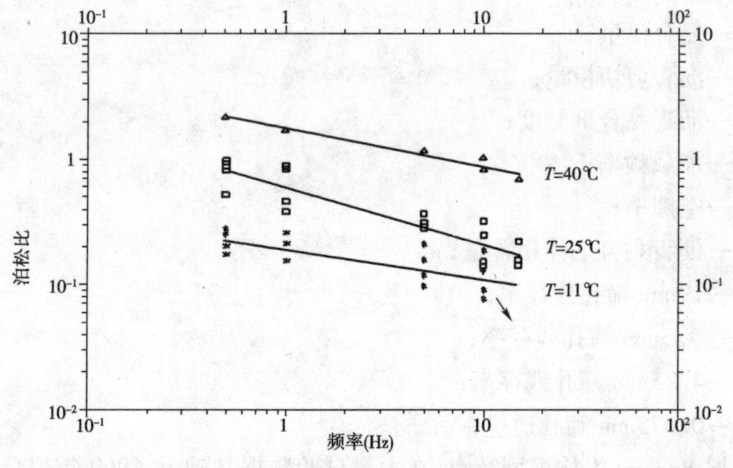

图 2-20 加载频率和温度对泊松比的影响[147]

沥青混合料另一个动态特性参数为黏度,其黏度来自于沥青黏合剂。Bonaquist 等人基于 Cox-Merz 定律,建立了如下经验公式[148]:

$$\eta=\frac{|G^*|}{\omega}\left(\frac{1}{\sin\delta}\right)^{a_0+a_1\omega+a_2\omega^2} \tag{2-9}$$

式中: η——黏度;

G^*——复合剪切模量;

ω——角频率;

δ——相位角;

a_0、a_1、a_2——拟合参数,对于改性和非改性沥青,$a_0=3.639\ 216$,$a_1=0.131\ 373$,$a_2=-0.000\ 901$。

马里兰大学 Witzack 教授和他的同事,经过 30 余年研究,对 149 种沥青混合料动态模量进行室内试验,在 1 430 组数据基础上,于 1996 年提出著名的 Witzack 模型。1999 年,对所研究的沥青混合料种类进一步扩充,在 2 750 组数据基础上,对原有模型进行了改进。2006 年,该项目组提出了新的模型,该模型综合考虑了混合料容积率、材料性质、温度和加载频率的影响。Witzack 模型表达式为[149]:

$$\begin{aligned}\lg|E^*|=&-0.349+0.754(|G_{\mathrm{b}}^*|^{-0.005\ 2})\times\\&\left(\begin{aligned}&6.65-0.032P_{200}+0.002\ 7P_{200}^2+0.011P_4-0.000\ 1P_4^2\\&+0.006P_{38}-0.000\ 14P_{38}^2-0.08V_{\mathrm{a}}-1.06\left(\frac{V_{\mathrm{beff}}}{V_{\mathrm{beff}}+V_{\mathrm{a}}}\right)\end{aligned}\right)\\&+\frac{3.871\ 977-0.002\ 1P_4+0.003\ 958P_{38}-0.000\ 17P_{38}^2+0.005\ 470P_{34}}{1+e^{(-0.603\ 313-0.313\ 351\lg f-0.393\ 531\lg\eta)}}\end{aligned} \tag{2-10}$$

式中:$|E^*|$——复合模量;

$|G_{\mathrm{b}}^*|$——沥青剪切模量;

η——沥青黏合剂黏度;

f——加载频率;

V_{a}——空隙率;

V_{beff}——沥青黏合剂体积含量;

P_{34}——19mm 筛孔残存率;

P_{38}——9.5mm 筛孔残存率;

P_4——4.75mm 筛孔残存率;

P_{200}——0.075mm 筛孔通过率。

Hirsch 根据 Burgers 本构模型特点,在大量试验数据基础上,1960 年拟合提出著名的 Hirsch 模型,表述如下[148]:

$$|E^*|_{mix}=P_c\left[4\ 200\ 000\left(1-\frac{VMA}{100}\right)+3|G^*|_{binder}\left(\frac{VFA\times VMA}{10\ 000}\right)\right]+$$
$$(1-P_c)\left[\frac{1-\frac{VMA}{100}}{4\ 200\ 000}+\frac{VMA}{3VFA|G^*|_{binder}}\right]^{-1} \tag{2-11}$$

式中：$|E^*|_{mix}$——沥青混合料弹性模量；

VMA——矿料空隙率；

VFA——沥青饱和度；

$|G^*|_{binder}$——沥青剪切模量。

$$P_c=\frac{\left(20+\frac{VFA\times 3|G^*|_{binder}}{VMA}\right)^{0.58}}{650+\left(\frac{VFA\times 3|G^*|_{binder}}{VMA}\right)^{0.58}}$$

法国科学家 Di Benedetto 通过研究不同温度和加载频率下沥青和沥青混合料的剪切模量，将沥青黏弹性与沥青混合料黏弹性结合起来，提出了一个称为"2S2P1D"的模型，表述如下[150]：

$$|E^*(i\omega\tau)|=E_0+\frac{E_\infty-E_0}{1+\delta(i\omega\tau)^{-k}+(i\omega\tau)^{-h}+(i\omega\tau)^{-1}} \tag{2-12}$$

式中：ω——加载频率；

k、h——系数，$0<k<h<1$；

δ——常量；

E_0——沥青混合料静态模量，$\omega\to 0$ 时的模量；

E_∞——玻璃化模量(the glassy modulus)，$\omega\to\infty$ 时的模量；

η——黏度；

τ——时间常数。

同时，Di Benedetto 还研究了沥青弹性模量与沥青混合料弹性模量之间的关系，采用沥青和沥青混合料的静态模量与玻璃化模量(the glassy modulus)以及沥青的动态模量，计算任意频率和温度下沥青混合料的动态模量[150]。

$$E^*_{mix}(\omega,T)=E_{0-mix}+\left[E^*_{binder}(10^\alpha\omega,T)-E_{0-binder}\right]\frac{E_{\infty-mix}-E_{0-mix}}{E_{\infty-binder}-E_{0-binder}} \tag{2-13}$$

不管是 Witczak 模型、Hirsch 模型，还是 2S2P1D 模型，沥青混合料动模量表达式中均含有大量参数。为便于工程应用，美国黄仰贤教授给出了常用沥青混合料动态模量范围，如表 2-6 所示。

我国在沥青混合料动态模量方面也做了大量研究。王旭东等人编著的《沥青路面材料动力特性与动态参数》给出了大量有实用价值的数据。

为了研究加载频率对沥青混合料动态性能的影响，控制顶面压力为0.7MPa，试验温度为20℃，进行1Hz、4Hz、10Hz及16Hz频率下的沥青混合料动态模量和相位角试验，试验结果如表2-7和表2-8所示。

沥青混合料动态模量的常用范围值[44]（单位：MPa）　　表2-6

温度（℃）	荷载频率					
	1Hz		4Hz		16Hz	
	范围	均值	范围	均值	范围	均值
4.44	4 140 ~ 12 420	8 280	6 210 ~ 18 630	11 040	6 900 ~ 20 700	12 420
21.10	1 380 ~ 4 140	2 070	2 760 ~ 6 210	3 450	3 450 ~ 7 590	4 830
37.80	345 ~ 1 035	483	483 ~ 1 518	690	690 ~ 2 208	1 104

不同加载频率下沥青混合料的动态模量[144]（0.7MPa，20℃）　　表2-7

模量（MPa）/材料	频率			
	1Hz	4Hz	10Hz	16Hz
ESSO 粗粒式	961	1 110	1 242	1 478
ESSO 中粒式	675	1 023	1 368	1 857
ESSO 细粒式	998	1 149	1 237	1 453
SHELL 粗粒式	828	889	1 098	1 171
SHELL 中粒式	769	923	1 312	1 461
SHELL 细粒式	742	881	1 004	1 117
韩国细粒式	893	1 076	1 299	1 554

不同加载频率下沥青混合料的相位角[144]（0.7MPa，20℃）　　表2-8

模量（MPa）/材料	频率			
	1Hz	4Hz	10Hz	16Hz
ESSO 粗粒式	16.77	17.80	13.40	12.92
ESSO 中粒式	17.97	14.91	11.83	9.80
ESSO 细粒式	15.60	15.16	12.43	11.44
SHELL 粗粒式	12.97	13.88	12.67	13.41
SHELL 中粒式	17.90	13.46	10.08	10.34
SHELL 细粒式	13.06	11.03	8.64	8.25
韩国细粒式	11.99	10.97	12.34	12.21

沥青混合料为一种黏弹性材料，其动态性能具有一定的应力依赖性。为了研究应力大小对沥青混合料动态模量的影响，控制加载频率为10Hz，试验温度为15℃和20℃，进行了0.7MPa、0.2P、0.3P、0.5P和0.6P（P为各种材料试件的抗压强度，其中0.7MPa的荷载约在0.1P左右）等5个荷载级别下的试验研究。试验结果如表2-9和表2-10所示。

各荷载级位下沥青混合料的动态模量[144]（MPa，15℃） 表2-9

材　料	应力水平	应力（MPa）	动态模量（MPa）
韩国细粒式	0.07P	0.700	1 455
韩国细粒式	0.20P	2.037	2 202
韩国细粒式	0.30P	3.056	2 673
韩国细粒式	0.50P	5.093	3 786
SHELL 粗粒式	0.11P	0.700	1 510
SHELL 粗粒式	0.20P	1.273	1 929
SHELL 粗粒式	0.30P	1.910	2 213
SHELL 粗粒式	0.50P	3.183	3 749
SHELL 中粒式	0.07P	0.700	1 505
SHELL 中粒式	0.20P	2.037	2 271
SHELL 中粒式	0.30P	3.056	2 728
SHELL 中粒式	0.50P	5.093	3 762
SHELL 细粒式	0.09P	0.700	1 662
SHELL 细粒式	0.20P	1.528	2 232
SHELL 细粒式	0.30P	2.292	2 535
SHELL 细粒式	0.50P	3.820	3 571
ESSO 中粒式	0.14P	0.700	1 602
ESSO 中粒式	0.20P	1.019	1 847
ESSO 中粒式	0.30P	1.528	2 175
ESSO 中粒式	0.50P	2.546	3 162

各荷载级位下沥青混合料的动态模量[144]（MPa,20℃）　表 2-10

材　料	应力水平	应力 (MPa)	动态模量 (MPa)
ESSO 粗粒式	0.08P	0.700	1 431
ESSO 粗粒式	0.30P	2.471	2 314
ESSO 粗粒式	0.50P	4.119	3 718
ESSO 粗粒式	0.60P	4.943	3 953
ESSO 中粒式	0.14P	0.700	1 465
ESSO 中粒式	0.20P	1.019	2 066
ESSO 中粒式	0.30P	1.528	2 536
ESSO 中粒式	0.50P	2.546	3 123
ESSO 中粒式	0.60P	3.056	3 302
ESSO 细粒式	0.07P	0.700	1 433
ESSO 细粒式	0.30P	2.838	2 911
ESSO 细粒式	0.50P	4.730	3 606
ESSO 细粒式	0.60P	5.676	3 788
韩国细粒式	0.07P	0.700	1 325
韩国细粒式	0.30P	2.895	2 841
韩国细粒式	0.50P	4.826	3 543
韩国细粒式	0.60P	5.791	3 702
SHELL 粗粒式	0.11P	0.700	1 103
SHELL 粗粒式	0.30P	1.910	1 858
SHELL 粗粒式	0.50P	3.183	2 446
SHELL 粗粒式	0.60P	3.820	2 516
SHELL 中粒式	0.05P	0.700	1 281
SHELL 中粒式	0.20P	2.546	2 029
SHELL 中粒式	0.30P	3.820	2 249
SHELL 中粒式	0.50P	6.366	2 671
SHELL 中粒式	0.60P	7.639	2 834
SHELL 细粒式	0.07P	0.700	1 576
SHELL 细粒式	0.20P	2.037	2 206
SHELL 细粒式	0.30P	3.056	2 717
SHELL 细粒式	0.50P	5.093	2 933
SHELL 细粒式	0.60P	6.112	3 316

由于实际路面结构承受的是车轮间歇荷载作用，为了考察间歇时间对沥青混合料动态性能的影响，王旭东等人按连续加载和有 0.9s 间歇时间加载两种方式测试沥青混合料的动态模量和相位角，试验结果如表 2-11 ~ 表 2-14 所示。

沥青混合料连续加载与间歇加载情况下动态模量的比较[144]（15℃，0.7MPa） 表 2-11

材　料	连续加载动态模量(MPa)		间歇加载动态模量(MPa)	
	平均值	代表值(95%保证率)	平均值	代表值(95%保证率)
ESSO 粗粒式	1 369	1 302	1 533	1 186
ESSO 中粒式	1 523	1 492	1 352	1 097
ESSO 细粒式	1 497	1 373	1 300	1 149
SHELL 粗粒式	1 607	1 429	1 086	963
SHELL 中粒式	1 470	1 206	1 215	1 109
SHELL 细粒式	1 472	1 110	1 174	1 081
韩国细粒式	1 380	1 180	1 476	1 127

沥青混合料连续加载与间歇加载情况下动态模量的比较[144]（20℃，0.7MPa） 表 2-12

材　料	连续加载动态模量(MPa)		间歇加载动态模量(MPa)	
	平均值	代表值(95%保证率)	平均值	代表值(95%保证率)
ESSO 粗粒式	1 300	1 166	1 196	1 078
ESSO 中粒式	1 465	1 056	1 448	1 087
ESSO 细粒式	1 292	1 167	1 265	1 132
SHELL 粗粒式	1 183	1 098	1 093	936
SHELL 中粒式	1 281	1 178	1 260	1 155
SHELL 细粒式	1 051	878	1 084	911
韩国细粒式	1 325	1 122	1 370	1 192

沥青混合料连续加载与间歇加载情况下相位角的比较[144]（15℃，0.7MPa） 表 2-13

材　料	连续加载相位角(°)		间歇加载相位角(°)	
	平均值	代表值(95%保证率)	平均值	代表值(95%保证率)
ESSO 粗粒式	14.94	14.05	12.57	10.71
ESSO 中粒式	12.92	12.24	11.58	9.54
ESSO 细粒式	15.21	14.02	16.46	14.65
SHELL 粗粒式	14.13	13.13	12.10	10.76
SHELL 中粒式	14.69	13.80	13.14	9.95
SHELL 细粒式	13.96	11.78	11.91	10.86
韩国细粒式	13.95	10.86	12.29	10.90

沥青混合料连续加载与间歇加载情况下相位角的比较[144]（20℃，0.7MPa）　表 2-14

材　　料	连续加载相位角（°）		间歇加载相位角（°）	
	平均值	代表值（95%保证率）	平均值	代表值（95%保证率）
ESSO 粗粒式	13.98	12.56	11.58	10.46
ESSO 中粒式	12.88	12.01	14.85	11.76
ESSO 细粒式	15.13	14.80	11.31	8.55
SHELL 粗粒式	14.72	13.29	13.65	12.21
SHELL 中粒式	12.46	11.21	12.25	11.13
SHELL 细粒式	11.25	8.57	12.79	9.37
韩国细粒式	13.39	12.31	15.41	13.40

2.2.4　调查结论

（1）国内外研究沥青混合料静动态性能参数的试验方法较多，各个国家设计规范推荐的试验方法差异较大，这是导致国内外沥青路面设计时所采用的材料参数差异严重的根本原因。

（2）沥青混合料静态模量研究已经比较成熟，进行路面设计和分析时，建议采用《公路沥青路面设计规范》（JTG D50—2006）推荐的参考值。

（3）沥青混合料为黏弹性材料，其动态性能参数受加载频率、应力幅值、试验温度、加载模式等参数的影响。随着加载频率的提高，弹性模量、剪切模量和泊松比增加，内部阻尼减小；弹性模量、剪切模量和泊松比与加载频率基本呈线性关系，内部阻尼与加载频率呈非线性关系；弹性模量和剪切模量随着温度的增加而迅速减小，内部阻尼和泊松比随着温度的增加而增加。应力较小时，应力幅值对沥青混合料动态模量影响较小，随着应力增加，应力幅值对沥青混合料动态模量影响逐渐显著，动态模量随着加载频率的提高而提高。间歇时间对材料动态模量影响较小，基本可以忽略不计。

（4）在沥青混合料动态参数研究中，对沥青混合料的黏度研究相对较少。目前一般参考 Burgers 本构关系模型，通过剪切模量和相位角确定沥青混合料的黏度。

3 重型车辆对路面作用动力荷载

高速行驶在路面上的车辆受不平整路面的激扰,使车辆产生振动,影响车辆行驶的平顺性和舒适性,同时对路面施加一附加的振动冲击荷载,即车辆动荷载。该动荷载与车辆静荷载组成车辆对路面的动力荷载,是路面动态设计和路面结构动力响应的输入条件,是研究路面动力性能的基础。

作者采用系统动力学方法,建立重型车辆动力学模型。根据本书“2 车辆—路面系统力学模型相关参数调查”中高速公路车辆组成调查结果,选择典型的1+2型、1+5型和1+2+5型重型车辆为研究对象,研究车辆对路面作用的动力荷载,分析车辆轴重、速度、胎压以及路面不平度对车辆动荷载的影响。

3.1 路面不平度和路面谱

路面不平度是指道路表面相对于理想平面的偏离。它是服从高斯概率分布的零均值各态历经随机场[26,78-81],若转化为随机过程则具有平稳遍历特性。可以把道路垂直纵断面与道路表面的交线作为路面不平度的样本,通过样本的方差或功率谱密度函数来描述路面的特征。方差反映路面不平度大小的总体情况,功率谱密度函数反映路面不平度能量在空间域的分布。根据功率谱密度函数对路面进行分级。

国际标准化组织(ISO)在20世纪70年代初,参照英国汽车工业协会推荐的以功率谱进行道路不平度分级的方法,综合大量研究工作和相关文献,制定了国际标准ISO SC2/WG4。1984年,该组织又在文件ISO/TC 108/SC2N67中提出了“路面不平度表示方法草案”。其路面不平度功率谱表示为[26,82-84]:

$$S_q(\Omega)=S_q(\Omega_0)\left(\frac{\Omega}{\Omega_0}\right)^{-w} \tag{3-1}$$

式中:Ω_0——参考空间频率,$\Omega_0=0.1\text{m}^{-1}$;

$S_q(\Omega_0)$——参考空间频率下的路面功率谱密度值,称为路面不平度系数;

w——频率指数,在双对数坐标上功率谱曲线为一条斜线,一般取$w=2$。

根据路面不平度系数$S_q(\Omega_0)$的范围及其几何平均值,将路面分为8级。

我国汽车工程研究人员在总结国际研究成果的基础上,结合国内研究,由长春车辆研究所起草,国家标准局制定了我国标准《车辆振动输入路面平度表示方法》(GB 7031—86),至今进行车辆动力学分析时还采用该路面谱。但我国第一条高速公路——沪嘉高速公路于1988年10月31日通车,从此中国公路事业进入以建设高速公路和一级路等高等级公路为主的新时代，至 2007 年年底，高速公路已建成通车 5.36 万 km，在我国交通运输业中扮演重要角色。因此，现在的交通条件与 GB 7031—86 制定时的交通状况有严重差异，GB 7031—86 不能反映目前高速公路路面平整性。

为了将空间谱转化为时间谱，将 $\omega = 2\pi v\Omega$ 代入式(3-1)，可得：

$$S_q(\omega) = S_q(\Omega_0)\left(\frac{\omega}{2\pi v\Omega_0}\right)^{-w} \tag{3-2}$$

$S_q(\omega)$ 为双边谱，实际工程中，负频率是没有意义的，因此需要把双边谱 $S_q(\omega)$ 转化为单边谱 $G_q(\omega)$：

$$G_q(\omega) = \begin{cases} 2S_q(\omega) & \omega > 0 \\ 0 & \omega < 0 \end{cases} \tag{3-3}$$

3.2 车辆动力学模型

载货汽车按照轴型可分为 9 种，根据车辆组成调查结果知道，我国高速公路上比例较大的重型车辆有 1 +2 型、1 +5 型和 1 +2 +5 型。研究车辆动力响应时，常常将车辆简化为弹簧—质量—阻尼系统。这里以常用的 1 +2 型、1 +5 型和 1 +2 +5 型车辆为代表，建立 1/2 车辆动力学模型，研究重型车辆对路面的动荷载。

在建立车辆动力学模型时，对实际车辆做如下假设：

(1) 车辆以前后车桥中心连线对称；

(2) 同侧各轮行驶在同一轨迹上，除轴距引起的滞后外，各轮承受的激励相同；

(3) 除车厢内装载质量外，车辆簧上质量大小和质量分布不变；车厢内的装载质量在车厢内均匀分布；

(4) 对于有主副簧组成的悬架视为两级变刚度复式钢板弹簧，不同轴重等级下，悬架刚度可能不同，但任一轴重等级下，悬架刚度为定值，不考虑垂向微跳动的影响；

(5) 轮胎刚度为轮载和胎压的函数，轮胎刚度与轮载和胎压呈非线性关系，但在某一确定的工况下，轮胎刚度为定值，轮胎阻尼视为常量；

(6) 车架和车身的刚度相对于悬架刚度大很多，视为刚体；

(7) 不考虑车轮滚动的影响。

3.2.1 1 +2 型车辆动力学模型

图 3-1 为四自由度 1 +2 型车辆动力学模型。

图中所示各参数的意义如下：

m_v——空车簧上质量，kg；

m_o——装载质量，kg；

m_1——簧上总质量，kg；

J_v——空车簧上质量转动惯量,Nm^2;

J_o——装载质量转动惯量,Nm^2;

J_1——簧上总质量转动惯量,Nm^2;

k_1——前桥悬架刚度,N/m;

k_2——后桥悬架刚度,N/m;

c_1——前桥悬架阻尼,Ns/m;

c_2——后桥悬架阻尼,Ns/m;

m_2——前桥簧下质量,kg;

m_3——后桥簧下质量,kg;

k_3——前桥轮胎刚度,N/m;

k_4——后桥轮胎刚度,N/m;

c_3——前桥轮胎阻尼,Ns/m;

c_4——后桥轮胎阻尼,Ns/m;

a——前桥距总质心距离,m;

b——后桥距总质心距离,m;

c——前桥距簧上质心距离,m;

d——装载质量质心距后桥距离(货箱中心距后桥距离),m;

e——轴距,m;

θ——簧上质量俯仰振动,rad;

Z_1、Z_2、Z_3——分别为簧上质量、前桥簧下质量和后桥簧下质量的垂向振动,m;

q_1、q_2——分别为前后桥承受的路面不平度激励,m。

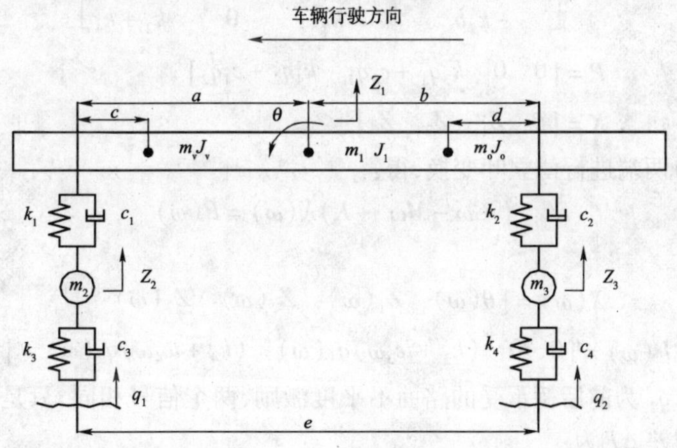

图 3-1 1+2 型车辆动力学模型

其动力学微分方程为:

$$\begin{cases} J_1\ddot{\theta} = k_2(Z_3 - Z_1 - b\theta)b + c_2(\dot{Z}_3 - \dot{Z}_1 - b\dot{\theta})b - k_1(Z_2 - Z_1 + a\theta)a - c_1(\dot{Z}_2 - \dot{Z}_1 + a\dot{\theta})a \\ m_1\ddot{Z}_1 = k_2(Z_3 - Z_1 - b\theta) + c_2(\dot{Z}_3 - \dot{Z}_1 - b\dot{\theta}) + k_1(Z_2 - Z_1 + a\theta) + c_1(\dot{Z}_2 - \dot{Z}_1 + a\dot{\theta}) \\ m_2\ddot{Z}_2 = k_3(q_1 - Z_2) + c_3(\dot{q}_1 - \dot{Z}_2) - k_1(Z_2 - Z_1 + a\theta) - c_1(\dot{Z}_2 - \dot{Z}_1 + a\dot{\theta}) \\ m_3\ddot{Z}_3 = k_4(q_2 - Z_3) + c_4(\dot{q}_2 - \dot{Z}_3) - k_2(Z_3 - Z_1 - b\theta) - c_2(\dot{Z}_3 - \dot{Z}_1 - b\dot{\theta}) \end{cases}$$

整理得：

$$M\ddot{X} + C\dot{X} + KX = P \tag{3-4}$$

式中：M、C、K、X、P——分别为质量矩阵、阻尼矩阵、刚度矩阵、位移矩阵和激励矩阵。

$$M = \begin{bmatrix} J_1 & & & \\ & m_1 & & \\ & & m_2 & \\ & & & m_3 \end{bmatrix}$$

$$C = \begin{bmatrix} c_2b^2 + c_1a^2 & c_2b - c_1a & c_1a & -c_2b \\ c_2b - c_1a & c_2 + c_1 & -c_1 & -c_2 \\ c_1a & -c_1 & c_3 + c_1 & 0 \\ -c_2b & -c_2 & 0 & c_2 + c_4 \end{bmatrix}$$

$$K = \begin{bmatrix} k_2b^2 + k_1a^2 & k_2b - k_1a & k_1a & -k_2b \\ k_2b - k_1a & k_2 + k_1 & -k_1 & -k_2 \\ k_1a & -k_1 & k_3 + k_1 & 0 \\ -k_2b & -k_2 & 0 & k_2 + k_4 \end{bmatrix}$$

$$P = [0 \quad 0 \quad k_3q_1 + c_3\dot{q}_1 \quad k_4q_2 + c_4\dot{q}_2]^{\mathrm{T}}$$

$$X = [\theta \quad Z_1 \quad Z_2 \quad Z_3]^{\mathrm{T}}$$

对式(3-4)两端进行傅立叶变换，得：

$$(iC\omega - M\omega^2 + K)X(\omega) = P(\omega) \tag{3-5}$$

式中：

$$X(\omega) = [\theta(\omega) \quad Z_1(\omega) \quad Z_2(\omega) \quad Z_3(\omega)]^{\mathrm{T}}$$

$$P(\omega) = [0 \quad 0 \quad (k_3 + ic_3\omega)q_1(\omega) \quad (k_4 + ic_4\omega)q_2(\omega)]^{\mathrm{T}}$$

由于 q_1 和 q_2 为前后桥承受的路面不平度激励，两个信号相同，只是 q_2 相对于 q_1 有一个时间差，时差 ΔT 为：

$$\Delta T = \frac{e}{v}$$

式中：v——车辆行驶速度，m/s。

根据傅立叶变换的时移特性,易得:

$$q_2(\omega)=q_1(\omega)e^{-i\omega\frac{e}{v}}$$

所以:

$$P(\omega)=\begin{bmatrix}0 & 0 & (k_3+ic_3\omega)q_1(\omega) & (k_4+ic_4\omega)e^{-i\omega\frac{e}{v}}q_1(\omega)\end{bmatrix}^{\mathrm{T}}$$

设:

$$B(\omega)=(iC\omega-M\omega^2+K)^{-1}=\begin{bmatrix}B_{11} & B_{12} & B_{13} & B_{14}\\ B_{21} & B_{22} & B_{23} & B_{24}\\ B_{31} & B_{32} & B_{33} & B_{34}\\ B_{41} & B_{42} & B_{43} & B_{44}\end{bmatrix}$$

则:

$$\theta(\omega)=[B_{13}(k_3+ic_3\omega)+B_{14}(k_4+ic_4\omega)e^{-i\omega\frac{e}{v}}]q_1(\omega)$$

$$Z_1(\omega)=[B_{23}(k_3+ic_3\omega)+B_{24}(k_4+ic_4\omega)e^{-i\omega\frac{e}{v}}]q_1(\omega)$$

$$Z_2(\omega)=[B_{33}(k_3+ic_3\omega)+B_{34}(k_4+ic_4\omega)e^{-i\omega\frac{e}{v}}]q_1(\omega)$$

$$Z_3(\omega)=[B_{43}(k_3+ic_3\omega)+B_{44}(k_4+ic_4\omega)e^{-i\omega\frac{e}{v}}]q_1(\omega)$$

根据控制工程概念:

$$H_\theta(\omega)=\frac{\theta(\omega)}{q_1(\omega)}=B_{13}(k_3+ic_3\omega)+B_{14}(k_4+ic_4\omega)e^{-i\omega\frac{e}{v}}$$

$$H_{Z_1}(\omega)=\frac{Z_1(\omega)}{q_1(\omega)}=B_{23}(k_3+ic_3\omega)+B_{24}(k_4+ic_4\omega)e^{-i\omega\frac{e}{v}}$$

$$H_{Z_2}(\omega)=\frac{Z_2(\omega)}{q_1(\omega)}=B_{33}(k_3+ic_3\omega)+B_{34}(k_4+ic_4\omega)e^{-i\omega\frac{e}{v}}$$

$$H_{Z_3}(\omega)=\frac{Z_3(\omega)}{q_1(\omega)}=B_{43}(k_3+ic_3\omega)+B_{44}(k_4+ic_4\omega)e^{-i\omega\frac{e}{v}}$$

式中:$H_\theta(\omega)$、$H_{Z_1}(\omega)$、$H_{Z_2}(\omega)$、$H_{Z_3}(\omega)$——分别为 θ、Z_1、Z_2、Z_3 4 个自由度对 q_1 的传递函数。

轮胎对路面的动荷载为:

$$F_1=k_3(q_1-Z_2)+c_3(\dot{q}_1-\dot{Z}_2) \tag{3-6}$$

$$F_2=k_4(q_2-Z_3)+c_4(\dot{q}_2-\dot{Z}_3) \tag{3-7}$$

进而得出前、后轮的动载系数为:

$$D_1=\frac{F_1}{F_{1s}}$$

$$D_2=\frac{F_2}{F_{2s}}$$

式中：F_{1s}、F_{2s}——分别为前轮和后轮的静态荷载，N。

对式(3-6)和式(3-7)两端进行傅立叶变换：

$$F_1(\omega)=(k_3+ic_3\omega)[q_1(\omega)-Z_2(\omega)]=(k_3+ic_3\omega)[1-H_{Z_2}(\omega)]q_1(\omega)$$

$$F_2(\omega)=(k_4+ic_4\omega)[q_2(\omega)-Z_3(\omega)]=(k_4+ic_4\omega)[e^{-i\omega\frac{e}{v}}-H_{Z_3}(\omega)]q_1(\omega)$$

所以：

$$H_{F_1}(\omega)=\frac{F_1(\omega)}{q_1(\omega)}=(k_3+ic_3\omega)[1-H_{Z_2}(\omega)]$$

$$H_{F_2}(\omega)=\frac{F_2(\omega)}{q_1(\omega)}=(k_4+ic_4\omega)[e^{-i\omega\frac{e}{v}}-H_{Z_3}(\omega)]$$

$$D_1(\omega)=\frac{F_1(\omega)}{F_{1s}}=\frac{H_{F_1}(\omega)q_1(\omega)}{F_{1s}}$$

$$D_2(\omega)=\frac{F_2(\omega)}{F_{2s}}=\frac{H_{F_2}(\omega)q_1(\omega)}{F_{2s}}$$

根据随机过程理论，对于一个线性时不变系统，如果输入为稳态随机信号，则其输出也是稳态随机信号。而路面不平度为服从零均值高斯分布的各态历经随机过程。因此，轮胎对路面动荷载也是服从零均值高斯分布的稳态随机信号，其功率谱密度函数为：

$$S_{F_1}(\omega)=H_{F_1}^*(\omega)S_{q_1}(\omega)H_{F_1}(\omega)$$

$$S_{F_2}(\omega)=H_{F_2}^*(\omega)S_{q_1}(\omega)H_{F_2}(\omega)$$

式中：$S_{F_1}(\omega)$、$S_{F_2}(\omega)$、$S_{q_1}(\omega)$——分别为前轮动荷载、后轮动荷载和路面不平度的功率谱密度函数。

对功率谱密度函数进行傅立叶反变换，可以得到信号的自相关函数，即：

$$R_{xx}(\tau)=\frac{1}{2\pi}\int_{-\infty}^{+\infty}S_{xx}(\omega)e^{i\omega\tau}\mathrm{d}\omega$$

当 $\tau=0$ 时：

$$R_{xx}(0)=\frac{1}{2\pi}\int_{-\infty}^{+\infty}S_{xx}(\omega)\mathrm{d}\omega=\psi_x^2=\sigma_x^2-\mu_x^2$$

由前述可知，轮胎对路面的动荷载均值为0，所以：

$$\sigma_{F_1}^2=\frac{1}{2\pi}\int_{-\infty}^{+\infty}S_{F_1}(\omega)\mathrm{d}\omega=\frac{1}{2\pi}\int_{-\infty}^{+\infty}H_{F_1}^*(\omega)S_{q_1}(\omega)H_{F_1}(\omega)\mathrm{d}\omega$$

$$\sigma_{F_2}^2=\frac{1}{2\pi}\int_{-\infty}^{+\infty}S_{F_2}(\omega)\mathrm{d}\omega=\frac{1}{2\pi}\int_{-\infty}^{+\infty}H_{F_2}^*(\omega)S_{q_1}(\omega)H_{F_2}(\omega)\mathrm{d}\omega$$

$$\sigma_{D_1}^2=\frac{\sigma_{F_1}^2}{F_{1s}^2}$$

$$\sigma_{D_2}^2=\frac{\sigma_{F_2}^2}{F_{2s}^2}$$

式中：$\sigma_{F_1}^2$、$\sigma_{F_2}^2$——分别为前后桥动荷载的方差；

$\sigma_{D_1}^2$、$\sigma_{D_2}^2$——分别为前后桥动载系数的方差。

3.2.2　1+5 型车辆动力学模型

图 3-2 为六自由度 1+5 型车辆动力学模型。

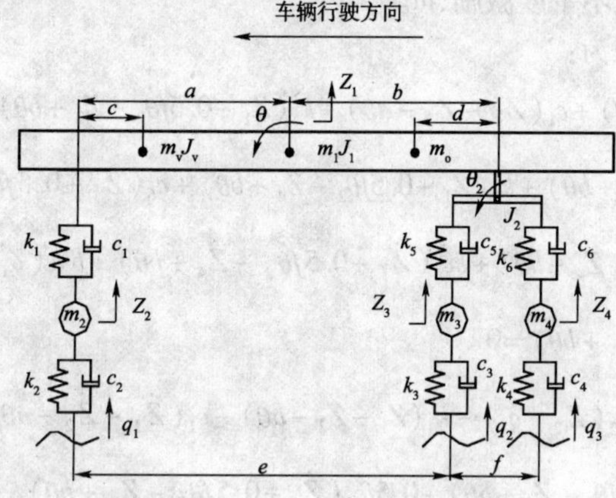

图 3-2　1+5 型车辆动力学模型

图中所示各参数的意义如下：

m_v——空车簧上质量，kg；

m_o——装载质量，kg；

m_1——簧上总质量，kg；

J_v——空车簧上质量转动惯量，Nm^2；

J_o——装载质量转动惯量，Nm^2；

J_1——簧上总质量转动惯量，Nm^2；

k_1、k_5、k_6——悬架刚度，N/m；

k_2、k_3、k_4——轮胎刚度，N/m；

c_1、c_5、c_6——悬架阻尼，Ns/m；

c_2、c_3、c_4——轮胎阻尼，Ns/m；

m_2、m_3、m_4——簧下质量，kg；

J_2——平衡悬架转动惯量，Nm^2；

a——前桥距总质心距离，m；

b——后桥距总质心距离，m；

c——前桥距簧上质心距离，m；

d——装载质量质心距后桥距离(货箱中心距后桥距离),m;

e——轴距1,m;

f——轴距2,m;

θ——簧上质量俯仰振动,rad;

θ_2——平衡悬架俯仰振动,rad;

Z_1、Z_2、Z_3、Z_4——分别为簧上质量、前桥簧下质量、后桥前轴簧下质量和后桥后轴簧下质量的垂向振动,m;

q_1、q_2、q_3——路面不平度激励,m。

其动力学微分方程为:

$$\begin{cases}
m_1\ddot{Z}_1+k_1(Z_1-Z_2-a\theta)+c_1(\dot{Z}_1-\dot{Z}_2-a\dot{\theta})+k_5(Z_1-0.5f\theta_2-Z_3+b\theta) \\
+c_5(\dot{Z}_1-0.5f\dot{\theta}_2-\dot{Z}_3+b\dot{\theta})+k_6(Z_1+0.5f\theta_2-Z_4+b\theta)+c_6(\dot{Z}_1+0.5f\dot{\theta}_2-\dot{Z}_4+b\dot{\theta})=0 \\
J_1\ddot{\theta}+bk_6(Z_1+0.5f\theta_2-Z_4+b\theta)+bc_6(\dot{Z}_1+0.5f\dot{\theta}_2-\dot{Z}_4+b\dot{\theta})+bk_5(Z_1-0.5f\theta_2-Z_3+b\theta) \\
+bc_5(\dot{Z}_1-0.5f\dot{\theta}_2-\dot{Z}_3+b\dot{\theta})=0 \\
m_2\ddot{Z}_2+k_2(Z_2-q_1)+c_2(\dot{Z}_2-\dot{q}_1)-k_1(Z_1-Z_2-a\theta)-c_1(\dot{Z}_1-\dot{Z}_2-a\dot{\theta})=0 \\
J_2\ddot{\theta}_2+0.5fk_6(Z_1+0.5f\theta_2-Z_4+b\theta)+0.5fc_6(\dot{Z}_1+0.5f\dot{\theta}_2-\dot{Z}_4+b\dot{\theta}) \\
-0.5fk_5(Z_1-0.5f\theta_2-Z_3+b\theta)-0.5fc_5(\dot{Z}_1-0.5f\dot{\theta}_2-\dot{Z}_3+b\dot{\theta})=0 \\
m_3\ddot{Z}_3+k_3(Z_3-q_2)+c_3(\dot{Z}_3-\dot{q}_2)-k_5(Z_1-0.5f\theta_2-Z_3+b\theta)-c_5(\dot{Z}_1-0.5f\dot{\theta}_2-\dot{Z}_3+b\dot{\theta})=0 \\
m_4\ddot{Z}_4+k_4(Z_4-q_3)+c_4(\dot{Z}_4-\dot{q}_3)-k_6(Z_1+0.5f\theta_2-Z_4+b\theta)-c_6(\dot{Z}_1+0.5f\dot{\theta}_2-\dot{Z}_4+b\dot{\theta})=0
\end{cases}$$

整理得:

$$M\ddot{X}+C\dot{X}+KX=P \tag{3-8}$$

式中:M、C、K、X、P——分别为质量矩阵、阻尼矩阵、刚度矩阵、位移矩阵和激励矩阵。

$$M=\begin{bmatrix} m_1 & 0 & 0 & 0 & 0 & 0 \\ 0 & J_1 & 0 & 0 & 0 & 0 \\ 0 & 0 & J_2 & 0 & 0 & 0 \\ 0 & 0 & 0 & m_2 & 0 & 0 \\ 0 & 0 & 0 & 0 & m_3 & 0 \\ 0 & 0 & 0 & 0 & 0 & m_4 \end{bmatrix}$$

$$C=\begin{bmatrix} c_1+c_5+c_6 & b(c_5+c_6)-ac_1 & 0.5f(c_6-c_5) & -c_1 & -c_5 & -c_6 \\ bc_6+bc_5 & b^2(c_6+c_5) & 0.5fb(c_6-c_5) & 0 & -bc_5 & -bc_6 \\ 0.5f(c_6-c_5) & 0.5bf(c_6-c_5) & 0.25f^2(c_6+c_5) & 0 & 0.5fc_5 & -0.5fc_6 \\ -c_1 & ac_1 & 0 & c_1+c_2 & 0 & 0 \\ -c_5 & -bc_5 & 0.5fc_5 & 0 & c_3+c_5 & 0 \\ -c_6 & -bc_6 & -0.5fc_6 & 0 & 0 & c_4+c_6 \end{bmatrix}$$

$$K=\begin{bmatrix} k_1+k_5+k_6 & b(k_5+k_6)-ak_1 & 0.5f(k_6-k_5) & -k_1 & -k_5 & -k_6 \\ b(k_5+k_6) & b^2(k_6+k_5) & 0.5fb(k_6-k_5) & 0 & -bk_5 & -bk_6 \\ 0.5f(k_6-k_5) & 0.5bf(k_6-k_5) & 0.25f^2(k_6+k_5) & 0 & 0.5fk_5 & -0.5fk_6 \\ -k_1 & ak_1 & 0 & k_1+k_2 & 0 & 0 \\ -k_5 & -bk_5 & 0.5fk_5 & 0 & k_3+k_5 & 0 \\ -k_6 & -bk_6 & -0.5fk_6 & 0 & 0 & k_4+k_6 \end{bmatrix}$$

$$P=[0 \quad 0 \quad 0 \quad k_2q_1+c_2\dot{q}_1 \quad k_3q_2+c_3\dot{q}_2 \quad k_4q_3+c_4\dot{q}_3]^{\mathrm{T}}$$

$$X=[z_1 \quad \theta_1 \quad \theta_2 \quad z_2 \quad z_3 \quad z_4]^{\mathrm{T}}$$

对式(3-8)两端进行傅立叶变换,得:

$$(iC\omega-M\omega^2+K)X(\omega)=P(\omega) \tag{3-9}$$

式中:

$$X(\omega)=[Z_1(\omega) \quad \theta_1(\omega) \quad \theta_2(\omega) \quad Z_2(\omega) \quad Z_3(\omega) \quad Z_4(\omega)]^{\mathrm{T}}$$

$$P(\omega)=[0 \quad 0 \quad 0 \quad (k_2+ic_2\omega)q_1(\omega) \quad (k_3+ic_3\omega)q_2(\omega) \quad (k_4+ic_4\omega)q_3(\omega)]^{\mathrm{T}}$$

由于 q_1、q_2 和 q_3 为3个桥承受的路面不平度激励,各个信号频率相同,只是 q_2 和 q_3 相对于 q_1 有一个时间差,时差 ΔT_2 和 ΔT_3 分别为:

$$\Delta T_2=\frac{e}{v}$$

$$\Delta T_3=\frac{e+f}{v}$$

式中:v——车辆行驶速度,m/s;

ΔT_2——q_2 对于 q_1 的时差,s;

ΔT_3——q_3 对于 q_1 的时差,s。

根据傅立叶变换的时移特性,易得:

$$q_2(\omega)=q_1(\omega)e^{-i\omega\frac{e}{v}}$$

$$q_3(\omega)=q_1(\omega)e^{-i\omega\frac{e+f}{v}}$$

所以:

$$P(\omega)=\left[0\quad 0\quad 0\quad (k_2+ic_2\omega)q_1(\omega)\quad (k_3+ic_3\omega)e^{-i\omega\frac{e}{v}}q_1(\omega)\quad (k_4+ic_4\omega)e^{-i\omega\frac{e+f}{v}}q_1(\omega)\right]^{\mathrm{T}}$$

设:

$$B(\omega)=(iC\omega-M\omega^2+K)^{-1}=\begin{bmatrix} B_{11} & B_{12} & B_{13} & B_{14} & B_{15} & B_{16} \\ B_{21} & B_{22} & B_{23} & B_{24} & B_{25} & B_{26} \\ B_{31} & B_{32} & B_{33} & B_{34} & B_{35} & B_{36} \\ B_{41} & B_{42} & B_{43} & B_{44} & B_{45} & B_{46} \\ B_{51} & B_{52} & B_{53} & B_{54} & B_{55} & B_{56} \\ B_{61} & B_{62} & B_{63} & B_{64} & B_{65} & B_{66} \end{bmatrix}$$

则:

$$Z_1(\omega)=[B_{14}(k_2+ic_2\omega)+B_{15}(k_3+ic_3\omega)e^{-i\omega\frac{e}{v}}+B_{16}(k_4+ic_4\omega)e^{-i\omega\frac{e+f}{v}}]q_1(\omega)$$

$$\theta_1(\omega)=[B_{24}(k_2+ic_2\omega)+B_{25}(k_3+ic_3\omega)e^{-i\omega\frac{e}{v}}+B_{26}(k_4+ic_4\omega)e^{-i\omega\frac{e+f}{v}}]q_1(\omega)$$

$$\theta_2(\omega)=[B_{34}(k_2+ic_2\omega)+B_{35}(k_3+ic_3\omega)e^{-i\omega\frac{e}{v}}+B_{36}(k_4+ic_4\omega)e^{-i\omega\frac{e+f}{v}}]q_1(\omega)$$

$$Z_2(\omega)=[B_{44}(k_2+ic_2\omega)+B_{45}(k_3+ic_3\omega)e^{-i\omega\frac{e}{v}}+B_{46}(k_4+ic_4\omega)e^{-i\omega\frac{e+f}{v}}]q_1(\omega)$$

$$Z_3(\omega)=[B_{54}(k_2+ic_2\omega)+B_{55}(k_3+ic_3\omega)e^{-i\omega\frac{e}{v}}+B_{56}(k_4+ic_4\omega)e^{-i\omega\frac{e+f}{v}}]q_1(\omega)$$

$$Z_4(\omega)=[B_{64}(k_2+ic_2\omega)+B_{65}(k_3+ic_3\omega)e^{-i\omega\frac{e}{v}}+B_{66}(k_4+ic_4\omega)e^{-i\omega\frac{e+f}{v}}]q_1(\omega)$$

根据控制工程的概念:

$$H_{Z_1}(\omega)=B_{14}(k_2+ic_2\omega)+B_{15}(k_3+ic_3\omega)e^{-i\omega\frac{e}{v}}+B_{16}(k_4+ic_4\omega)e^{-i\omega\frac{e+f}{v}}$$

$$H_{\theta_1}(\omega)=B_{24}(k_2+ic_2\omega)+B_{25}(k_3+ic_3\omega)e^{-i\omega\frac{e}{v}}+B_{26}(k_4+ic_4\omega)e^{-i\omega\frac{e+f}{v}}$$

$$H_{\theta_2}(\omega)=B_{34}(k_2+ic_2\omega)+B_{35}(k_3+ic_3\omega)e^{-i\omega\frac{e}{v}}+B_{36}(k_4+ic_4\omega)e^{-i\omega\frac{e+f}{v}}$$

$$H_{Z_2}(\omega)=B_{44}(k_2+ic_2\omega)+B_{45}(k_3+ic_3\omega)e^{-i\omega\frac{e}{v}}+B_{46}(k_4+ic_4\omega)e^{-i\omega\frac{e+f}{v}}$$

$$H_{Z_3}(\omega)=B_{54}(k_2+ic_2\omega)+B_{55}(k_3+ic_3\omega)e^{-i\omega\frac{e}{v}}+B_{56}(k_4+ic_4\omega)e^{-i\omega\frac{e+f}{v}}$$

$$H_{Z_4}(\omega)=B_{64}(k_2+ic_2\omega)+B_{65}(k_3+ic_3\omega)e^{-i\omega\frac{e}{v}}+B_{66}(k_4+ic_4\omega)e^{-i\omega\frac{e+f}{v}}$$

式中,$H_{Z_1}(\omega)$、$H_{\theta_1}(\omega)$、$H_{\theta_2}(\omega)$、$H_{Z_2}(\omega)$、$H_{Z_3}(\omega)$、$H_{Z_4}(\omega)$分别为 Z_1、θ_1、θ_2、Z_2、Z_3 和 $Z_4$6 个自由度对 q_1 的传递函数。

轮胎对路面的动荷载为:

$$F_1=k_2(q_1-Z_2)+c_2(\dot{q}_1-\dot{Z}_2) \tag{3-10}$$

$$F_2=k_3(q_2-Z_3)+c_3(\dot{q}_2-\dot{Z}_3) \tag{3-11}$$

$$F_3=k_4(q_3-Z_4)+c_4(\dot{q}_3-\dot{Z}_4) \tag{3-12}$$

进而得出前、后轮的动载系数为:

$$D_1=\frac{F_1}{F_{1s}}$$

$$D_2=\frac{F_2}{F_{2s}}$$

$$D_3=\frac{F_3}{F_{3s}}$$

式中：F_{1s}、F_{2s}、F_{3s}——分别为前桥、后桥前轴和后桥后轴的静态荷载，N。

对式(3-10)、式(3-11)和式(3-12)两端进行傅立叶变换：

$$F_1(\omega)=(k_2+ic_2\omega)[q_1(\omega)-Z_2(\omega)]=(k_2+ic_2\omega)[1-H_{Z_2}(\omega)]q_1(\omega)$$

$$F_2(\omega)=(k_3+ic_3\omega)[q_2(\omega)-Z_3(\omega)]=(k_3+ic_3\omega)[e^{-i\omega\frac{e}{v}}-H_{Z_3}(\omega)]q_1(\omega)$$

$$F_3(\omega)=(k_4+ic_4\omega)[q_3(\omega)-Z_4(\omega)]=(k_4+ic_4\omega)[e^{-i\omega\frac{e+f}{v}}-H_{Z_4}(\omega)]q_1(\omega)$$

所以：

$$H_{F_1}(\omega)=\frac{F_1(\omega)}{q_1(\omega)}=(k_2+ic_2\omega)[1-H_{Z_2}(\omega)]$$

$$H_{F_2}(\omega)=\frac{F_2(\omega)}{q_1(\omega)}=(k_3+ic_3\omega)[e^{-i\omega\frac{e}{v}}-H_{Z_3}(\omega)]$$

$$H_{F_3}(\omega)=\frac{F_3(\omega)}{q_1(\omega)}=(k_4+ic_4\omega)[e^{-i\omega\frac{e+f}{v}}-H_{Z_4}(\omega)]$$

$$D_1(\omega)=\frac{F_1(\omega)}{F_{1s}}=\frac{H_{F_1}(\omega)q_1(\omega)}{F_{1s}}$$

$$D_2(\omega)=\frac{F_2(\omega)}{F_{2s}}=\frac{H_{F_2}(\omega)q_1(\omega)}{F_{2s}}$$

$$D_3(\omega)=\frac{F_3(\omega)}{F_{3s}}=\frac{H_{F_3}(\omega)q_1(\omega)}{F_{3s}}$$

根据随机过程理论，对于一个线性时不变系统，如果输入为稳态随机信号，则其输出也是稳态随机信号。而路面不平度为服从零均值高斯分布的各态历经随机过程。因此，轮胎对路面动荷载也是服从零均值高斯分布的稳态随机信号。其功率谱密度函数为：

$$S_{F_1}(\omega)=H_{F_1}^*(\omega)S_{q_1}(\omega)H_{F_1}(\omega)$$

$$S_{F_2}(\omega)=H_{F_2}^*(\omega)S_{q_1}(\omega)H_{F_2}(\omega)$$

$$S_{F_3}(\omega)=H_{F_3}^*(\omega)S_{q_1}(\omega)H_{F_3}(\omega)$$

式中：$S_{F_1}(\omega)$、$S_{F_2}(\omega)$、$S_{F_3}(\omega)$、$S_{q_1}(\omega)$——分别为前桥轮胎动荷载、后桥前轴轮胎动荷载、后桥后轴轮胎动荷载和路面不平度的功率谱密度函数。

对功率谱密度函数进行傅立叶反变换，可以得到信号的自相关函数，即：

$$R_{xx}(\tau) = \frac{1}{2\pi}\int_{-\infty}^{+\infty} S_{xx}(\omega) e^{i\omega\tau} d\omega$$

当 $\tau=0$ 时：

$$R_{xx}(0) = \frac{1}{2\pi}\int_{-\infty}^{+\infty} S_{xx}(\omega) d\omega = \psi_x^2 = \sigma_x^2 - \mu_x^2$$

由前述可知，轮胎对路面的动荷载均值为 0，所以：

$$\sigma_{F_1}^2 = \frac{1}{2\pi}\int_{-\infty}^{+\infty} S_{F_1}(\omega) d\omega = \frac{1}{2\pi}\int_{-\infty}^{+\infty} H_{F_1}^*(\omega) S_{q_1}(\omega) H_{F_1}(\omega) d\omega$$

$$\sigma_{F_2}^2 = \frac{1}{2\pi}\int_{-\infty}^{+\infty} S_{F_2}(\omega) d\omega = \frac{1}{2\pi}\int_{-\infty}^{+\infty} H_{F_2}^*(\omega) S_{q_1}(\omega) H_{F_2}(\omega) d\omega$$

$$\sigma_{F_3}^2 = \frac{1}{2\pi}\int_{-\infty}^{+\infty} S_{F_3}(\omega) d\omega = \frac{1}{2\pi}\int_{-\infty}^{+\infty} H_{F_3}^*(\omega) S_{q_1}(\omega) H_{F_3}(\omega) d\omega$$

$$\sigma_{D_1}^2 = \frac{\sigma_{F_1}^2}{F_{1s}^2} \qquad \sigma_{D_2}^2 = \frac{\sigma_{F_2}^2}{F_{2s}^2} \qquad \sigma_{D_3}^2 = \frac{\sigma_{F_3}^2}{F_{3s}^2}$$

式中：$\sigma_{F_1}^2$、$\sigma_{F_2}^2$、$\sigma_{F_3}^2$——分别为前桥、后桥前轴和后桥后轴动荷载的方差；

$\sigma_{D_1}^2$、$\sigma_{D_2}^2$、$\sigma_{D_3}^2$——分别为前桥、后桥前轴和后桥后轴动载系数的方差。

3.2.3 1+2+5 型车辆动力学模型

图 3-3 为九自由度 1+2+5 型车辆动力学模型。

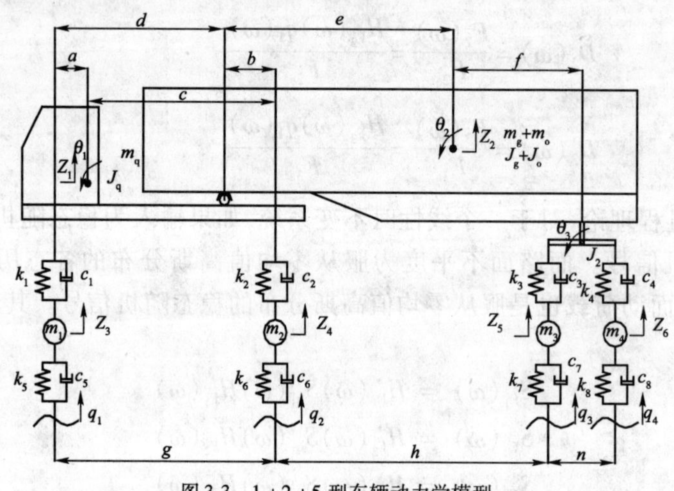

图 3-3 1+2+5 型车辆动力学模型

图中所示各参数的意义如下：

m_q——牵引车空车簧上质量，kg；

m_g——挂车空车簧上质量，kg；

m_o——挂车装载质量，kg；

J_q——牵引车空车簧上质量转动惯量，Nm^2；

J_g——挂车空车簧上质量转动惯量，Nm^2；

J_o——挂车装载质量转动惯量，Nm^2；

k_1、k_2、k_3、k_4——悬架刚度，N/m；

k_5、k_6、k_7、k_8——轮胎刚度，N/m；

c_1、c_2、c_3、c_4——悬架阻尼，Ns/m；

c_5、c_6、c_7、c_8——轮胎阻尼，Ns/m；

m_1、m_2、m_3、m_4——簧下质量，kg；

J_2——平衡悬架转动惯量，Nm^2；

a——牵引车前桥距簧上质心距离，m；

b——鞍座距牵引车后桥距离，m；

c——牵引车后桥距簧上质心距离，m；

d——牵引车前桥距鞍置点距离，m；

e——挂车簧上质量质心距鞍置点距离，m；

f——挂车簧上质量质心距后桥距离，m；

g——轴距1，m；

h——轴距2，m；

n——轴距3，m；

θ_1、θ_2、θ_3——分别为牵引车、挂车簧上质量俯仰振动和平衡悬架俯仰振动，rad；

Z_1、Z_2、Z_3、Z_4、Z_5、Z_6——分别为各个质量的垂向振动，m；

q_1、q_2、q_3、q_4——路面不平度激励，m。

其动力学微分方程为：

$$\begin{cases} m_q(c-b)\ddot{Z}_1 - J_q\ddot{\theta}_1 + (c_1d - c_2b)\dot{Z}_1 + (c_2bc - c_1ad)\dot{\theta}_1 + (-c_1d)\dot{Z}_3 + c_2b\dot{Z}_4 \\ \quad + (k_1d - k_2b)Z_1 + (k_2bc - k_1ad)\theta_1 + (-k_1d)Z_3 + k_2bZ_4 = 0 \\ m_1\ddot{Z}_3 + (-c_1)\dot{Z}_1 + c_1a\dot{\theta}_1 + (c_1 + c_5)\dot{Z}_3 + (-k_1)Z_1 + k_1a\theta_1 + (k_1 + k_5)Z_3 = k_5q_1 + c_5\dot{q}_1 \\ m_2\ddot{Z}_4 + (-c_2)\dot{Z}_1 + c_2c\dot{\theta}_1 + (c_2 + c_6)\dot{Z}_4 + (-k_2)Z_1 + k_2c\theta_1 + (k_2 + k_6)Z_4 = k_6q_2 + c_6\dot{q}_2 \\ m_q\ddot{Z}_1 + (m_g + m_o)\ddot{Z}_2 + (c_1 + c_2)\dot{Z}_1 + (-c_1a - c_2c)\dot{\theta}_1 + (c_3 + c_4)\dot{Z}_2 + f(c_3 + c_4)\dot{\theta}_2 + \end{cases}$$

$$
\begin{cases}
0.5n(c_4-c_3)\dot{\theta}_3+(-c_1)\dot{Z}_3+(-c_2)\dot{Z}_4+(-c_3)\dot{Z}_5+(-c_4)\dot{Z}_6+(k_1+k_2)Z_1+\\
(-ak_1-ck_2)\theta_1+(k_3+k_4)Z_2+f(k_3+k_4)\theta_2+0.5n(k_4-k_3)\theta_3+(-k_1)Z_3+(-k_2)Z_4+\\
(-k_3)Z_5+(-k_4)Z_6=0\\
m_q e\ddot{Z}_1-(J_g+J_o)\ddot{\theta}_2+e(c_1+c_2)\dot{Z}_1+e(-ac_1-cc_2)\dot{\theta}_1+f(-c_3-c_4)\dot{Z}_2+f^2(-c_3-c_4)\dot{\theta}_2+\\
0.5nf(c_3-c_4)\dot{\theta}_3+(-c_1e)\dot{Z}_3+(-c_2e)\dot{Z}_4+fc_3\dot{Z}_5+fc_4\dot{Z}_6+(k_1+k_2)eZ_1+\\
(-aek_1-cek_2)\theta_1+f(-k_3-k_4)Z_2+f^2(-k_3-k_4)\theta_2+0.5nf(k_3-k_4)\theta_3+(-k_1e)Z_3+\\
(-k_2e)Z_4+fk_3Z_5+fk_4Z_6=0\\
J_2\ddot{\theta}_3+0.5n(c_4-c_3)\dot{Z}_2+0.5nf(c_4-c_3)\dot{\theta}_2+0.25n^2(c_4+c_3)\dot{\theta}_3+0.5nc_3\dot{Z}_5+(-0.5nc_4)\dot{Z}_6+\\
0.5n(k_4-k_3)Z_2+0.5nf(k_4-k_3)\theta_2+0.25n^2(k_4+k_3)\theta_3+0.5nk_3Z_5+(-0.5nk_4)Z_6=0\\
m_3\ddot{Z}_5+(-c_3)\dot{Z}_2+(-c_3f)\dot{\theta}_2+0.5nc_3\dot{\theta}_3+(c_3+c_7)\dot{Z}_5+(-k_3)Z_2+(-k_3f)\theta_2+\\
0.5nk_3\theta_3+(k_3+k_7)Z_5=c_7\dot{q}_3+k_7q_3\\
m_4\ddot{Z}_6+(-c_4)\dot{Z}_2+(-c_4f)\dot{\theta}_2+(-0.5nc_4)\dot{\theta}_3+(c_4+c_8)\dot{Z}_6+(-k_4)Z_2+\\
(-k_4f)\theta_2+(-0.5nk_4)\theta_3+(k_4+k_8)Z_6=c_8\dot{q}_4+k_8q_4\\
Z_1+(c-b)\theta_1-Z_2+e\theta_2=0
\end{cases}
$$

整理得：

$$M\ddot{X}+C\dot{X}+KX=P \tag{3-13}$$

式中：M、C、K、X、P——分别为质量矩阵、阻尼矩阵、刚度矩阵、位移矩阵和激励矩阵。

$$
M=\begin{bmatrix}
m_q(c-b) & -J_q & 0 & 0 & 0 & 0 & 0 & 0 & 0\\
m_q & 0 & m_g+m_o & 0 & 0 & 0 & 0 & 0 & 0\\
m_qe & 0 & 0 & -(J_g+J_o) & 0 & 0 & 0 & 0 & 0\\
0 & 0 & 0 & 0 & J_2 & 0 & 0 & 0 & 0\\
0 & 0 & 0 & 0 & 0 & 0 & 0 & 0 & 0\\
0 & 0 & 0 & 0 & 0 & m_1 & 0 & 0 & 0\\
0 & 0 & 0 & 0 & 0 & 0 & m_2 & 0 & 0\\
0 & 0 & 0 & 0 & 0 & 0 & 0 & m_3 & 0\\
0 & 0 & 0 & 0 & 0 & 0 & 0 & 0 & m_4
\end{bmatrix}
$$

$$C=\begin{bmatrix} c_1d-c_2b & c_2bc-c_1ad & 0 & 0 & 0 & -c_1d & c_2b & 0 & 0 \\ c_1+c_2 & -c_1a-c_2c & c_3+c_4 & c_3+c_4 & 0.5n(c_4-c_3) & -c_1 & -c_2 & -c_3 & -c_4 \\ e(c_1+c_2) & e(-ac_1-cc_2) & f(-c_3-c_4) & f^2(-c_3-c_4) & 0.5nf(c_3-c_4) & -c_1e & -c_2e & fc_3 & fc_4 \\ 0 & 0 & 0.5n(c_4-c_3) & 0.5nf(c_4-c_3) & 0.25n^2(c_4+c_3) & 0 & 0 & 0.5nc_3 & -0.5nc_4 \\ 0 & 0 & 0 & 0 & 0 & 0 & 0 & 0 & 0 \\ -c_1 & c_1a & 0 & 0 & 0 & c_1+c_5 & 0 & 0 & 0 \\ -c_2 & c_2c & 0 & 0 & 0 & 0 & c_2+c_6 & 0 & 0 \\ 0 & 0 & -c_3 & -c_3f & 0.5nc_3 & 0 & 0 & c_3+c_7 & \\ 0 & 0 & -c_4 & -c_4f & -0.5nc_4 & 0 & 0 & 0 & c_4+c_8 \end{bmatrix}$$

$$K=\begin{bmatrix} k_1d-k_2b & k_2bc-k_1ad & 0 & 0 & 0 & -k_1d & k_2b & 0 & 0 \\ k_1+k_2 & -k_1a-k_2c & k_3+k_4 & k_3+k_4 & 0.5n(k_4-k_3) & -k_1 & -k_2 & -k_3 & -k_4 \\ e(k_1+k_2) & e(-ak_1-ck_2) & f(-k_3-k_4) & f^2(-k_3-k_4) & 0.5nf(k_3-k_4) & -k_1e & -k_2e & fk_3 & fk_4 \\ 0 & 0 & 0.5n(k_4-k_3) & 0.5nf(k_4-k_3) & 0.25n^2(k_4+k_3) & 0 & 0 & 0.5nk_3 & -0.5nk_4 \\ 0 & 0 & 0 & 0 & 0 & 0 & 0 & 0 & 0 \\ -k_1 & k_1a & 0 & 0 & 0 & k_1+k_5 & 0 & 0 & 0 \\ -k_2 & k_2c & 0 & 0 & 0 & 0 & k_2+k_6 & 0 & 0 \\ 0 & 0 & -k_3 & -k_3f & 0.5nk_3 & 0 & 0 & k_3+k_7 & 0 \\ 0 & 0 & -k_4 & -k_4f & -0.5nk_4 & 0 & 0 & 0 & k_4+k_8 \end{bmatrix}$$

$$\{f(t)\}=[0,0,0,0,0,k_5q_1+c_5\dot{q}_1,k_6q_2+c_6\dot{q}_2,k_7q_3+c_7\dot{q}_3,k_8q_4+c_8\dot{q}_4]^{\mathrm{T}}$$

$$\{X\}=[Z_1,\theta_1,Z_2,\theta_2,\theta_3,Z_3,Z_4,Z_5,Z_6]^{\mathrm{T}}$$

对式(3-13)两端进行傅立叶变换,得:

$$(iC\omega-M\omega^2+K)X(\omega)=P(\omega) \tag{3-14}$$

式中:

$$X(\omega)=[Z_1(\omega)\quad \theta_1(\omega)\quad Z_2(\omega)\quad \theta_2(\omega)\quad \theta_3(\omega)\quad Z_3(\omega)\quad Z_4(\omega)\quad Z_5(\omega)\quad Z_6(\omega)]^{\mathrm{T}}$$

$$P(\omega)=[0\quad 0\quad 0\quad 0\quad 0\quad (k_5+ic_5\omega)q_1(\omega)\quad (k_6+ic_6\omega)q_2(\omega)\quad (k_7+ic_7\omega)q_3(\omega)\quad (k_8+ic_8\omega)q_4(\omega)]^{\mathrm{T}}$$

由于 q_1、q_2、q_3 和 q_4 为 4 个桥承受的路面不平度激励，各个信号频率相同，只是 q_2、q_3 和 q_4 相对于 q_1 有一个时间差，时差 ΔT_2、ΔT_3 和 ΔT_4 分别为：

$$\Delta T_2 = \frac{g}{v}$$

$$\Delta T_3 = \frac{g+h}{v}$$

$$\Delta T_4 = \frac{g+h+n}{v}$$

式中：v——车辆行驶速度，m/s；

ΔT_2——q_2 对于 q_1 的时差，s；

ΔT_3——q_3 对于 q_1 的时差，s；

ΔT_4——q_4 对于 q_1 的时差，s。

根据傅立叶变换的时移特性，易得：

$$q_2(\omega) = q_1(\omega)e^{-i\omega\frac{g}{v}}$$

$$q_3(\omega) = q_1(\omega)e^{-i\omega\frac{g+h}{v}}$$

$$q_4(\omega) = q_1(\omega)e^{-i\omega\frac{g+h+n}{v}}$$

所以：

$$P(\omega) = \left[0\,0\,0\,0\,0 \quad (k_5+ic_5\omega)q_1(\omega) \quad (k_6+ic_6\omega)e^{-i\omega\frac{g}{v}}q_1(\omega) \quad (k_7+ic_7\omega)e^{-i\omega\frac{g+h}{v}}q_1(\omega) \quad (k_8+ic_8\omega)e^{-i\omega\frac{g+h+n}{v}}q_1(\omega)\right]^{-\mathrm{T}}$$

设：

$$B(\omega) = (iC\omega - M\omega^2 + K)^{-1} = \begin{bmatrix} B_{11} & B_{12} & B_{13} & B_{14} & B_{15} & B_{16} & B_{17} & B_{18} & B_{19} \\ B_{21} & B_{22} & B_{23} & B_{24} & B_{25} & B_{26} & B_{27} & B_{28} & B_{29} \\ B_{31} & B_{32} & B_{33} & B_{34} & B_{35} & B_{36} & B_{37} & B_{38} & B_{39} \\ B_{41} & B_{42} & B_{43} & B_{44} & B_{45} & B_{46} & B_{47} & B_{48} & B_{49} \\ B_{51} & B_{52} & B_{53} & B_{54} & B_{55} & B_{56} & B_{57} & B_{58} & B_{59} \\ B_{61} & B_{62} & B_{63} & B_{64} & B_{65} & B_{66} & B_{67} & B_{68} & B_{69} \\ B_{71} & B_{72} & B_{73} & B_{74} & B_{75} & B_{76} & B_{77} & B_{78} & B_{79} \\ B_{81} & B_{82} & B_{83} & B_{84} & B_{85} & B_{86} & B_{87} & B_{88} & B_{89} \\ B_{91} & B_{92} & B_{93} & B_{94} & B_{95} & B_{96} & B_{97} & B_{98} & B_{99} \end{bmatrix}$$

则：

$$Z_1(\omega) = [B_{16}(k_5+ic_5\omega) + B_{17}(k_6+ic_6\omega)e^{-i\omega\frac{g}{v}} + B_{18}(k_7+ic_7\omega)e^{-i\omega\frac{g+h}{v}} + B_{19}(k_8+ic_8\omega)e^{-i\omega\frac{g+h+n}{v}}]q_1(\omega)$$

$$\theta_1(\omega) = [B_{26}(k_5+ic_5\omega) + B_{27}(k_6+ic_6\omega)e^{-i\omega\frac{g}{v}} + B_{28}(k_7+ic_7\omega)e^{-i\omega\frac{g+h}{v}} + B_{29}(k_8+ic_8\omega)e^{-i\omega\frac{g+h+n}{v}}]q_1(\omega)$$

$$Z_2(\omega)=[B_{36}(k_5+ic_5\omega)+B_{37}(k_6+ic_6\omega)e^{-i\omega\frac{g}{v}}+B_{38}(k_7+ic_7\omega)e^{-i\omega\frac{g+h}{v}}+B_{39}(k_8+ic_8\omega)e^{-i\omega\frac{g+h+n}{v}}]q_1(\omega)$$

$$\theta_2(\omega)=[B_{46}(k_5+ic_5\omega)+B_{47}(k_6+ic_6\omega)e^{-i\omega\frac{g}{v}}+B_{48}(k_7+ic_7\omega)e^{-i\omega\frac{g+h}{v}}+B_{49}(k_8+ic_8\omega)e^{-i\omega\frac{g+h+n}{v}}]q_1(\omega)$$

$$\theta_3(\omega)=[B_{56}(k_5+ic_5\omega)+B_{57}(k_6+ic_6\omega)e^{-i\omega\frac{g}{v}}+B_{58}(k_7+ic_7\omega)e^{-i\omega\frac{g+h}{v}}+B_{59}(k_8+ic_8\omega)e^{-i\omega\frac{g+h+n}{v}}]q_1(\omega)$$

$$Z_3(\omega)=[B_{66}(k_5+ic_5\omega)+B_{67}(k_6+ic_6\omega)e^{-i\omega\frac{g}{v}}+B_{68}(k_7+ic_7\omega)e^{-i\omega\frac{g+h}{v}}+B_{69}(k_8+ic_8\omega)e^{-i\omega\frac{g+h+n}{v}}]q_1(\omega)$$

$$Z_4(\omega)=[B_{76}(k_5+ic_5\omega)+B_{77}(k_6+ic_6\omega)e^{-i\omega\frac{g}{v}}+B_{78}(k_7+ic_7\omega)e^{-i\omega\frac{g+h}{v}}+B_{79}(k_8+ic_8\omega)e^{-i\omega\frac{g+h+n}{v}}]q_1(\omega)$$

$$Z_5(\omega)=[B_{86}(k_5+ic_5\omega)+B_{87}(k_6+ic_6\omega)e^{-i\omega\frac{g}{v}}+B_{88}(k_7+ic_7\omega)e^{-i\omega\frac{g+h}{v}}+B_{89}(k_8+ic_8\omega)e^{-i\omega\frac{g+h+n}{v}}]q_1(\omega)$$

$$Z_6(\omega)=[B_{96}(k_5+ic_5\omega)+B_{97}(k_6+ic_6\omega)e^{-i\omega\frac{g}{v}}+B_{98}(k_7+ic_7\omega)e^{-i\omega\frac{g+h}{v}}+B_{99}(k_8+ic_8\omega)e^{-i\omega\frac{g+h+n}{v}}]q_1(\omega)$$

根据控制工程概念：

$$H_{Z_1}(\omega)=B_{16}(k_5+ic_5\omega)+B_{17}(k_6+ic_6\omega)e^{-i\omega\frac{g}{v}}+B_{18}(k_7+ic_7\omega)e^{-i\omega\frac{g+h}{v}}+B_{19}(k_8+ic_8\omega)e^{-i\omega\frac{g+h+n}{v}}$$

$$H_{\theta_1}(\omega)=B_{26}(k_5+ic_5\omega)+B_{27}(k_6+ic_6\omega)e^{-i\omega\frac{g}{v}}+B_{28}(k_7+ic_7\omega)e^{-i\omega\frac{g+h}{v}}+B_{29}(k_8+ic_8\omega)e^{-i\omega\frac{g+h+n}{v}}$$

$$H_{Z_2}(\omega)=B_{36}(k_5+ic_5\omega)+B_{37}(k_6+ic_6\omega)e^{-i\omega\frac{g}{v}}+B_{38}(k_7+ic_7\omega)e^{-i\omega\frac{g+h}{v}}+B_{39}(k_8+ic_8\omega)e^{-i\omega\frac{g+h+n}{v}}$$

$$H_{\theta_2}(\omega)=B_{46}(k_5+ic_5\omega)+B_{47}(k_6+ic_6\omega)e^{-i\omega\frac{g}{v}}+B_{48}(k_7+ic_7\omega)e^{-i\omega\frac{g+h}{v}}+B_{49}(k_8+ic_8\omega)e^{-i\omega\frac{g+h+n}{v}}$$

$$H_{\theta_3}(\omega)=B_{56}(k_5+ic_5\omega)+B_{57}(k_6+ic_6\omega)e^{-i\omega\frac{g}{v}}+B_{58}(k_7+ic_7\omega)e^{-i\omega\frac{g+h}{v}}+B_{59}(k_8+ic_8\omega)e^{-i\omega\frac{g+h+n}{v}}$$

$$H_{Z_3}(\omega)=B_{66}(k_5+ic_5\omega)+B_{67}(k_6+ic_6\omega)e^{-i\omega\frac{g}{v}}+B_{68}(k_7+ic_7\omega)e^{-i\omega\frac{g+h}{v}}+B_{69}(k_8+ic_8\omega)e^{-i\omega\frac{g+h+n}{v}}$$

$$H_{Z_4}(\omega)=B_{76}(k_5+ic_5\omega)+B_{77}(k_6+ic_6\omega)e^{-i\omega\frac{g}{v}}+B_{78}(k_7+ic_7\omega)e^{-i\omega\frac{g+h}{v}}+B_{79}(k_8+ic_8\omega)e^{-i\omega\frac{g+h+n}{v}}$$

$$H_{Z_5}(\omega)=B_{86}(k_5+ic_5\omega)+B_{87}(k_6+ic_6\omega)e^{-i\omega\frac{g}{v}}+B_{88}(k_7+ic_7\omega)e^{-i\omega\frac{g+h}{v}}+B_{89}(k_8+ic_8\omega)e^{-i\omega\frac{g+h+n}{v}}$$

$$H_{Z_6}(\omega)=B_{96}(k_5+ic_5\omega)+B_{97}(k_6+ic_6\omega)e^{-i\omega\frac{g}{v}}+B_{98}(k_7+ic_7\omega)e^{-i\omega\frac{g+h}{v}}+B_{99}(k_8+ic_8\omega)e^{-i\omega\frac{g+h+n}{v}}$$

式中：$H_{Z_1}(\omega)$、$H_{\theta_1}(\omega)$、$H_{Z_2}(\omega)$、$H_{\theta_2}(\omega)$、$H_{\theta_3}(\omega)$、$H_{Z_3}(\omega)$、$H_{Z_4}(\omega)$、$H_{Z_5}(\omega)$、$H_{Z_6}(\omega)$分别为 Z_1、θ_1、Z_2、θ_2、θ_3、Z_3、Z_4、Z_5 和 Z_6 9 个自由度对 q_1 的传递函数。

轮胎对路面的动荷载为：

$$F_1=k_5(q_1-Z_3)+c_5(\dot{q}_1-\dot{Z}_3) \tag{3-15}$$

$$F_2=k_6(q_2-Z_4)+c_6(\dot{q}_2-\dot{Z}_4) \tag{3-16}$$

$$F_3=k_7(q_3-Z_5)+c_7(\dot{q}_3-\dot{Z}_5) \tag{3-17}$$

$$F_4=k_8(q_4-Z_6)+c_8(\dot{q}_4-\dot{Z}_6) \tag{3-18}$$

进而得出前、后轮的动载系数为：

$$D_1=\frac{F_1}{F_{1s}}\qquad D_2=\frac{F_2}{F_{2s}}$$

$$D_3=\frac{F_3}{F_{3s}}\qquad D_4=\frac{F_4}{F_{4s}}$$

式中：F_{1s}、F_{2s}、F_{3s}和 F_{4s}分别为牵引车前桥、牵引车后桥、挂车后桥前轴和挂车后桥后轴的静态荷载，N。

对式(3-15)～式(3-18)两端进行傅立叶变换：

$$F_1(\omega)=(k_5+ic_5\omega)[q_1(\omega)-Z_3(\omega)]=(k_5+ic_5\omega)[1-H_{Z_3}(\omega)]q_1(\omega)$$

$$F_2(\omega)=(k_6+ic_6\omega)[q_2(\omega)-Z_4(\omega)]=(k_6+ic_6\omega)[e^{-i\omega\frac{g}{v}}-H_{Z_4}(\omega)]q_1(\omega)$$

$$F_3(\omega)=(k_7+ic_7\omega)[q_3(\omega)-Z_5(\omega)]=(k_7+ic_7\omega)[e^{-i\omega\frac{g+h}{v}}-H_{Z_5}(\omega)]q_1(\omega)$$

$$F_4(\omega)=(k_8+ic_8\omega)[q_4(\omega)-Z_6(\omega)]=(k_8+ic_8\omega)[e^{-i\omega\frac{g+h+n}{v}}-H_{Z_6}(\omega)]q_1(\omega)$$

所以：

$$H_{F_1}(\omega)=\frac{F_1(\omega)}{q_1(\omega)}=(k_5+ic_5\omega)[1-H_{Z_3}(\omega)]$$

$$H_{F_2}(\omega)=\frac{F_2(\omega)}{q_1(\omega)}=(k_6+ic_6\omega)[e^{-i\omega\frac{g}{v}}-H_{Z_4}(\omega)]$$

$$H_{F_3}(\omega)=\frac{F_3(\omega)}{q_1(\omega)}=(k_7+ic_7\omega)[e^{-i\omega\frac{g+h}{v}}-H_{Z_5}(\omega)]$$

$$H_{F_4}(\omega)=\frac{F_4(\omega)}{q_1(\omega)}=(k_8+ic_8\omega)[e^{-i\omega\frac{g+h+n}{v}}-H_{Z_6}(\omega)]$$

$$D_1(\omega)=\frac{F_1(\omega)}{F_{1s}}=\frac{H_{F_1}(\omega)q_1(\omega)}{F_{1s}}$$

$$D_2(\omega)=\frac{F_2(\omega)}{F_{2s}}=\frac{H_{F_2}(\omega)q_1(\omega)}{F_{2s}}$$

$$D_3(\omega)=\frac{F_3(\omega)}{F_{3s}}=\frac{H_{F_3}(\omega)q_1(\omega)}{F_{3s}}$$

$$D_4(\omega)=\frac{F_4(\omega)}{F_{4s}}=\frac{H_{F_4}(\omega)q_1(\omega)}{F_{4s}}$$

根据随机过程理论，对于一个线性时不变系统，如果输入为稳态随机信号，则其输出也是稳态随机信号。而路面不平度为服从零均值高斯分布的各态历经随机过程。因此，轮胎对路面动荷载也是服从零均值高斯分布的稳态随机信号。其功率谱密度函数为：

$$S_{F_1}(\omega)=H_{F_1}^*(\omega)S_{q_1}(\omega)H_{F_1}(\omega)$$

$$S_{F_2}(\omega)=H_{F_2}^*(\omega)S_{q_1}(\omega)H_{F_2}(\omega)$$

$$S_{F_3}(\omega)=H_{F_3}^*(\omega)S_{q_1}(\omega)H_{F_3}(\omega)$$

$$S_{F_4}(\omega) = H_{F_4}^*(\omega)S_{q_1}(\omega)H_{F_4}(\omega)$$

式中：$S_{F_1}(\omega)$、$S_{F_2}(\omega)$、$S_{F_3}(\omega)$、$S_{F_4}(\omega)$和 $S_{q_1}(\omega)$分别为牵引车前桥轮胎动荷载、牵引车后桥轮胎动荷载、挂车后桥前轴轮胎动荷载、挂车后桥后轴轮胎动荷载和路面不平度的功率谱密度函数。

对功率谱密度函数进行傅立叶反变换，可以得到信号的自相关函数，即：

$$R_{xx}(\tau) = \frac{1}{2\pi}\int_{-\infty}^{+\infty} S_{xx}(\omega)e^{i\omega\tau}d\omega$$

当 $\tau=0$ 时：

$$R_{xx}(0) = \frac{1}{2\pi}\int_{-\infty}^{+\infty} S_{xx}(\omega)d\omega = \psi_x^2 = \sigma_x^2 - \mu_x^2$$

由前述可知，轮胎对路面的动荷载均值为 0，所以：

$$\sigma_{F_1}^2 = \frac{1}{2\pi}\int_{-\infty}^{+\infty} S_{F_1}(\omega)d\omega = \frac{1}{2\pi}\int_{-\infty}^{+\infty} H_{F_1}^*(\omega)S_{q_1}(\omega)H_{F_1}(\omega)d\omega$$

$$\sigma_{F_2}^2 = \frac{1}{2\pi}\int_{-\infty}^{+\infty} S_{F_2}(\omega)d\omega = \frac{1}{2\pi}\int_{-\infty}^{+\infty} H_{F_2}^*(\omega)S_{q_1}(\omega)H_{F_2}(\omega)d\omega$$

$$\sigma_{F_3}^2 = \frac{1}{2\pi}\int_{-\infty}^{+\infty} S_{F_3}(\omega)d\omega = \frac{1}{2\pi}\int_{-\infty}^{+\infty} H_{F_3}^*(\omega)S_{q_1}(\omega)H_{F_3}(\omega)d\omega$$

$$\sigma_{F_4}^2 = \frac{1}{2\pi}\int_{-\infty}^{+\infty} S_{F_4}(\omega)d\omega = \frac{1}{2\pi}\int_{-\infty}^{+\infty} H_{F_4}^*(\omega)S_{q_1}(\omega)H_{F_4}(\omega)d\omega$$

$$\sigma_{D_1}^2 = \frac{\sigma_{F_1}^2}{F_{1s}^2} \qquad \sigma_{D_2}^2 = \frac{\sigma_{F_2}^2}{F_{2s}^2}$$

$$\sigma_{D_3}^2 = \frac{\sigma_{F_3}^2}{F_{3s}^2} \qquad \sigma_{D_4}^2 = \frac{\sigma_{F_4}^2}{F_{4s}^2}$$

式中：$\sigma_{F_1}^2$、$\sigma_{F_2}^2$、$\sigma_{F_3}^2$和 $\sigma_{F_4}^2$分别为牵引车前桥、牵引车后桥、挂车后桥前轴和挂车后桥后轴动荷载的方差；$\sigma_{D_1}^2$、$\sigma_{D_2}^2$、$\sigma_{D_3}^2$和 $\sigma_{D_4}^2$分别为牵引车前桥、牵引车后桥、挂车后桥前轴和挂车后桥后轴动载系数的方差。

3.3 主要动力学参数

三个车辆动力学模型中，悬架簧下质量、轴距等参数可从车辆说明书或车辆维修说明书中直接得到[86-88]，装载质量可以认为是已知数，其他参数需经计算得到。簧上质量、簧上质量转动惯量、簧上质量质心位置几何参数等参数可以通过空车时前轴和后轴的轴荷载质量经简单计算得到，这里不再赘述。这里主要介绍悬架参数和轮胎参数。

3.3.1 悬架参数

动力学模型中采用刚度 k 和阻尼 c 反映悬架的力学性能。刚度 k 由悬架弹簧的刚度决定,阻尼 c 主要来自于减振器的作用。

目前重型货车悬架系统采用的弹性元件有钢板弹簧和空气弹簧,以钢板弹簧居多[90-92]。根据车辆平顺性和通过性要求,货车前桥常常采用普通多片或少片变截面钢板弹簧,弹簧弹性特性表现为线性,如图 3-4 所示。承重较大的单后桥一般采用由主副簧组成的两级变刚度复式钢板弹簧,弹簧弹性特性表现为非线性,如图 3-4 所示。在荷载较小时,仅主簧起作用,悬架刚度为主簧的刚度,当荷载达到一定值以后,副簧开始起作用,悬架刚度为主副簧刚度之和[90-92]。

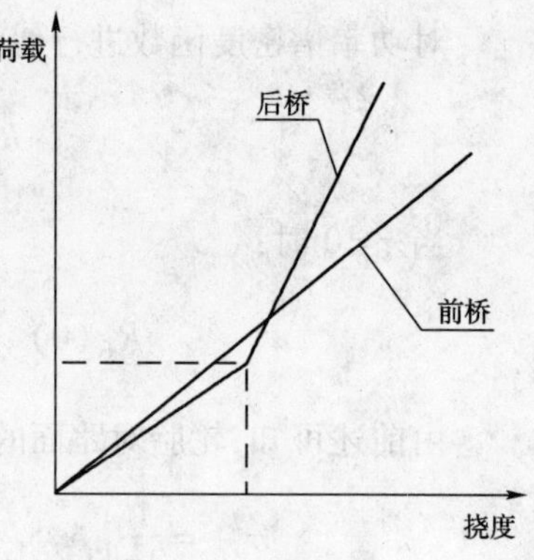

图 3-4 弹簧弹性特性

钢板弹簧的片数以及每片的伸直长度、厚度、宽度、材料给定后,可以计算得到弹簧刚度[90-92]。对于两级变刚度复式钢板弹簧,副簧开始接触时的荷载一般通过试验或预留间隙计算得到。

对于少片变截面钢板弹簧,弹簧刚度计算如下:

$$K = \frac{6EI_2}{l^3} \times \frac{1}{[1 + (l_2/l)^3 k]}\xi \qquad (\mathrm{N/mm})$$

$$k = 1 - (h_1/h_2)^3$$

$$I_2 = \frac{bh_2^3}{12}n$$

式中:k——修正系数;

h_1——弹簧端部厚度,mm;

h_2——弹簧中部厚度,mm;

l——弹簧伸直长度之半,mm;

l_2——弹簧伸直变截面部分长度,mm;

I_2——弹簧根部断面惯性矩;

n——弹簧片数;

b——弹簧宽度,mm;

$\bar{h}_2$——弹簧片中部厚度,mm;

ξ——弹簧刚度修正系数,取 $\xi = 0.92 \sim 0.94$。

对于多片等截面钢板弹簧,弹簧刚度采用梯形单片弹簧近似计算,计算如下:

$$K = \frac{48EI_0}{L^3\delta_1} \qquad (\mathrm{N/mm})$$

$$\delta_1 = \frac{1.5}{1.04\left(1 + \frac{n}{2n_1}\right)}$$

$$I_0 = \frac{bh^3}{12}n \qquad (\mathrm{mm}^4)$$

式中：δ_1——变形增大系数；

n——弹簧总片数；

n_1——与主片等长片数；

E——弹性模量，取 $E = 2.06 \times 10^5 \mathrm{N/mm}^2$；

I_0——梯形单片弹簧在根部的惯性矩，mm^4；

b——梯形单片弹簧各片宽度，mm；

h——梯形单片弹簧各片厚度，mm；

L——梯形单片弹簧伸直长度，mm。

对于带副簧的二级刚度钢板弹簧，进行车辆设计时，副簧与支架接触时的荷载 Q_K 控制为：

$$Q_K = \sqrt{Q_0 Q_m}$$

式中：Q_0——空载时簧上质量，kg；

Q_m——满载时簧上质量，kg。

重型货车采用的减振器为液力减振器，主要有摇臂式和筒式两种，以筒式居多。其阻尼特性在阻力—速度特性中反映[90-95]。总体上讲，减振器的阻力—速度特性为非线性，或近似为分段线性（大致可分为4段），也就是阻尼系数 c 不为定值，但对于路况较好的高速公路上行驶的车辆，振动较小，认为减振器的减振速度仅在较小范围内，阻尼系数 c 可视为定值。

进行汽车悬架系统设计时，根据减振器的安装位置（图3-5）和悬架刚度及簧上质量确定设计阻尼系数 c[92]：

$$c = \frac{2m_0\psi_0\omega_0 i^2}{\cos^2\alpha}$$

$$\omega_0 = \sqrt{\frac{K}{m_0}}$$

式中：m_0——簧上额定质量；

ψ_0——设计相对阻尼系数，对于采用无阻尼钢板弹簧弹性元件的悬架，$\psi_0 = 0.2 \sim 0.4$；

ω_0——悬架系统固有频率；

K——悬架刚度；

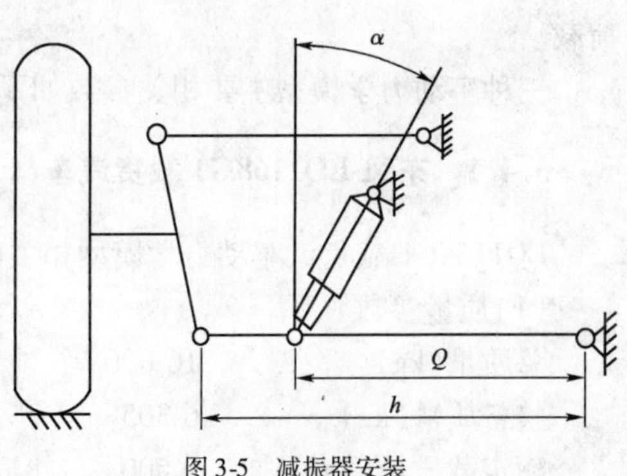

图3-5 减振器安装

i——杠杆比；

α——减振器轴线与垂直线的夹角。

3.3.2 轮胎参数

货车车轮由轮胎和轮辋组成，货车均采用充气轮胎，采用轮胎的力学参数反映车轮的动力性能[90-92]，作者采用轮胎的垂向刚度与阻尼研究车辆动力性能。

轮胎刚度既受轮胎结构的影响，也受轮胎的胎压和荷载的影响[96-100]，匈牙利学者G. Komandi以各种尺寸和胎压的轮胎在混凝土路面上进行了大量试验，提出了轮胎挠度ΔH的经验公式[96]：

$$\Delta H = C_1 K \frac{W^{0.85}}{B_0^{0.7} D^{0.43} p_i^{0.9}}$$

式中：C_1——与轮胎结构有关的参数，斜交轮胎 $C_1 = 1.15$，子午线轮胎 $C_1 = 1.5$；

K——常数，$K = 15 \times 10^{-3} B_0 + 0.42$；

W——荷载，9.8N；

p_i——胎压，100kPa；

D——轮胎直径，cm；

B_0——轮胎宽度，cm。

轮胎阻尼受轮胎结构和材料性质的影响，比较复杂，一般通过试验确定。作者参考相关文献研究结果，对于单胎，取阻尼为3 000N/s；对于双胎，取阻尼为6 000N/s。

3.4 典型重型车辆选择及车辆参数

交通组成现场调查结果显示，目前重型车辆以1 +2 型、1 +5 型和1 +2 +5 型重型车为主，尤其以1 +2 型占有比例较大，而且现有重型车以东风、斯太尔、解放为主。综合调查重型车辆销售情况，选择EQ1168G1(1 +2 型)、DFL1250A6(1 +5 型)和EQ4161W(牵引车)与EQ9280BP(半挂车)组成的1 +2 +5 型为代表，研究重型车辆对路面的作用荷载。

三种车动力学模型主要相关参数如下。

3.4.1 东风EQ1168G1载货汽车(1 +2 型)

EQ1168G1载货汽车动力学模型相关的结构参数和几何参数如下[86,101-103]：

(1)质量参数

总质量(kg)	16 000
整备质量(kg)	6 305
额定载质量(kg)	9 500

轴荷(kg) 6 000/10 000

(2)尺寸参数

全长(mm) 9 000

货箱长度(mm) 6 600

轴距(mm) 5 600

前悬/后悬(mm) 1 430/1 970

(3)悬架

前悬架形式 吊耳式、多片双槽等断面钢板弹簧,外侧装有液压筒式减振器

前钢板弹簧规格 1 950 ×90 ×11-8

后悬架形式 吊耳式,主副簧均为多片双槽等断面钢板弹簧

后钢板弹簧主簧规格 1 790 ×90 ×13-10

后钢板弹簧副簧规格 1 400 ×90 ×11-8

(4)轮胎

轮胎类别 子午线宽轮辋轮胎

轮胎规格 10.00R20-16PR

充气压力(kPa) 690

3.4.2 东风 DFL1250A6 载货汽车(1 +5 型)

DFL1250A6 载货汽车动力学模型相关的结构参数和几何参数如下[86,101-103]:

(1)质量参数

总质量(kg) 24 600

整备质量(kg) 10 495

额定载质量(kg) 13 910

轴荷(kg) 6 800/17 800(并装双轴)

(2)尺寸参数

全长(mm) 9 560

货箱长度(mm) 7 200

轴距(mm) 4 350 +1 300

前悬/后悬(mm) 1 460/2 450

(3)悬架

前悬架形式 吊耳式、多片双槽等断面钢板弹簧,外侧装有液压筒式减振器

前钢板弹簧规格 1 750 ×90 ×9-8

后悬架形式 吊耳式,为多片双槽等断面钢板弹簧

后钢板弹簧规格　　1 300 ×90 ×13-9
(4)轮胎
轮胎类别　　子午线宽轮辋轮胎
轮胎规格　　10.00R20/11.00R20
充气压力(kPa)　　690

3.4.3　东风 EQ4161W 载货汽车(牵引车)

EQ4161W 载货汽车动力学模型相关的结构参数和几何参数如下[86,101-103]：
(1)质量参数
总质量(kg)　　16 200
整备质量(kg)　　6 005
半挂鞍座质量(kg)　　10 000
挂车质量(kg)　　28 100
轴荷(kg)　　7 000/18 000
(2)尺寸参数
全长(mm)　　5 670
轴距(mm)　　3 200
前悬/后悬(mm)　　1 245/1 225
(3)悬架
前悬架形式　　吊耳式、多片双槽等断面钢板弹簧,外侧装有液压筒式减振器
前钢板弹簧规格　　1 120 ×90 ×11-9
后悬架形式　　吊耳式,主副簧均为多片双槽等断面钢板弹簧
后钢板弹簧主簧规格　　1 280 ×90 ×13-10
后钢板弹簧副簧规格　　800 ×90 ×11-3
(4)轮胎
轮胎类别　　子午线宽轮辋轮胎
轮胎规格　　10.00R20
充气压力(kPa)　　690

3.4.4　东风 EQ9280BP 载货汽车(半挂车)

EQ9280BP 载货汽车动力学模型相关的结构参数和几何参数如下[86,101-103]：
(1)质量参数
总质量(kg)　　27 800
整备质量(kg)　　5 300

额定载质量(kg) 22 500

半挂鞍座质量(kg) 10 000

轴荷(kg) 7 000/18 000

(2)尺寸参数

全长(mm) 9 990

货箱长度(mm) 9 830

轴距(mm) 5 260 +1 350

前悬/后悬(mm) —/2 000

(3)悬架

形式 吊耳式,为多片双槽等断面钢板弹簧

钢板弹簧规格 1 350 ×90 ×13-14

(4)轮胎

轮胎类别 斜交宽轮辋轮胎

轮胎规格 10.00-20

充气压力(kPa) 690

3.5 车轮动荷载影响因素分析

3.5.1 路面不平度对车轮动荷载影响

为提高分析结果的实用性,易于用于路面结构设计中,采用后桥轴重反映荷载质量的变化。下面分析车速为60km/h,胎压为0.7MPa,额定轴重下(对于1+2型单后桥车辆取后桥轴重100kN,对于1+5型和1+2+5型具有并联双轴的车辆取后桥轴重180kN)车辆的动力响应,研究路面不平度对各个车轮动载系数和动荷载的影响。

采用路面不平度系数反映路面等级,结合现有路面等级分类方法,路面不平度系数 $S_q(\Omega_0)$ 分别取(4、8、12、16、32、64) $\times 10^{-6} m^2/m^{-1}$。

图3-6~图3-11给出了3种车型各桥动载系数和动荷载随路面不平度的变化。

由图3-6~图3-11可知:

(1)3种车型各桥动载系数和动荷载均随着路面不平度的增加而增加,说明路况越差,车辆振动越严重,车辆对路面的动力荷载越大,路面越容易受到破坏。这符合力学规律。因此,提高路面不平度是减小车辆对路面的动荷载,提高路面使用寿命的有效措施。

(2)各车型各桥动载系数和动荷载与路面不平度呈非线性关系,随着路面不平度的增加,动载系数和动荷载增加速度有所下降。

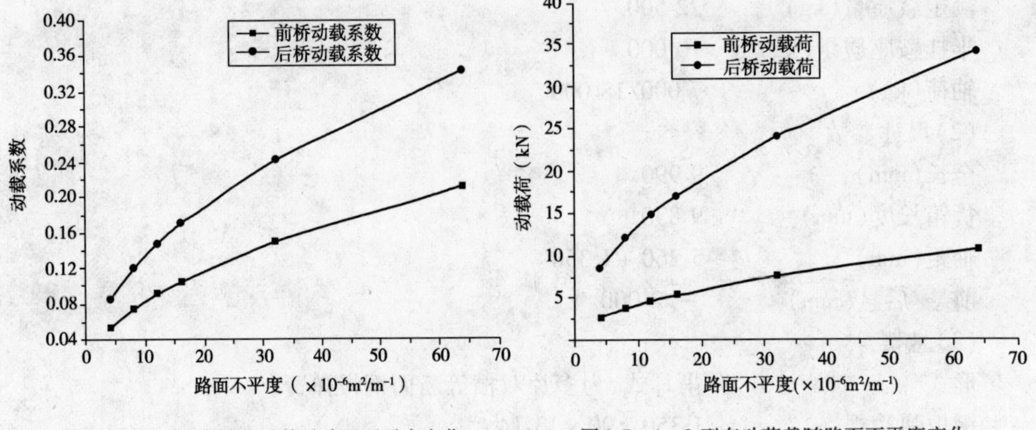

图 3-6　1+2 型车动载系数随路面不平度变化

图 3-7　1+2 型车动荷载随路面不平度变化

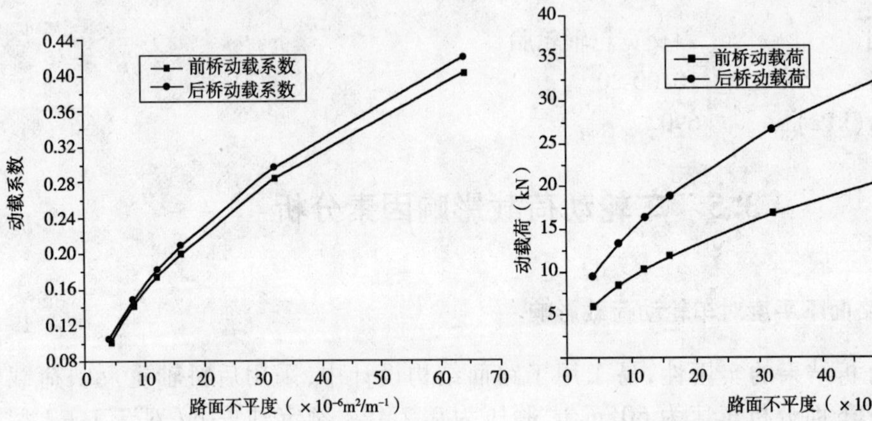

图 3-8　1+5 型车动载系数随路面不平度变化

注:该车双联轴后桥的两个轴动载系数相同，因此这里总称为后桥动荷载,下同。

图 3-9　1+5 型车动荷载随路面不平度变化

注:该车双联轴后桥的两个轴动荷载相同，因此这里总称为后桥动荷载,下同。

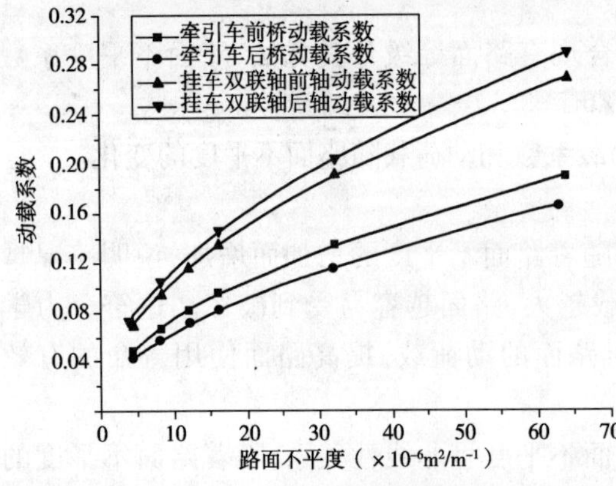

图 3-10　1+2+5 型车动载系数随路面不平度变化

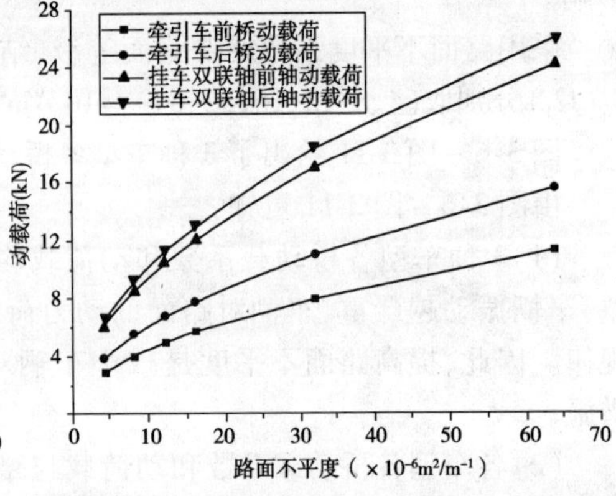

图 3-11　1+2+5 型车动荷载随路面不平度变化

(3)即使路面不平度系数达到$4\times10^{-6}m^2/m^{-1}$,即1972年制定的ISO标准中的A级路面,路面等级为“极好”,车轮对路面还施加较大的动荷载。对于1+2型载货汽车,前轮动载系数为0.053 1,车轮对路面作用的附加动荷载为2.7kN;后轮动载系数为0.085 7,车轮对路面作用的附加动荷载为8.6kN。对于1+5型载货汽车,前轮动载系数为0.100 7,车轮对路面作用的附加动荷载为6kN;后桥动载系数为0.105 1,车轮对路面作用的附加动荷载为18.9kN。对于1+2+5型载货汽车,牵引车前桥动载系数为0.047 7,车轮对路面作用的附加动荷载为2.8kN;牵引车后桥动载系数为0.041 4,车轮对路面作用的附加动荷载为3.9kN;挂车双联轴前轴动载系数为0.067 4,车轮对路面作用的附加动荷载为6.1kN;挂车双联轴后轴动载系数为0.072 6,车轮对路面作用的附加动荷载为6.5kN;即挂车并联双轴车轮对路面作用的附加动荷载为12.6kN。因此,实际交通状态下,车辆对路面施加较大的附加动荷载,进行路面结构设计时,应考虑动荷载对路面的破坏作用。可以利用动载系数将动载的影响转化为标准轴载作用次数的修正系数及路面动力响应的修正系数,应用于路面的使用性能和寿命预估中。

(4)相同路面不平度下,对于1+2型和1+5型车,后桥动载系数大于前桥动载系数。对于1+2+5型车,挂车动载系数明显大于牵引车动载系数,牵引车的前桥动载系数大于后桥动载系数。这与车辆结构参数及轴载分布直接相关。

(5)由国际标准ISO/TC 108/ SC 2N67知道,A级路面的路面不平度系数$S_q(\Omega_0)$几何均值为$16\times10^{-6}m^2/m^{-1}$;B级路面的路面不平度系数$S_q(\Omega_0)$几何均值为$64\times10^{-6}m^2/m^{-1}$。在车速为60km/h,胎压为0.7MPa,额定轴载(单轴双胎轴重为100kN;双联轴且轴距大于1.8m、小于3m时,轴重为180kN)下,对于A级路面,1+2型载货汽车作用下前桥动载系数为0.106 1,后桥动载系数为0.171 4;1+5型载货汽车作用下前桥动载系数为0.201 3,后桥动载系数为0.210 2;1+2+5型载货汽车作用下牵引车前桥动载系数为0.095 3,牵引车后桥动载系数为0.082 8,挂车双联轴前轴动载系数为0.134 8,挂车双联轴后轴动载系数为0.145 2。对于B级路面,1+2型载货汽车作用下前桥动载系数为0.212 4,后桥动载系数为0.342 8;1+5型载货汽车作用下前桥动载系数为0.402 7,后桥动载系数为0.420 3;1+2+5型载货汽车作用下牵引车前桥动载系数为0.190 6,牵引车后桥动载系数为0.165 6,挂车双联轴前轴动载系数为0.269 5,挂车双联轴后轴动载系数为0.290 4。以上数据可以为路面结构设计提供参考。相同条件下,B级路面动载系数约是A级路面动载系数的2倍。

3.5.2　轴重对车轮动荷载的影响

下面分析高速高压、高速低压、低速高压和低速低压4个工况下的车轮动荷载,研究轴重对动载系数和动荷载的影响。认为载货质量在车厢内均匀分布。如前所述,为提高本书分析结果的实用性,易于用于路面结构设计中,采用后桥轴重反映载质量的变化。

路面谱采用 1984 年制定的 ISO/TC 108/SC 2N67 标准中的 A 级路面的路面谱，路面不平度系数 $S_q(\Omega_0)$ 为 $16\times10^{-6}m^2/m^{-1}$。

高速高压工况指车辆速度为 60km/h，胎压为 1.1MPa；高速低压工况指车辆速度为 60 km/h，胎压为 0.7MPa；低速高压工况指车辆速度为 40 km/h，胎压为 1.1MPa；低速低压工况指车辆速度为 40 km/h，胎压为 0.7MPa。

对于 1+2 型单后桥载货汽车，选择的后桥轴重等级包括 29.5kN、60kN、80kN、100kN、130kN、150kN、170kN、200kN 和 250kN 9 个轴重等级。其中 29.5kN 轴重代表空车工况；60kN 和 80kN 轴重代表公路交通运输中常见的欠载工况；100kN 轴重为《道路车辆外廓尺寸、轴荷及质量限值》(GB 1589—2004) 规定的单轴双胎限值轴荷上限；130kN、150kN 和 170kN 轴重代表公路交通运输中常见的超载工况；200kN 和 250kN 轴重代表公路交通运输中的严重超载工况。对于 1+5 型载货汽车，选择的并联轴轴重等级包括52.8kN、130kN、160kN、180kN、200kN、230kN、260kN、280kN、330kN、380kN 和 430kN 11 个轴重等级。其中 52.8kN 轴重代表空车工况；130kN 和 160kN 轴重代表公路交通运输中常见的欠载工况；180kN 轴重为《道路车辆外廓尺寸、轴荷及质量限值》(GB 1589—2004) 规定的双联轴轴距大于 1.3m，小于 1.8m 时的限值轴荷上限；200kN、230kN、260kN 和 280kN 轴重代表公路交通运输中常见的超载工况；330kN、380kN 和 430kN 轴重代表公路交通运输中的严重超载工况。对于 1+2+5 型载货汽车，选择的并联轴轴重等级包括 34.4 kN、70kN、100kN、130kN、160kN、180kN、200kN、230kN、260kN、280kN、330kN、380kN 和 430kN 13 个轴重等级。其中 34.4kN 轴重代表该车空车工况；70kN、100kN、130kN 和 160kN 轴重代表公路交通运输中常见的欠载工况；其他工况类同于 1+5 型车。

图 3-12 ~ 图 3-19 给出了 3 种车型各个桥动载系数与动荷载随轴重的变化。

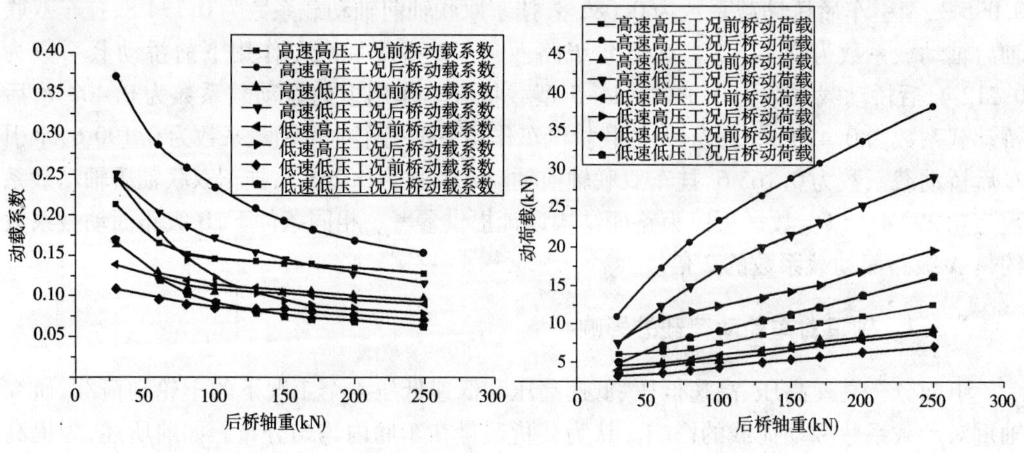

图 3-12　1+2 型车动载系数随后桥轴重变化

图 3-13　1+2 型车动荷载随后桥轴重变化

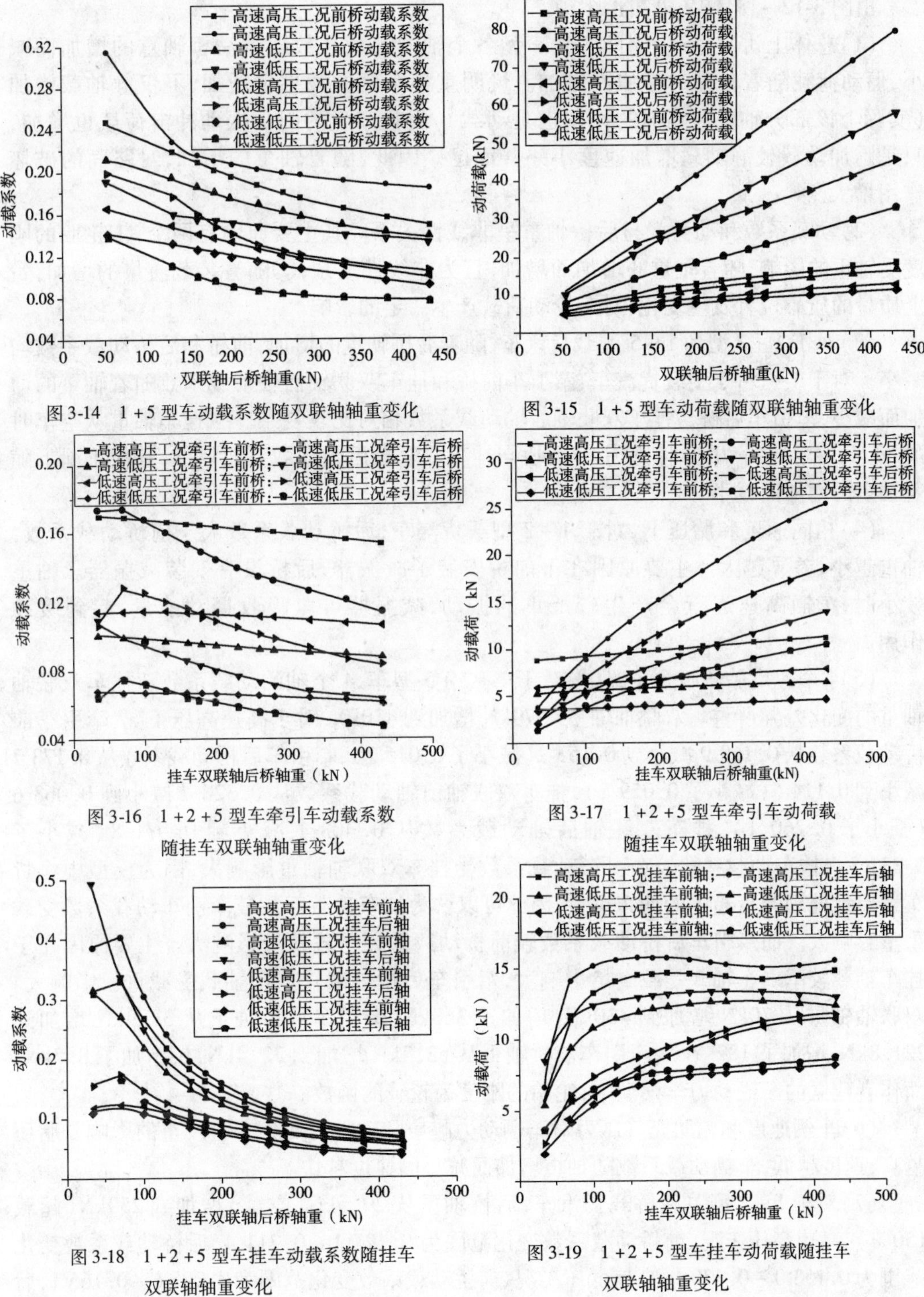

图 3-14 1 +5 型车动载系数随双联轴轴重变化

图 3-15 1 +5 型车动荷载随双联轴轴重变化

图 3-16 1 +2 +5 型车牵引车动载系数随挂车双联轴轴重变化

图 3-17 1 +2 +5 型车牵引车动荷载随挂车双联轴轴重变化

图 3-18 1 +2 +5 型车挂车动载系数随挂车双联轴轴重变化

图 3-19 1 +2 +5 型车挂车动荷载随挂车双联轴轴重变化

由图3-12～图3-19可知:

(1)总体上讲,4个工况下,3种车型各个轴的动载系数随着后桥轴重的增加而减小,但动荷载随着轴重的增加而增加。说明重型车辆的载重量增加,不仅静轴载增加(实际上该部分轴载对路面的作用也是动载),而且产生的附加振动冲击荷载也增加,只是附加动载较静轴载增加速度小一些而已。因此,随着轴重的增加,对路面的破坏作用增大。

(2)动载系数和动荷载与后桥轴重呈非线性关系。其主要原因有两个:①轮胎的刚度受轴重的影响,随着轴重的增加而增加,且为非线性关系;②随着装载质量的增加,簧上质量的质心位置发生变化,对车轮动荷载产生一定的影响。

(3)对于1+2型和1+5型载货汽车,随着后桥轴重的增加,前桥和后桥动载系数均减小。对于1+2+5型载货汽车,牵引车前桥和挂车双联轴前轴动载系数随着轴重的增加而减小,牵引车后桥与挂车双联轴后轴动载系数相对比较复杂。当挂车轴重从空车时的34.4kN增加到70kN时,牵引车后桥与挂车双联轴后轴动载系数增加,其他工况下随着轴重的增加而减小。

(4)相同速度和胎压下,对于1+2型载货汽车,后桥动载系数大于前桥动载系数,轴重越小,差异越大。主要原因在于前桥安装了减振器,后桥没有安装减振器。轴重较小时,车辆高速运行会产生较严重的振动,减振器可以吸收振动能量,起到缓冲作用。

(5)4个速度胎压组合工况下,对于1+2+5型车,4个轴的动载系数随挂车双联轴轴重的变化差异严重。双联轴轴重从70kN增加到430kN,对于高速高压工况,牵引车前桥动载系数从0.168 9减小到0.153 2(减小了0.015 7),牵引车后桥动载系数从0.173 7减小到0.114 5(减小了0.059 2),挂车双联轴前轴动载系数从0.328 7减小到0.068 6(减小了0.260 1),挂车双联轴后轴动载系数从0.403 1减小到0.071 8(减小了0.331 3)。挂车动载系数较牵引车动载系数受挂车双联轴轴重影响大,因为模型中将货车载重量处理为货箱中的均布重量,因此可以认为挂车动载系数较牵引车动载系数受载重量影响大。而牵引车后桥动载系数较前桥动载系数受载重量影响大。主要原因在于挂车轴载较牵引车轴载受载重量影响大,牵引车后桥轴载较前桥轴载受载重量影响大。双联轴轴重从70kN增加到430kN,增加了360kN;牵引车后桥轴重从38.9kN增加到221.8kN,增加了182.9kN;牵引车前桥轴重从53.7kN增加到72.4kN,仅增加了8.7kN。而作者建立的车辆动力学模型中,轮胎的刚度为轮载的函数。

(6)车辆速度和轮胎充气压力对车辆动力响应随轴重的变化有着严重的影响。胎压越高,速度越低,车辆动载系数随轴重增加而减小的速度越快。

(7)对于1+2型单后桥载货汽车,后桥轴重从29.5kN(空载)增加到250kN(超载150%),高速高压工况,前桥动载系数变化范围为0.127 1～0.211 4,后桥动载系数变化范围为0.153 0～0.370 1;高速低压工况,前桥动载系数变化范围为0.095 6～0.166 1,后桥动载系数变化范围为 0.116 4 ~ 0.250 7；低速高压工况，前桥动载系数变化范围为 0.089 1 ~ 0.138 7，后桥动载系数变化范围为 0.078 1 ~ 0.244 3；低速低压工况，前桥动载系数变化范围为 0.071 4 ~ 0.109 0，后桥动载系数变化范围为 0.064 0 ~ 0.168 5。以上数据可为路面结构设计提供参考。

(8)对于 1 +5 型双后桥载货汽车，后桥轴重从 52.8kN(空载)增加到 430kN(超载 139%)，高速高压工况，前桥动载系数变化范围为 0.148 5 ~ 0.247 4，后桥动载系数变化范围为 0.183 8 ~ 0.314 5；高速低压工况，前桥动载系数变化范围为 0.135 9 ~ 0.211 5，后桥动载系数变化范围为 0.133 4 ~ 0.191 2；低速高压工况，前桥动载系数变化范围为 0.100 5 ~ 0.164 2，后桥动载系数变化范围为 0.104 7 ~ 0.178 6；低速低压工况，前桥动载系数变化范围为 0.091 8 ~ 0.139 8，后桥动载系数变化范围为 0.075 9 ~ 0.139 5。以上数据可为路面结构设计提供参考。

(9)对于 1 +2 +5 型拖挂载货汽车，挂车双联轴轴重从 34.4kN(空载)增加到 430kN(超载 139%)，高速高压工况，牵引车前桥动载系数变化范围为 0.153 2 ~ 0.170 1，牵引车后桥动载系数变化范围为 0.114 5 ~ 0.173 7，挂车双联轴前轴动载系数变化范围为 0.068 6 ~ 0.328 7，挂车双联轴后轴动载系数变化范围为 0.071 8 ~ 0.403 1；高速低压工况，牵引车前桥动载系数变化范围为 0.088 1 ~ 0.100 7，牵引车后桥动载系数变化范围为 0.062 6 ~ 0.109 3，挂车双联轴前轴动载系数变化范围为 0.057 3 ~ 0.314 1，挂车双联轴后轴动载系数变化范围为 0.060 1 ~ 0.493 8；低速高压工况，牵引车前桥动载系数变化范围为 0.106 3 ~ 0.114 5，牵引车后桥动载系数变化范围为 0.083 0 ~ 0.128 3，挂车双联轴前轴动载系数变化范围为 0.052 8 ~ 0.122 0，挂车双联轴后轴动载系数变化范围为 0.054 2 ~ 0.172 7；低速低压工况，牵引车前桥动载系数变化范围为 0.061 8 ~ 0.067 5，牵引车后桥动载系数变化范围为 0.046 9 ~ 0.075 0，挂车双联轴前轴动载系数变化范围为 0.038 5 ~ 0.120 9，挂车双联轴后轴动载系数变化范围为 0.039 8 ~ 0.209 4。以上数据可为路面结构设计提供参考。

3.5.3 车速对车轮动荷载的影响

下面分析重载高压、重载低压、轻载高压和轻载低压 4 个工况下的车轮动荷载，研究车辆速度对动载系数和动荷载的影响。同样认为载重量在车厢内均匀分布。为提高本分析结果的实用性，易于用于路面结构设计中，采用后桥轴重反映载重量的变化。路面谱采用 1984 年制定的 ISO/TC 108/SC 2N67 标准中的 A 级路面的路面谱，路面不平度系数 $S_q(\Omega_0)$ 为 $16 \times 10^{-6} m^2/m^{-1}$。

重载高压工况指后桥轴重为典型超载轴载(对于 1 +2 型载货汽车，设置后桥轴载为 170kN；对于 1 +5 型和 1 +2 +5 型载货汽车，设置双联轴轴载为 270kN)，胎压为 1.1MPa；重载低压工况指后桥轴重为典型超载轴载，胎压为 0.7MPa；轻载高压工况指后桥轴重为额定轴载(对于 1 +2 型载货汽车，设置后桥轴载为 100kN；对于 1 +5 型和 1 +2 +5 型载货汽车,设置双联轴轴载为 180kN),胎压为 1.1MPa;轻载低压工况指后桥轴重为额定轴载,胎压为 0.7MPa。

选择的速度等级包括 10km/h、20 km/h、30 km/h、40 km/h、50 km/h、60 km/h、70 km/h、80 km/h 和 90 km/h 9 个速度等级。

图 3-20 ~ 图 3-27 给出了 3 种车型各个桥动载系数与动荷载随车辆速度的变化。

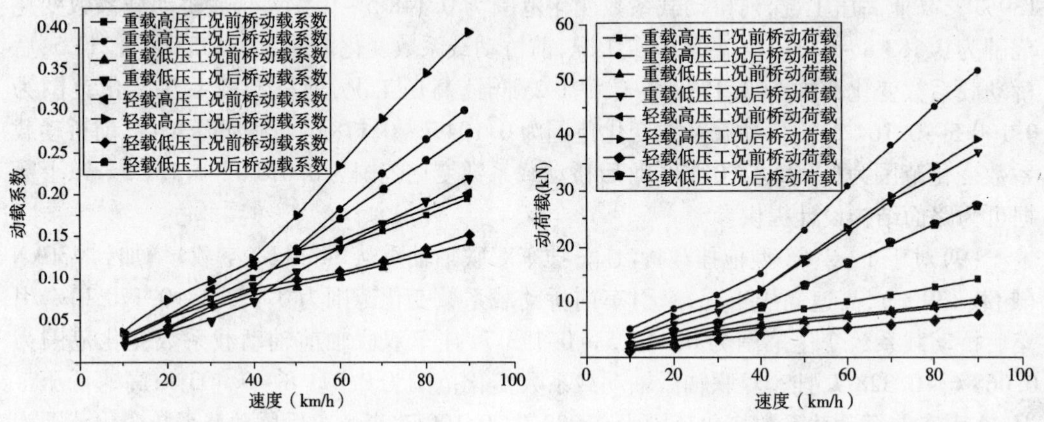

图 3-20 1+2 型车动载系数随车辆速度变化　　图 3-21 1+2 型车动荷载随车辆速度变化

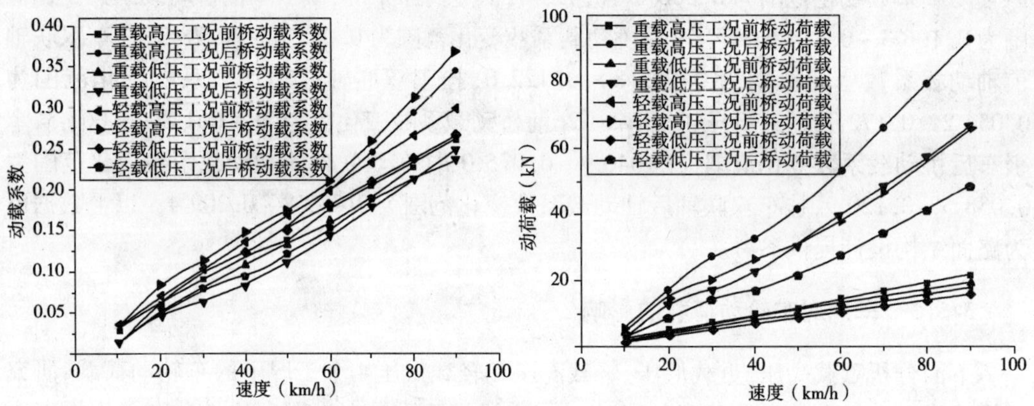

图 3-22 1+5 型车动载系数随车辆速度变化　　图 3-23 1+5 型车动荷载随车辆速度变化

由图 3-20 ~ 图 3-27 可知:

(1)车辆速度对车辆动载系数与动荷载影响严重,随着车辆速度的增加,车辆动载系数和动荷载增加。说明车辆速度越高,振动越严重,车辆对路面作用的附加动荷载越大,这符合力学规律。

(2)车速在 40 ~ 90km/h 范围内,3 种车辆各个轴动载系数和动荷载与车辆速度基本呈线性关系,而在 10 ~ 40km/h 范围内,呈明显的非线性关系。车辆对路面作用的振动冲击荷载既受车辆固有频率等车辆参数的影响,还受路面激励频率的影响。

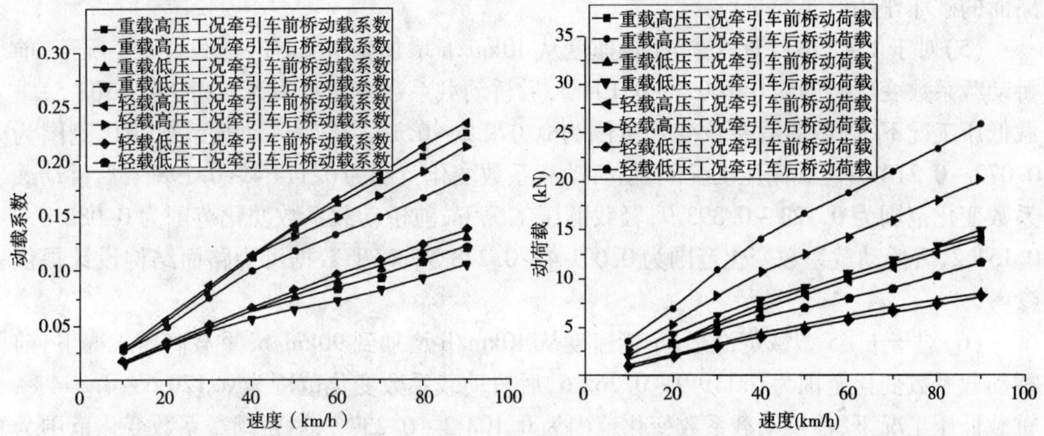

图 3-24　1 +2 +5 型车牵引车动载系数随速度变化　　图 3-25　1 +2 +5 型车牵引车动荷载随速度变化

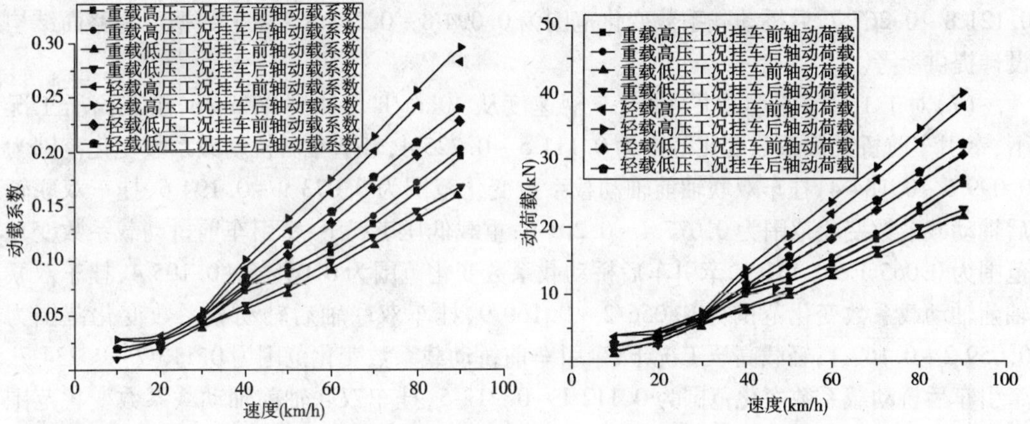

图 3-26　1 +2 +5 型车挂车动载系数随速度变化　　图 3-27　1 +2 +5 型车挂车动荷载随速度变化

(3)相对而言,1 +2 +5 型车辆各个轴动载系数较 1 +2 型和 1 +5 型车辆的小。如重载高压工况下,60km/h 时,1 +2 型车后桥动载系数为 0. 181 6,1 +5 型车后桥动载系数为 0. 197 0,而 1 +2 +5 型车挂车动载系数为 0. 106 9。因此,从车—路友好角度分析,拖挂车对路面作用的振动冲击荷载较小,运输效益好。重载交通运输中应鼓励采用拖挂车。

(4)高速公路重型车辆运行速度在 50 ~80km/h 速度范围内,车轮对路面施加较大的动荷载。如标准轴载标准胎压下的轻载低压工况,1 +2 型车后桥施加 13. 2 ~24. 1kN 的动荷载,相当于静轴载的 13. 2% ~24. 1% ;1 +5 型车双联轴后桥施加 21. 5 ~41. 3kN 的动荷载,相当于静轴载的 11. 9% ~22. 9% ,1 +2 +5 型车挂车双联轴施加 19. 8 ~36. 5kN

的动荷载,相当于静轴载的 11% ~20.3% 。进行路面结构设计时,应考虑该部分荷载对路面的破坏作用。

(5)对于 1 +2 型载货汽车,车辆速度从 40km/h 增加到 90km/h,重载高压工况下,前桥动载系数变化范围为 0.100 5 ~0.194 5,后桥动载系数变化范围为 0.089 ~0.303 5;重载低压工况下,前桥动载系数变化范围为 0.079 2 ~0.142 3,后桥动载系数变化范围为 0.072 ~0.218 6;轻载高压工况下,前桥动载系数变化范围为 0.114 4 ~0.198 9,后桥动载系数变化范围为 0.123 ~0.393 9;轻载低压工况下,前桥动载系数变化范围为 0.086 8 ~0.151 2,后桥动载系数变化范围为 0.091 4 ~0.273 3。以上数据可为路面结构设计提供参考。

(6)对于 1 +5 型载货汽车,车辆速度从 40km/h 增加到 90km/h,重载高压工况下,前桥动载系数变化范围为 0.119 9 ~0.262 6,后桥动载系数变化范围为 0.120 6 ~0.344 8;重载低压工况下,前桥动载系数变化范围为 0.108 2 ~0.237 9,后桥动载系数变化范围为 0.082 8 ~0.247 6;轻载高压工况下,前桥动载系数变化范围为 0.136 5 ~0.298 9,后桥动载系数变化范围为 0.147 9 ~ 0.369 1;轻载低压工况下,前桥动载系数变化范围为 0.121 8 ~0.267 7,后桥动载系数变化范围为 0.094 8 ~0.268 8。以上数据可为路面结构设计提供参考。

(7)对于 1 +2 +5 型载货汽车,车辆速度从 40km/h 增加到 90km/h,重载高压工况下,牵引车前桥动载系数变化范围为 0.111 5 ~0.225 4,牵引车后桥动载系数变化范围为 0.099 6 ~0.184 4,挂车双联轴前轴动载系数变化范围为 0.073 9 ~0.194 6,挂车双联轴后轴动载系数变化范围为 0.077 4 ~0.201 6;重载低压工况下,牵引车前桥动载系数变化范围为 0.065 1 ~0.131 3,牵引车后桥动载系数变化范围为 0.055 5 ~0.105 4,挂车双联轴前轴动载系数变化范围为 0.056 2 ~0.160 9,挂车双联轴后轴动载系数变化范围为 0.059 2 ~0.167 1;轻载高压工况下,牵引车前桥动载系数变化范围为 0.113 7 ~0.234 7,牵引车后桥动载系数变化范围为 0.112 1 ~0.212 5,挂车双联轴前轴动载系数变化范围为 0.093 ~0.282 3,挂车双联轴后轴动载系数变化范围为 0.101 ~0.296 4;轻载低压工况下,牵引车前桥动载系数变化范围为 0.066 3 ~0.137 7,牵引车后桥动载系数变化范围为 0.062 8 ~0.122 4,挂车双联轴前轴动载系数变化范围为 0.078 2 ~0.227 3,挂车双联轴后轴动载系数变化范围为 0.084 6 ~0.239 5。以上数据可为路面结构设计提供参考。

(8)车辆动载系数随速度变化既受轴重影响,也受胎压影响。轴重越大,胎压越高,动载系数随速度增加速度越快。对于 1 +2 型单后桥车辆,速度从 40km/h 增加到 90km/h,重载高压工况下后桥动载系数从 0.089 增加到 0.303 5,增加了 0.214 5;轻载高压工况下后桥动载系数从 0.114 4 增加到 0.198 9,增加了 0.084 5;重载低压工况下后桥动载系数从 0.072 增加到 0.218 6,增加了 0.146 6。重载高压工况下后桥动载系数增加量是轻载高压工况下增加量的 2.54 倍。重载高压工况下后桥动载系数增加量是重载低压工况下增加量的 1.46 倍。1 +5 型车和 1 +2 +5 型车也有类似情况。

3.5.4 胎压对车轮动荷载的影响

下面分析重载高速、重载低速、轻载高速和轻载低速 4 个工况下的车轮动荷载,研究胎压对动载系数和动荷载的影响。同样认为载重量在车厢内均匀分布。为提高本分析结果的实用性,易于用于路面结构设计中,采用后桥轴重反映载重量的变化。路面谱采用 1984 年制定的 ISO/TC 108/SC 2N67 标准中的 A 级路面的路面谱,路面不平度系数 $S_q(\Omega_0)$ 为 $16\times10^{-6}m^2/m^{-1}$。

重载高速工况指后桥轴重为典型超载轴载(对于 1+2 型载货汽车,设置后桥轴载为 170kN;对于 1+5 型和 1+2+5 型载货汽车,设置双联轴轴载为 270kN),车速为 60km/h;重载低速工况指后桥轴重为典型超载轴载,车速为 40km/h;轻载高速工况指后桥轴重为额定轴载(对于 1+2 型载货汽车,设置后桥轴载为 100kN;对于 1+5 型和 1+2+5 型载货汽车,设置双联轴轴载为 180kN),车速为 60km/h;轻载低速工况指后桥轴重为额定轴载,车速为 40km/h。

选择的胎压等级包括 0.6MPa、0.7 MPa、0.8 MPa、0.9 MPa、1.0 MPa、1.1 MPa、1.2 MPa 和 1.3 MPa 8 个胎压等级。0.6MPa 胎压代表常用欠压工况;0.7MPa 胎压路面结构设计时的额定胎压;0.8MPa、0.9MPa 和 1.0MPa 胎压代表普通重载车辆胎压工况;1.1MPa和 1.2MPa 胎压为超载车辆常用胎压;1.3MPa 胎压代表极限胎压。

图 3-28 ~ 图 3-35 给出了 3 种车型各个桥动载系数与动荷载随胎压的变化。

综合分析图 3-28 ~ 图 3-35 可知:

(1)轮胎胎压对车辆作用动载系数和动荷载有着一定的影响,随着胎压的增加,车辆动载系数和动荷载增加,车辆动载系数和动荷载与胎压基本呈线性关系。胎压的增高,轮胎刚度增大,车辆振动严重,从而使得车辆对路面作用的动荷载增大,这符合力学规律。

(2)相对于轴重和车辆速度对车辆动载系数和动荷载的影响,胎压的影响相对较小。

(3)轻载高速工况下,胎压从 0.7MPa 增加到 1.3MPa,对于 1+2 型车后轮动载系数从 0.170 4 增加到 0.26,增加了 0.089 6,相当于增加了 0.896t 的附加振动荷载;对于 1+5 型车双联轴后桥动载系数从 0.152 8 增加到 0.239 4,增加了 0.086 6,相当于增加了 1.558 8t的附加振动荷载。作者在京珠高速河南段进行了胎压现场测试,结果发现,重型运输车辆胎压一般在 1.1 ~ 1.3MPa。提高充气压力,可以减小滚动阻力,既提高了轮胎承载性能,便于超载运输,又节约燃油消耗,减小运输成本,提高运输效益,但同时也影响了操纵稳定性,易于形成交通事故,同时还增加了车辆对路面的破坏作用。目前常用载货汽车轮胎国家标准 GB 9744—1997 规定的轮胎充气压力较低,即使重型载重子午线轮胎 14.00R20 最高允许充气压力仅 0.84MPa。因此,目前我国交通运输中重型车辆严重超压,超压也同样威胁生命安全和道路使用寿命,在治理超载的同时,也应进一步治理超压。

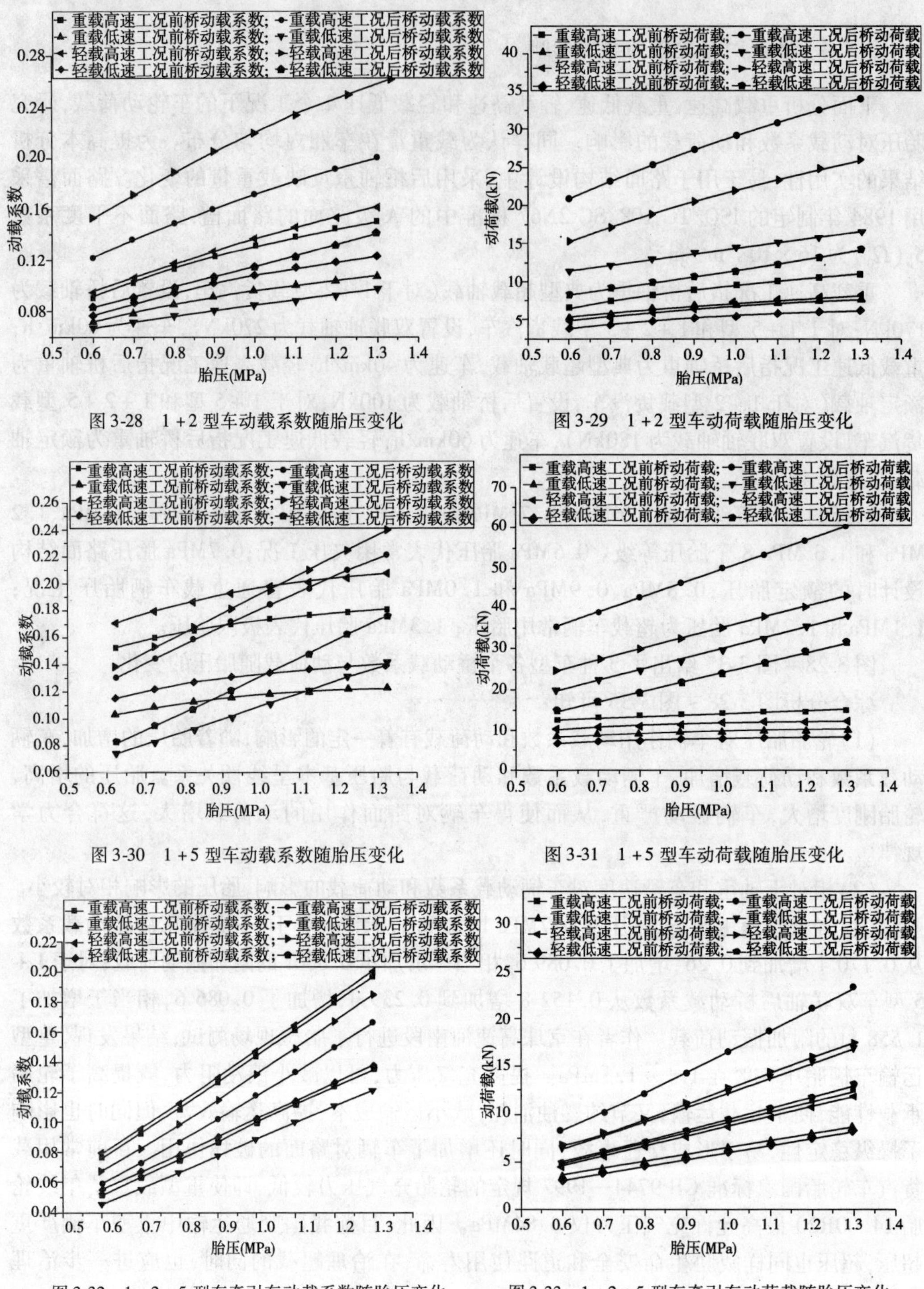

图 3-28　1 + 2 型车动载系数随胎压变化

图 3-29　1 + 2 型车动荷载随胎压变化

图 3-30　1 + 5 型车动载系数随胎压变化

图 3-31　1 + 5 型车动荷载随胎压变化

图 3-32　1 + 2 + 5 型车牵引车动载系数随胎压变化

图 3-33　1 + 2 + 5 型车牵引车动荷载随胎压变化

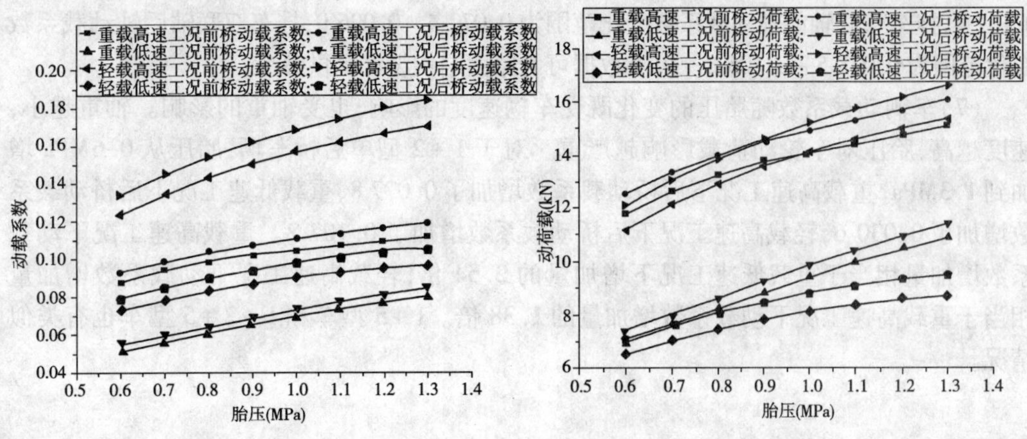

图3-34 1+2+5 型车挂车动载系数随胎压变化

图3-35 1+2+5 型车挂车动荷载随胎压变化

(4)对于1+2型车,胎压从0.6MPa增加到1.3MPa,重载高速工况下,前桥动载系数变化范围为0.090 5~0.150 7,后桥动载系数变化范围为0.122 5~0.200 3;重载低速工况下,前桥动载系数变化范围为0.071 1~0.106 9,后桥动载系数变化范围为0.066 7~0.097 3;轻载高速工况下,前桥动载系数变化范围为0.094 5~0.161 4,后桥动载系数变化范围为0.152 8~0.26;轻载低速工况下,前桥动载系数变化范围为0.077 1~0.123 3,后桥动载系数变化范围为0.083 5~0.142。以上数据可为路面结构设计提供参考。

(5)对于1+5型车,胎压从0.6MPa增加到1.3MPa,重载高速工况下,前桥动载系数变化范围为0.152 3~0.181 2,后桥动载系数变化范围为0.130 2~0.221 7;重载低速工况下,前桥动载系数变化范围为0.102 9~0.123,后桥动载系数变化范围为0.074 1~0.141 3;轻载高速工况下,前桥动载系数变化范围为0.170 7~0.207 1,后桥动载系数变化范围为0.137 8~0.239 4;轻载低速工况下,前桥动载系数变化范围为0.115 4~0.140 4,后桥动载系数变化范围为0.082 9~0.176 4。以上数据可为路面结构设计提供参考。

(6)对于1+2+5型车,胎压从0.6MPa增加到1.3MPa,重载高速工况下,牵引车前桥动载系数变化范围为0.076 3~0.196 8,牵引车后桥动载系数变化范围为0.059 1~0.166,挂车双联轴前轴动载系数变化范围为0.087 5~0.112 1,挂车双联轴后轴动载系数变化范围为0.092 8~0.119 1;重载低速工况下,牵引车前桥动载系数变化范围为0.053 9~0.134 8,牵引车后桥动载系数变化范围为0.045 1~0.121 5,挂车双联轴前轴动载系数变化范围为0.051 5~0.080 7,挂车双联轴后轴动载系数变化范围为0.054 5~0.084 4;轻载高速工况下,牵引车前桥动载系数变化范围为0.079 2~0.200 6,牵引车后桥动载系数变化范围为0.068 1~0.184 6,挂车双联轴前轴动载系数变化范围为0.124~0.170 8,挂车双联轴后轴动载系数变化范围为0.134 3~0.184 7;轻载低速工况下,牵引车前桥动载系数变化范围为0.055 1~0.137 7,牵引车后桥动载系数变化范围为0.051 4~

0.137 4,挂车双联轴前轴动载系数变化范围为0.072 4 ~0.096 9,挂车双联轴后轴动载系数变化范围为0.078 5 ~0.105 8。以上数据可为路面结构设计提供参考。

(7)车辆动载系数随胎压的变化既受车辆速度的影响,也受轴重的影响。轴重越小,速度越高,胎压对车轮动荷载影响越严重。对于1 +2 型单后桥车辆,胎压从0.6MPa 增加到1.3MPa,重载高速工况下后桥动载系数增加了0.077 8,重载低速工况下后桥动载系数增加了0.030 6,轻载高速工况下后桥动载系数增加了0.107 2。重载高速工况下动载系数增加量相当于重载低速工况下增加量的2.54 倍,轻载高速工况下动载系数增加量相当于重载高速工况下动载系数增加量的1.38 倍。1 +5 型车和1 +2 +5 型车也有类似情况。

4 基于三维黏弹性本构关系的沥青路面动力响应分析

移动荷载下沥青路面动力响应是目前道路界研究的热点问题之一，是路面结构设计方法从静态设计向动态设计转化的理论基础。对于实际沥青路面结构，属于典型的层状体系结构，而且各个结构层都表现出一定的黏弹性，随着温度提高，黏性增加，沥青混合料的黏滞性对路面结构动力响应有着严重的影响。Siddharthan[46-54]等人利用弹性力学原理，建立了移动荷载下层状体系动力学模型，而直接采用体现沥青混凝土材料黏弹性性质的复剪切模量代替弹性模量，用来体现材料的黏弹性对路面结构动力响应的影响。作者在 Siddharthan 等人研究的基础上，采用线黏弹性理论，建立移动荷载下黏弹性层状体系动力学模型，与试验结果进行对比，验证模型的可靠性。

半刚性基层沥青路面结构基层整体性好，整体结构刚度大，承载能力和抗变形能力强，而且工程前期投资小，节约成本，在我国得到大量应用，目前是我国高速公路和一级路路面结构的主要结构形式。但我国高速公路出现了严重的早期破坏现象，许多项目在通车 1 ~2 年内就出现大面积破坏，造成严重的经济损失。重型车辆作用下路面结构使用性能快速下降是造成沥青路面早期破坏的主要原因之一。作者采用所建立的移动荷载下黏弹性层状体系动力学模型，建立半刚性基层沥青路面的动力学模型，结合前述研究得到的重型车辆对路面作用的动荷载，施加考虑车辆动载系数的移动车辆荷载，采用多目标参数评价方法，研究重型车辆作用下半刚性基层沥青路面的动力响应规律，分析轴重、车辆速度、胎压以及面层厚度等参数对其动力响应的影响。

针对路面结构出现的严重的早期破坏现象，国内学者对路面结构使用状况进行广泛调研，深入分析路面结构损坏机理，在改进现有半刚性基层沥青路面结构的同时，还提出不同的新型路面结构。在调查国内外路面结构的基础上，作者选择多种典型的路面结构，建立动力学模型。结合前述研究得到的重型车辆对路面作用的动荷载，施加考虑车辆动载系数的移动车辆荷载，分析不同路面结构的动力响应特点，提出适合于我国现状的路面结构，并深入分析轴重、速度、胎压和面层厚度对其动力响应的影响。

4.1 移动荷载下黏弹性层状体系动力响应模型

4.1.1 基本假设

(1) 路面结构为有限层结构，不同结构层可以有不同的材料参数和结构参数，但同一层各个位置的材料性能与结构厚度均相同；

(2)各个结构层材料为连续的、均匀的和各向同性的材料，且处于小变形状态，能够采用线性理论描述；

(3)所施加的移动荷载为匀速直线运动的荷载；

(4)在水平范围内认为路面尺寸为无穷大，不考虑边界条件的影响；

(5)包括路基在内的层状体系位于刚性基础上。

4.1.2 基本方程

1)平衡方程

对于各向同性的小变形连续体，不考虑重力的影响，其平衡方程为[106-110]：

$$\sigma_{\mathrm{ij,j}} = \rho \frac{\partial^2 u_{\mathrm{i}}}{\partial t^2} \tag{4-1}$$

式中：σ_{ij}——应力张量，i、$j=1,2,3$；

$\sigma_{\mathrm{ij,j}}$——σ_{ij} 在 j 方向的微分；

u_{i}——i 方向的位移分量；

ρ——材料密度；

t——时间。

2)几何方程

线性小变形体的几何方程[106-110]：

$$\varepsilon_{\mathrm{ij}} = \frac{1}{2}(u_{\mathrm{i,j}} + u_{\mathrm{j,i}}) \tag{4-2}$$

式中：$\varepsilon_{\mathrm{ij}}$——应变张量，$i$、$j=1,2,3$；

$u_{\mathrm{i,j}}$——u_{i} 在 j 方向的微分；

$u_{\mathrm{j,i}}$——u_{j} 在 i 方向的微分。

3)本构关系

三维黏弹性微分型本构关系可表示为[108]：

$$\begin{cases} \sum_{k=0}^{l} p'_{\mathrm{k}} \frac{\mathrm{d}^k}{\mathrm{d}t^k} S_{\mathrm{ij}} = \sum_{k=0}^{r} q'_{\mathrm{k}} \frac{\mathrm{d}^k}{\mathrm{d}t^k} e_{\mathrm{ij}} \\ \sum_{k=0}^{l_1} p''_{\mathrm{k}} \frac{\mathrm{d}^k}{\mathrm{d}t^k} \sigma_{\mathrm{ij}} = \sum_{k=0}^{r_1} q''_{\mathrm{k}} \frac{\mathrm{d}^k}{\mathrm{d}t^k} \varepsilon_{\mathrm{ij}} \end{cases} \tag{4-3}$$

或：

$$\begin{cases} P' S_{\mathrm{ij}} = Q' e_{\mathrm{ij}} \\ P'' \sigma_{\mathrm{ij}} = Q'' \varepsilon_{\mathrm{ij}} \end{cases} \tag{4-4}$$

式中，p'_{k}、p''_{k}、q'_{k} 和 q''_{k} 取决于本构关系模型和材料参数；P'、P''、Q'和 Q''为微分算子。

为研究方便,这里给出 Kelvin、Maxwell、三参量和 Burgers 等常用的三维本构关系模型。

图 4-1 为 Kelvin 本构关系模型,其三维本构关系可表示为[107,108,111-113]:

$$\begin{cases} s_{ij} = 2Ge_{ij} + 2\eta \dot{e}_{ij} \\ \sigma = 3Ke_{p} \end{cases} \tag{4-5}$$

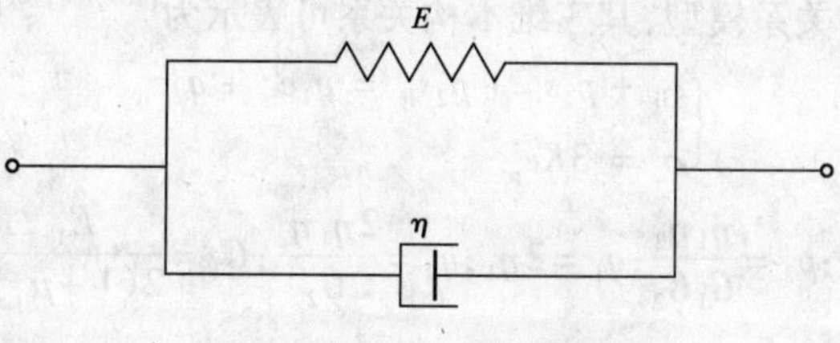

图 4-1 Kelvin 本构关系模型

式中:s_{ij}——应力偏量,$s_{ij} = \sigma_{ij} - \frac{1}{3}\sigma_{kk}\delta_{ij}$;

δ_{ij}——Kronecker 符号,当 $i=j$ 时,$\delta_{ij}=1$;当 $i \neq j$ 时,$\delta_{ij}=0$;

e_{ij}——应变偏量,$e_{ij} = \varepsilon_{ij} - \frac{1}{3}\varepsilon_{kk}\delta_{ij}$;

ε_{kk}——体积应变,$\varepsilon_{kk} = \varepsilon_{11} + \varepsilon_{22} + \varepsilon_{33}$;

σ——平均正应力,$\sigma = \frac{1}{3}(\sigma_{11} + \sigma_{22} + \sigma_{33}) = \frac{1}{3}\sigma_{kk}$;

σ_{kk}——体积应力,$\sigma_{kk} = \sigma_{11} + \sigma_{22} + \sigma_{33}$;

e_{p}——平均正应变,$e_{p} = \frac{1}{3}(\varepsilon_{11} + \varepsilon_{22} + \varepsilon_{33}) = \frac{1}{3}\varepsilon_{kk}$;

K——体积模量,$K = \lambda + \frac{2G}{3}$;

G——剪切模量,$G = \frac{E}{2(1+\mu)}$;

λ——拉梅系数,$\lambda = \frac{2\mu G}{1-2\mu}$;

μ——材料的泊松比;

E——材料的弹性模量;

η——黏度。

图 4-2 为 Maxwell 本构关系模型,其三维本构关系可表示为[107,108,114-116]:

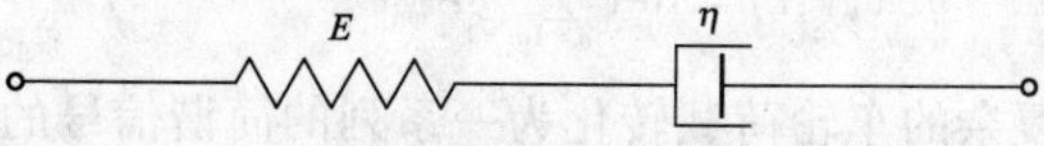

图 4-2 Maxwell 本构关系模型

$$\begin{cases} s_{ij} + \dfrac{\eta}{G}\dot{s}_{ij} = 2\eta \dot{e}_{ij} \\ \sigma = 3Ke_{p} \end{cases} \tag{4-6}$$

图 4-3 为三参量本构关系模型，其三维本构关系可表示为[107,108,117-119]：

$$\begin{cases} s_{ij} + p_1\dot{s}_{ij} = q_0 e_{ij} + q_1\dot{e}_{ij} \\ \sigma = 3Ke_{p} \end{cases} \tag{4-7}$$

图 4-4 为 Burgers 本构关系模型，其三维本构关系可表示为[107,108]：

$$\begin{cases} s_{ij} + p_1\dot{s}_{ij} + p_2\ddot{s}_{ij} = q_1\dot{e}_{ij} + q_2\ddot{e}_{ij} \\ \sigma = 3Ke_{p} \end{cases} \tag{4-8}$$

式中：$p_1 = \dfrac{\eta_1}{G_1} + \dfrac{\eta_1 + \eta_2}{G_2}$；$p_2 = \dfrac{\eta_1\eta_2}{G_1 G_2}$；$q_1 = 2\eta_1$；$q_2 = \dfrac{2\eta_1\eta_2}{G_2}$；$G_1 = \dfrac{E_1}{2(1+\mu_1)}$； $G_2 = \dfrac{E_2}{2(1+\mu_2)}$。

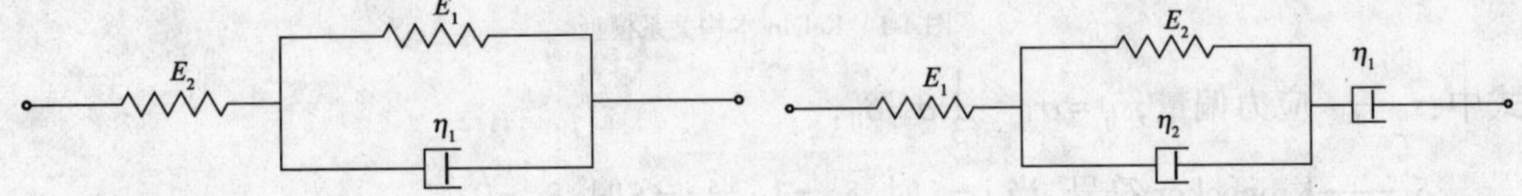

图 4-3　三参量本构关系模型　　　　图 4-4　Burgers 本构关系模型

4.1.3　车轮移动荷载处理

如图 4-5 所示，车轮对路面作用的荷载是一个二维分布荷载。为了研究方便，把路面承受的车辆荷载视为周期性的，周期长度 L_x 和 L_y 足够大，保证两次作用互不干涉。

设轮迹长度为 S_x，宽度为 S_y，车轮荷载在路面上的分布为 $q(x,y)$，利用 Fourier 展开技术，可以表示为：

$$q(x,y) = \mathrm{Re}\left(\sum_{n=1}^{N}\sum_{m=1}^{M} A_{nm} e^{i\alpha_n x} e^{i\beta_m y}\right) \tag{4-9}$$

式中：A_{nm}——Fourier 系数。

$$A_{nm} = \frac{1}{N \times M}\sum_{j=1}^{N'}\sum_{k=1}^{M'} q(j\Delta x, k\Delta y) e^{\frac{-i2\pi(j-1)(n-1)}{N}} e^{\frac{-i2\pi(k-1)(m-1)}{M}}$$

$$N = L_x/\Delta x; M = L_y/\Delta y; N' = S_x/\Delta x;$$

$$M' = S_y/\Delta y; \alpha_n = \frac{2\pi(n-1)}{N \times \Delta x}; \beta_m = \frac{2\pi(m-1)}{M \times \Delta y}$$

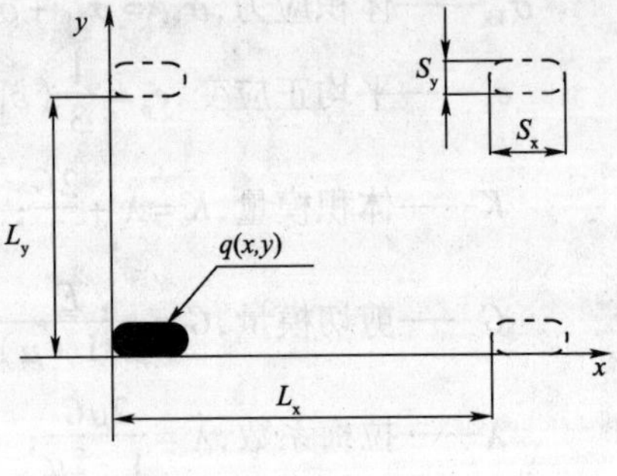

图 4-5　车轮荷载处理简图

对于以速度 v 沿 x 轴移动的车轮荷载，式(4-9)表示为：

$$q(x,y,t) = \mathrm{Re}\left(\sum_{n=1}^{N}\sum_{m=1}^{M} A_{nm} e^{i\alpha_n (x-vt)} e^{i\beta_m y}\right) \tag{4-10}$$

式(4-10)把一个复杂的车轮荷载转化为一系列的简谐信号的和。对于目前研究的沥青路面结构，在小变形前提下，可视为线弹性体或线黏弹性体，总之，均为线性体系，只需要把简谐信号作用下路面结构体系的动力响应研究清楚,就可以利用式(4-10)研究复杂车轮荷载下的动力响应。

4.1.4 移动简谐信号下层状体系动力响应

由于线性系统具有频率保持性,因此,简谐信号作用下,层状体系的动力响应仍为简谐信号。

对于一个移动简谐信号:

$$f(x,y,t) = A_{nm}e^{i\alpha_n x}e^{i\beta_m y}e^{-i\alpha_n vt}$$

在某一时刻 t,相当于在 $(x-vt,y)$ 处施加了一个简谐信号,在 (x,y,z) 点的三个方向的位移响应可以表示为[27-35]:

$$u_{nm}(x,y,z,t) = U_{nm}(z)e^{i\alpha_n x}e^{i\beta_m y}e^{-i\alpha_n vt} \tag{4-11}$$

$$v_{nm}(x,y,z,t) = V_{nm}(z)e^{i\alpha_n x}e^{i\beta_m y}e^{-i\alpha_n vt} \tag{4-12}$$

$$w_{nm}(x,y,z,t) = W_{nm}(z)e^{i\alpha_n x}e^{i\beta_m y}e^{-i\alpha_n vt} \tag{4-13}$$

由式(4-11)~式(4-13)及式(4-2)容易知道:

$$\dot{\varepsilon}_{ij} = -i\alpha_n v\varepsilon_{ij} \tag{4-14}$$

$$\ddot{\varepsilon}_{ij} = -\alpha_n^2 v^2\varepsilon_{ij} \tag{4-15}$$

式中,ε_{ij}代表ε_x、ε_y、ε_z、γ_{xy}、γ_{xz}、γ_{yz}六个应变分量。

这里研究的黏弹性体系仍然为线性系统,系统的输入与输出存在确定的比例关系。由式(4-14)和式(4-15)容易证明:

$$\dot{\sigma}_{ij} = -i\alpha_n v\sigma_{ij} \tag{4-16}$$

$$\ddot{\sigma}_{ij} = -\alpha_n^2 v^2\sigma_{ij} \tag{4-17}$$

式中,σ_{ij}代表σ_x、σ_y、σ_z、τ_{xy}、τ_{xz}、τ_{yz}六个应力分量。

将式(4-14)~式(4-17)代入式(4-3)或式(4-4),可以对线黏弹性本构关系进行转化。为了表述方便,这里给出常用的 Kelvin、Maxwell、三参量和 Burgers 等三维黏弹性本构关系的转化形式。

将式(4-14)代入式(4-5),Kelvin 三维本构关系转化为:

$$\begin{cases} s_{ij} = 2(G - i\eta\alpha_n v)e_{ij} \\ \sigma = 3Ke_p \end{cases} \tag{4-18}$$

将式(4-16)代入式(4-6),Maxwell 三维本构关系转化为:

$$\begin{cases} s_{ij} = -\dfrac{2iG\eta\alpha_n v}{G - i\eta\alpha_n v}e_{ij} \\ \sigma = 3Ke_p \end{cases} \tag{4-19}$$

将式(4-14)和式(4-16)代入式(4-7),三参量三维本构关系转化为:

$$\begin{cases} s_{ij} = \dfrac{q_0 - iq_1\alpha_n v}{1 - ip_1\alpha_n v} e_{ij} \\ \sigma = 3Ke_p \end{cases} \tag{4-20}$$

将式(4-14)～式(4-17)代入式(4-8),Burgers 三维本构关系转化为:

$$\begin{cases} s_{ij} = -\dfrac{q_2\alpha_n^2 v^2 + iq_1\alpha_n v}{1 - p_2\alpha_n^2 v^2 - ip_1\alpha_n v} e_{ij} \\ \sigma = 3Ke_p \end{cases} \tag{4-21}$$

综合式(4-18)～式(4-21),黏弹性三维本构关系转化形式可以表述为:

$$\begin{cases} s_{ij} = Se_{ij} \\ \sigma = 3Ke_p \end{cases} \tag{4-22}$$

对于 Kelvin 模型:

$$S = 2(G - i\eta\alpha_n v)$$

对于 Maxwell 模型:

$$S = -\frac{2iG\eta\alpha_n v}{G - i\eta\alpha_n v}$$

对于三参量模型:

$$S = \frac{q_0 - iq_1\alpha_n v}{1 - ip_1\alpha_n v}$$

对于 Burgers 模型:

$$S = -\frac{q_2\alpha_n^2 v^2 + iq_1\alpha_n v}{1 - p_2\alpha_n^2 v^2 - ip_1\alpha_n v}$$

将式(4-11)～式(4-13)代入式(4-2)然后代入式(4-22),结合式(4-1),可得:

$$a_1 U_{nm}(z) + a_2 V_{nm}(z) + a_3 \frac{dW_{nm}(z)}{dz} - S\frac{d^2 U_{nm}(z)}{dz^2} = 0 \tag{4-23}$$

$$a_2 U_{nm}(z) + a_4 V_{nm}(z) + a_5 \frac{dW_{nm}(z)}{dz} - S\frac{d^2 V_{nm}(z)}{dz^2} = 0 \tag{4-24}$$

$$a_6 W_{nm}(z) + a_3 \frac{dU_{nm}(z)}{dz} + a_5 \frac{dV_{nm}(z)}{dz} - \left(K + \frac{2}{3}S\right)\frac{d^2 W_{nm}(z)}{dz^2} = 0 \tag{4-25}$$

式中:$a_1 = \alpha_n^2\left(K + \dfrac{2}{3}S\right) + S\beta_m^2 - \rho\alpha_n^2 V$

$a_2 = \alpha_n\beta_m\left(K + \dfrac{2}{3}S\right)$

$a_3 = -i\alpha_n\left(K + \dfrac{2}{3}S\right)$

$a_4 = \alpha_n^2 S + \beta_m^2\left(K + \dfrac{2}{3}S\right) - \rho\alpha_n^2 V^2$

$$a_5 = -i\beta_{\mathrm{m}}\left(K+\frac{2}{3}S\right)$$

$$a_6 = S(\alpha_{\mathrm{n}}^2+\beta_{\mathrm{m}}^2) - \rho\alpha_{\mathrm{n}}^2V^2$$

式(4-23)~式(4-25)是由 $U_{\mathrm{nm}}(z)$、$V_{\mathrm{nm}}(z)$ 和 $W_{\mathrm{nm}}(z)$ 组成的二阶三元微分方程组,采用消元方法,经复杂推导,可以得到3个分别含有 $U_{nm}(z)$、$V_{\mathrm{nm}}(z)$ 和 $W_{\mathrm{nm}}(z)$ 的一元六阶微分方程。推导结果发现,3个微分方程的对应系数相同,因此,它们具有相同的特征方程,特征方程可表示为:

$$r^6 + ar^4 + br^2 + c = 0 \tag{4-26}$$

式中:$a = \dfrac{x_4(a_2a_5 - a_3a_4) - Sa_3x_1}{Sa_3x_4}$

$$b = \frac{Sa_3x_2 + Sa_5x_3 - x_1(a_2a_5 - a_3a_4)}{Sa_3x_4}$$

$$c = \frac{x_2(a_2a_5 - a_3a_4) - x_3(a_1a_5 - a_2a_3)}{Sa_3x_4}$$

$$x_1 = Sa_5\left[Sa_3a_6 + a_3a_5^2 + (a_2a_5 + a_1a_3)\left(K+\frac{2}{3}S\right) + a_3^3\right]$$

$$x_2 = (a_1a_5 - a_2a_3)\left[Sa_3a_6 + a_3a_5^2 + a_2a_5\left(K+\frac{2}{3}S\right)\right] + Sa_2a_3^2a_6$$

$$x_3 = (a_2a_5 - a_3a_4)\left[Sa_3a_6 + a_3a_5^2 + a_2a_5\left(K+\frac{2}{3}S\right)\right] + Sa_3^2a_4a_6$$

$$x_4 = S^2a_3a_5\left(K+\frac{2}{3}S\right)$$

或表示为:

$$s^3 + as^2 + bs + c = 0 \tag{4-27}$$

式中:$s = r^2$

采用卡尔丹公式,得特征方程式(4-27)的三个特征根为:

$$s_1 = \left(-\frac{q}{2} + \sqrt{\left(\frac{q}{2}\right)^2 + \left(\frac{p}{3}\right)^3}\right)^{\frac{3}{2}} + \left(-\frac{q}{2} - \sqrt{\left(\frac{q}{2}\right)^2 + \left(\frac{p}{3}\right)^3}\right)^{\frac{3}{2}} - \frac{a}{3}$$

$$s_2 = \omega_1\left(-\frac{q}{2} + \sqrt{\left(\frac{q}{2}\right)^2 + \left(\frac{p}{3}\right)^3}\right)^{\frac{3}{2}} + \omega_1^2\left(-\frac{q}{2} - \sqrt{\left(\frac{q}{2}\right)^2 + \left(\frac{p}{3}\right)^3}\right)^{\frac{3}{2}} - \frac{a}{3}$$

$$s_3 = \omega_1^2\left(-\frac{q}{2} + \sqrt{\left(\frac{q}{2}\right)^2 + \left(\frac{p}{3}\right)^3}\right)^{\frac{3}{2}} + \omega_1\left(-\frac{q}{2} - \sqrt{\left(\frac{q}{2}\right)^2 + \left(\frac{p}{3}\right)^3}\right)^{\frac{3}{2}} - \frac{a}{3}$$

式中:$p = -\dfrac{a^2}{3} + b$

$$q = \frac{2a^3}{27} - \frac{ab}{3} + c$$

$$\omega_1 = \frac{-1+\sqrt{3}i}{2}$$

进而可求出式(4-26)的6个特征根。

因此,$U_{nm}(z)$、$V_{nm}(z)$和$W_{nm}(z)$可表示为:

$$U_{nm}(z) = u_1 e^{r_1 z} + u_2 e^{r_2 z} + u_3 e^{r_3 z} + u_4 e^{r_4 z} + u_5 e^{r_5 z} + u_6 e^{r_6 z}$$

$$V_{nm}(z) = v_1 e^{r_1 z} + v_2 e^{r_2 z} + v_3 e^{r_3 z} + v_4 e^{r_4 z} + v_5 e^{r_5 z} + v_6 e^{r_6 z}$$

$$W_{nm}(z) = w_1 e^{r_1 z} + w_2 e^{r_2 z} + w_3 e^{r_3 z} + w_4 e^{r_4 z} + w_5 e^{r_5 z} + w_6 e^{r_6 z}$$

将$U_{nm}(z)$、$V_{nm}(z)$和$W_{nm}(z)$表示式代入式(4-23)~式(4-25),可以得到u_i、v_i和w_i之间的关系。因此,$U_{nm}(z)$、$V_{nm}(z)$和$W_{nm}(z)$的表达式中独立的系数只有6个。所以,对于一个结构层,有6个独立的未知数,对于N层弹性体系,具有$6N$个未知数。

4.1.5 层状体系的边界条件

1)层状体系上表面

$$\sigma_z = q_z、\tau_{xz} = q_{xz}、\tau_{yz} = q_{yz}$$

式中:q_z、q_{xz}、q_{yz}为车轮荷载在三个方向的分量。

2)层状体系下表面

$$u = v = w = 0$$

3)两层连接处

$$u^+ = u^-、v^+ = v^-、w^+ = w^-、\sigma_z^+ = \sigma_z^-、\tau_{xz}^+ = \tau_{xz}^-、\tau_{yz}^+ = \tau_{yz}^-$$

式中:+和-分别指接触面上界和接触面下界。

因此,N层层状体系边界条件中具有$6N[3+3+6(N-1)]$个约束方程,利用边界条件可以具体确定$U_{nm}(z)$、$V_{nm}(z)$和$W_{nm}(z)$表达式中的系数,进而求得各个应变分量和应力分量。

4.1.6 试验验证

为了检验模型的可靠性,作者在西安—宝鸡高速公路和武威过境高速公路工程中修建试验路,施工时埋设动应变传感器,采用重载车辆作为加载设备,野外现场测试重载交通荷载下沥青路面结构的动力响应(具体试验内容在试验报告中详细描述)。

这里采用基于Kelvin本构关系建立的移动荷载下黏弹性层状体系动力响应模型,建立包括面层、基层和路基的西宝线试验路的相应理论模型。由2.2.3沥青混合料动态模量和阻尼的调查结果知道,沥青混凝土的剪切模量和黏度受加载频率和温度影响严重[122-128]。

所建立的动力学模型中沥青混合料的剪切模量采用Sousa和Monismith等人试验研究得到的25℃下沥青混合料剪切模量研究成果,见图2-18。沥青混合料的阻尼采用

Bonaquist 等人建立的经验公式得到。

Bonaquist 经验公式：

$$\eta = \frac{|G^*|}{\omega}\left(\frac{1}{\sin\delta}\right)^{a_0+a_1\omega+a_2\omega^2} \tag{4-28}$$

式中：η——黏度；

G^*——复合剪切模量；

ω——角频率；

δ——相位角(由 2.2.3 中图 2-19 反算得到)；

a_0、a_1、a_2——拟合参数(对于改性和非改性沥青，$a_0 = 3.639\ 216$，$a_1 = 0.131\ 373$，$a_2 = -0.000\ 901$)。

基层及路基材料的剪切模量视为常量，不考虑二者的黏度。模型中的结构参数和物理参数如表 4-1 所示。

黏弹性层状体系模型参数　　表 4-1

结构层	厚度(cm)	剪切模量(MPa)	泊松比	黏度(MNs/m^2)	密度(kg/m^3)
面层	20	V	0.35	V	2 400
基层	40	540	0.20	/	2 340
土基	200	13	0.40	/	1 730

注：①“V”指该参数是随着频率变化而变化的，采用 Sousa 和 Monismith 进行的 25℃下试验结果并经一定处理得到；

②“/”表示不考虑该项内容。

由于西宝线试验是在平坦路面上进行的，水平荷载较小，这里仅考虑垂向移动车轮荷载作用。轮迹宽度、轴重和胎压由现场实测得到，采用矩形轮迹荷载模式，轮迹长度经简单计算得到。

图 4-6 为面层底部纵向动应变响应曲线的现场试验结果。该曲线为东风 EQ1146V4/W4 车辆作用下的动力响应曲线，其后桥轴重为 100kN，前桥轴重为 58kN，车速为 68km/h。

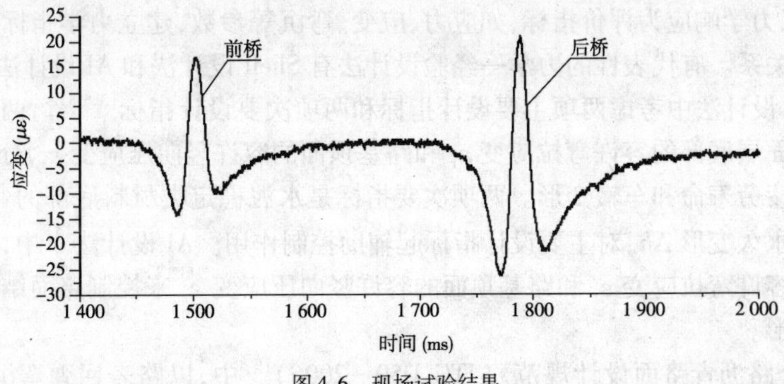

图 4-6　现场试验结果

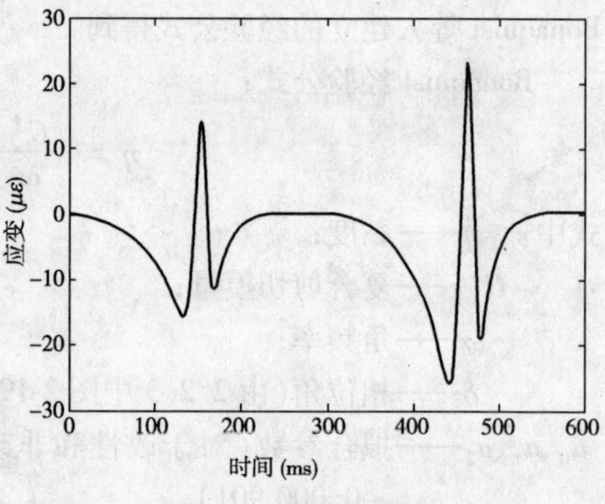

图 4-7　理论计算结果

图 4-7 为相应理论计算结果。考虑到实际车辆对路面施加的附加动荷载影响,计算中前桥取动载系数为 1.04,后桥取动载系数为1.1,即计算模型中前桥施加轴重为 60.3kN 的移动荷载,后桥施加轴重为 110kN 的移动荷载。

由图 4-6 和图 4-7 可以看出:

(1)移动车辆荷载下,面层底部纵向弯拉应变既有拉应变,又有压应变,呈现拉压应变交错状态。车轮到达观测点前及离去时,表现为压应变(曲线中表现为负值),车轮到达观测点时,表现为拉应变(曲线中表现为正值)。理论计算结果的规律与试验结果及国际同类试验结果的规律吻合[68-77],也符合力学规律。

(2)车轮到来时面层底部产生的压应变比车轮离去时产生的压应变大。理论计算结果的规律与作者试验结果及国际同类试验结果的规律吻合[68-77]。

(3)试验得到的图 4-6 中最大拉应变为 20.9με,理论计算得到的图 4-7 中最大拉应变为 23.6με,误差仅 12.9%,计算结果与试验结果比较吻合。

(4)车轮到来时,理论计算得到的压应变增加速度较试验结果的压应变增加速度小。而车轮离去时,理论计算得到的压应变减小速度较试验结果的压应变减小速度大。主要原因在于模型中采用的阻尼参数与试验路中的参数不可能完全相同。

由以上分析可知,作者建立的移动荷载下黏弹性层状体系动力学模型能够较好地模拟实际交通荷载下沥青路面结构的力学行为。

4.2　沥青路面结构动力响应评价指标讨论

随着路面结构力学及计算技术的发展,采用基于力学—经验法进行结构设计是目前路面设计发展的一个潮流和趋势。力学—经验法是以环境参数、材料参数和交通参数为输入参数,以力学响应为评价指标,如应力、应变、弯沉等参数,建立力学指标与路面结构破坏之间的关系。有代表性的力学—经验设计法有 Shell 设计法和 AI 设计法[3,6]。

在 Shell 设计法中考虑两项主要设计指标和两项次要设计指标[3,6-8]。两项主要设计指标是沥青面层底部的容许弯拉应变 ε_r 和路基顶面的容许竖向压应变 ε_z,分别用来控制路面结构的疲劳寿命和车辙变形。两项次要指标是水泥稳定类材料底部的弯拉应力 σ_{r2} 和路表面的永久变形 Δh,对主要设计指标起辅助控制作用。AI 设计法[3]中,也采用沥青面层底部的容许弯拉应变 ε_r 和路基顶面的容许竖向压应变 ε_z 来控制路面结构的疲劳寿命和车辙变形。

我国《公路沥青路面设计规范》(JTG D50—2006)[9]中,以路表回弹弯沉、沥青面层底部弯拉应力和半刚性材料层底部的拉应力为设计控制指标。

关于设计指标是我国争论最激烈的问题之一,也是提出合理的路面设计方法的基础。综合考虑国内外路面结构研究成果,提出如下 7 个路面结构动力响应评价指标。

1)面层底部弯拉应变 ε_x

面层底部弯拉应变 ε_x 是基于力学—经验法进行沥青路面结构设计时评价疲劳寿命的常用指标。目前进行路面结构动力响应试验研究时,主要通过检测这个指标进行评价。

我国沥青路面设计规范中将面层底部的弯拉应力作为评价沥青路面疲劳性能的指标,考虑到应力是一个间接参数,无法直接测量,只能通过检测应变,乘以弹性模量而得到应力。同时考虑到国外是采用应变进行评价的,因此,作者采用分析应变的方法进行评价。

2)基层顶部竖向压应变 ε_z

这个指标为基于力学—经验法进行沥青路面结构设计时评价车辙的指标。

3)路表弯沉 W_z

该指标为我国沥青路面设计及验收时的主要指标,用来评价路面结构的整体刚度。

4)面层底部纵向剪应变 γ_{xz}

面层底部纵向剪应变可以破坏面层与基层的连接,尤其对于半刚性基层沥青路面结构,面层与基层的黏结性能比较差,遭到破坏以后,面层脱离了基层的水平约束,成为滑动状态,不但增加面层底部的弯拉应变,减小疲劳寿命,而且增大沥青混凝土的流动性,在纵向剪应变作用下,容易形成壅包、裂纹等多种破坏形式。

5)面层底部横向剪应变 γ_{yz}

如上条所述,该剪应变能够破坏面层与基层的横向连接。面层失去基层的水平约束后,不但提高横向弯拉应变,还增大横向流动性,在车辆荷载反复作用下形成车辙。

6)面层内部最大纵向剪应变 γ_{xzmax}

在纵向剪应变作用下,沥青混凝土材料产生纵向流动变形。因此,该指标可以用来评价沥青混凝土纵向流动变形引起的各种破坏。

7)面层内部最大横向剪应变 γ_{yzmax}

该指标用来评价沥青混凝土发生横向流动变形引起的各种破坏,尤其是用来评价车辙。

4.3 典型半刚性基层沥青路面动力响应研究

半刚性基层沥青路面结构是在半刚性基层上铺筑一定厚度的沥青混合料面层的结构。基层一般采用水泥稳定或石灰稳定材料,弹性模量较大,水泥砂砾和二灰砂粒的抗压模量为 1 100 ~ 1 500MPa。各个省份根据当地实际交通状况和实践经验,面层厚度有所差异，但总体来讲，高速公路中半刚性基层沥青路面结构的面层厚度较薄，一般为3层，总厚度为15～16cm。

作者选择我国广泛采用的典型的半刚性基层沥青路面结构作为研究对象，取面层厚度为15cm；基层采用水泥稳定碎石，厚度为34cm；底基层采用水泥石灰砂砾土，厚度为20cm。建立其动力学模型，研究移动荷载下半刚性路面结构的动力响应规律。表4-2为计算模型的路面结构及相应材料参数。

路面结构及材料参数 表4-2

结构层	厚度(cm)	剪切模量(MPa)	密度(kg/m^3)	泊松比	黏度(MPa·s)
面层	15	V	2 400	0.35	V
基层	34	540	2 340	0.20	/
底基层	20	480	2 340	0.30	/
土基	200	36	1 730	0.40	1

注：①"V"指该参数是随着频率变化而变化的，同表4-1中相应参数；
②"/"表示不考虑该项内容。

作者采用的力学模型为动力学模型，主要参数为剪切模量、黏度、泊松比和密度。经大量研究证明，沥青混凝土的剪切模量和黏度受加载频率和温度影响严重。模型中面层材料的剪切模量与黏度的处理方法与4.1.6中处理方法相同，其他材料参数视为定值。基层材料的黏度较小，这里不考虑其影响。

车辆对路面的作用是通过轮胎传递给地面的，轮胎的接地形状和接地压力分布是非常复杂的。大量研究发现[129-133]，轮胎的接地形状介于矩形和椭圆形之间。但对于载货汽车轮胎，特别是荷载较大时，接地形状更接近于矩形。轮胎接地压力分布既受轮胎结构和轮胎花纹的影响，也受胎压和荷载的影响，虽然许多学者采用试验手段对轮胎接地压力分布做了大量有意义的工作，但以现有技术手段还难以精确描述其复杂的分布规律。作者采用矩形均布压力分布模式，模拟轮胎对地面的作用，认为轮胎接地压力等于胎压。

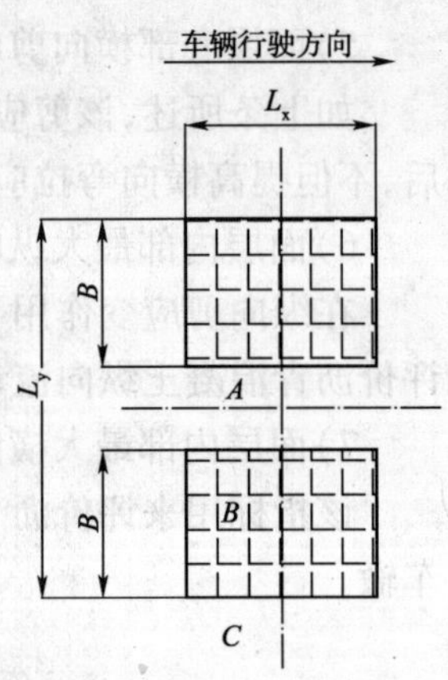

图4-8 轮迹

注：图中A点位于两个轮胎中间的中线位置；B点位于轮胎中部；C点位于轮胎外侧轮缘位置。

如图4-8所示，采用公路交通运输中重型车辆常用轮胎10.00R20-16PR，单个轮胎的接地宽度B为210mm，两个轮胎总接地宽度L_y为540mm，均由野外现场试验中现场实测得到。试验研究表明，改变轴重和胎压时，轮胎接地宽度B几乎不变，因此，作者建立的动力学模型中，认为轮胎接地宽度B不变。轮胎接地长度L_x由计算得到。

$$L_x = \frac{Wg}{2.16P} \tag{4-29}$$

式中：W——轴重，kg；

g——重力加速度，$g = 9.8\text{N/kg}$；

P——胎压，Pa。

4.3.1 沥青路面动力响应

为了分析移动车辆荷载下沥青路面动力响应特点，这里分析标准荷载下（对于单后桥，荷载为 BZZ-100；对于双联轴，轴重取 180kN，胎压取 0.7MPa，车辆速度取 60km/h），各个动力响应参数的时间历程。

图 4-9～图 4-14 为移动单后桥荷载作用下，面层底部纵向弯拉应变、面层底部横向弯拉应变、土基顶部竖向压应变、路表弯沉、面层底部纵向剪应变和面层底部横向剪应变等动力响应参数随时间的变化。

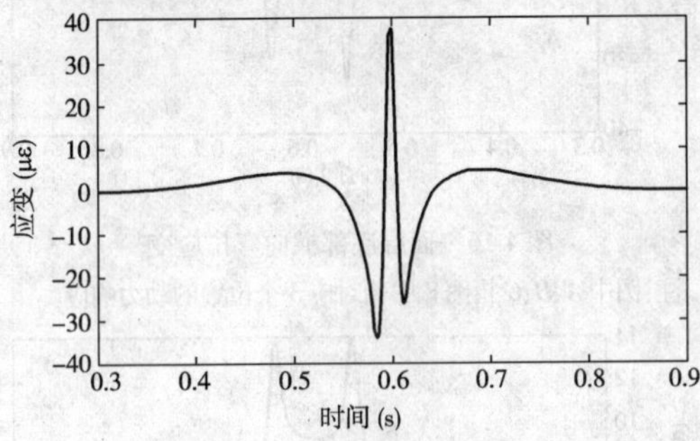

图 4-9 面层底部纵向弯拉应变

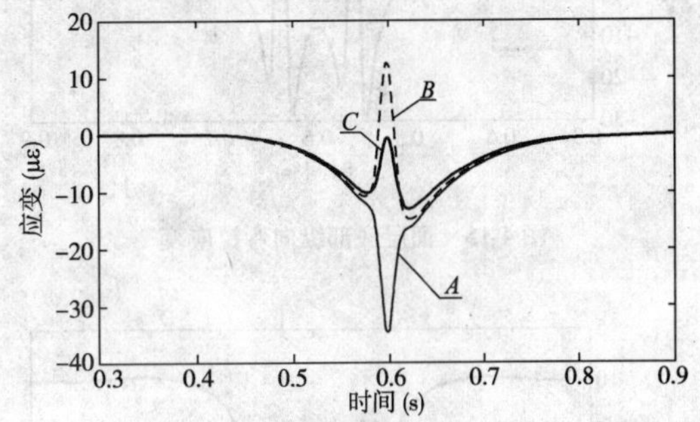

图 4-10 面层底部横向弯拉应变

注：图中 A、B、C 指图 4-8 中相对应 3 个位置的动力响应。

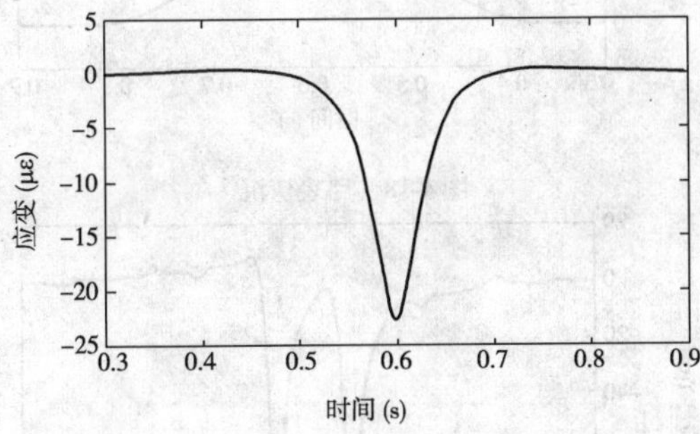

图 4-11 土基顶部竖向压应变

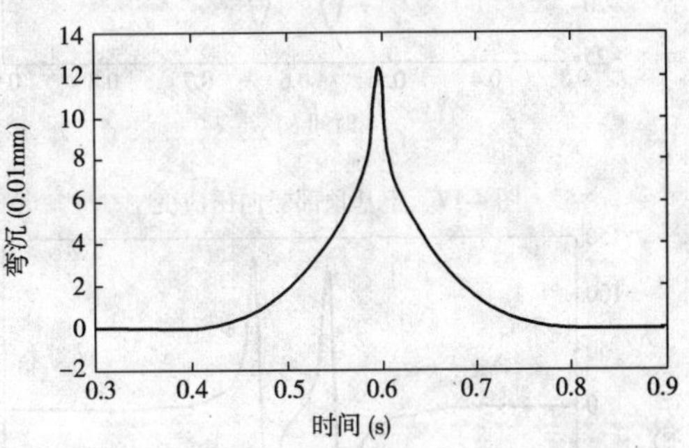

图 4-12 路表弯沉

图 4-15～图 4-20 为移动双联轴荷载作用下，面层底部纵向弯拉应变、面层底部横向弯拉应变、土基顶部竖向压应变、路表弯沉、面层底部纵向剪应变和面层底部横向剪应变等动力响应参数随时间的变化。

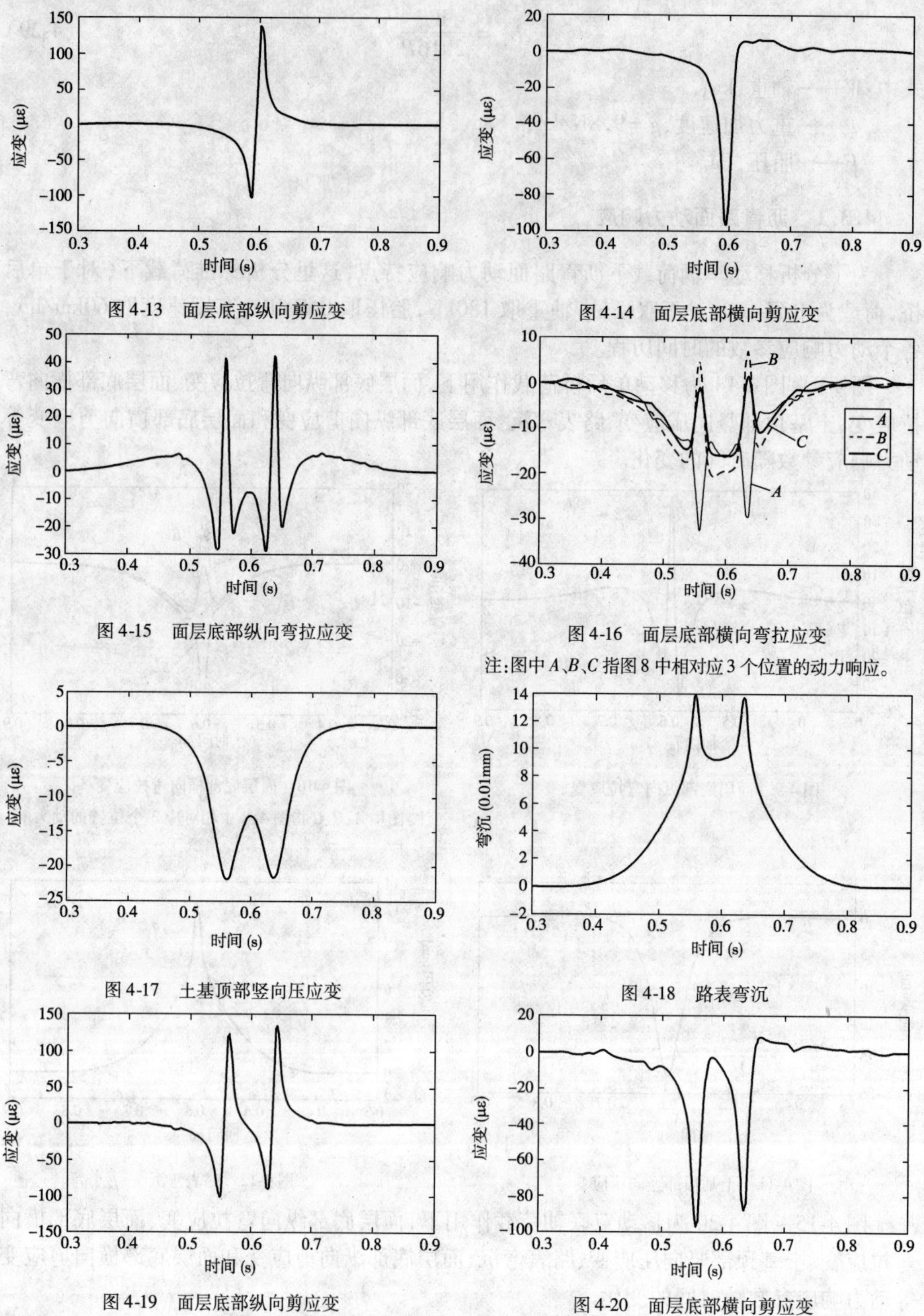

图 4-13　面层底部纵向剪应变

图 4-14　面层底部横向剪应变

图 4-15　面层底部纵向弯拉应变

图 4-16　面层底部横向弯拉应变

注:图中 A、B、C 指图 8 中相对应 3 个位置的动力响应。

图 4-17　土基顶部竖向压应变

图 4-18　路表弯沉

图 4-19　面层底部纵向剪应变

图 4-20　面层底部横向剪应变

综合分析图 4-9 ~ 图 4-20 可知：

(1)不管是单后桥荷载或是双联轴荷载，在移动车辆荷载下，面层底部纵向弯拉应变呈现拉压应变交变状态，这和试验结果一致。常温状态，双联轴车辆荷载作用下，面层底部纵向弯拉应变呈现明显干涉现象。双联轴前轴离去时，面层底部纵向弯拉应变呈现压应变状态，但该应变还未恢复到初始状态，双联轴后轴已经到达(或者说后轴影响区已经到达)，面层底部纵向弯拉应变保持压应变状态，应变量继续增大，产生干涉现象。

(2)不管是单后桥荷载或是双联轴荷载，在移动车辆荷载下，面层底部横向弯拉应变比较复杂，与轮胎相对观测点位置有关，这和试验结果一致。在两个轮胎中间的 A 点，呈现压应变状态；轮迹中心的 B 点，呈现拉压交变应变状态；轮迹外侧的 C 点，呈现压应变状态。常温状态，双联轴车辆荷载作用下，面层底部横向弯拉应变也出现明显干涉现象。

(3)类似于面层底部横向弯拉应变，土基顶部竖向压应变仅呈现压应变状态，这符合力学规律。双联轴前轴产生的最大压应变稍高于后轴产生的最大压应变。

(4)同样类似于面层底部横向弯拉应变，路表弯沉仅呈现向下位移，这符合力学规律。双联轴前轴产生的最大弯沉稍高于后轴产生的最大弯沉。

(5)移动车辆荷载下，面层底部纵向剪应变呈现复杂应变状态。车轮到达观测点前，该位置表现为负方向的剪应变，即剪应变方向与车辆行驶方向相反；而车轮离开观测点后，该位置表现为正方向的剪应变，即剪应变方向与车辆行驶方向一致。另外，移动车辆荷载下，面层底部纵向剪应变从负方向到正方向的转变变化速度很快，变化梯度很大。类似于以上各个参数，双联轴荷载作用下，面层底部纵向剪应变出现明显的干涉现象。

(6)移动车辆荷载下，面层底部横向剪应变基本呈现单向应变状态。值得一提的是，图 4-14 和图 4-20 给出的图 4-8 中所示下侧轮迹位置的剪应变，负应变就是沿 y 轴负方向的应变。图 4-21 给出双联轴荷载下图 4-8 中所示上侧轮迹位置的剪应变，主要表现为正应变状态，即剪应变方向沿 y 轴正方向。因此，在移动车辆荷载下，面层底部横向剪应变的作用使沥青混合料向轮迹两侧流动变形，这与实际工程中产生的车辙现象一致。

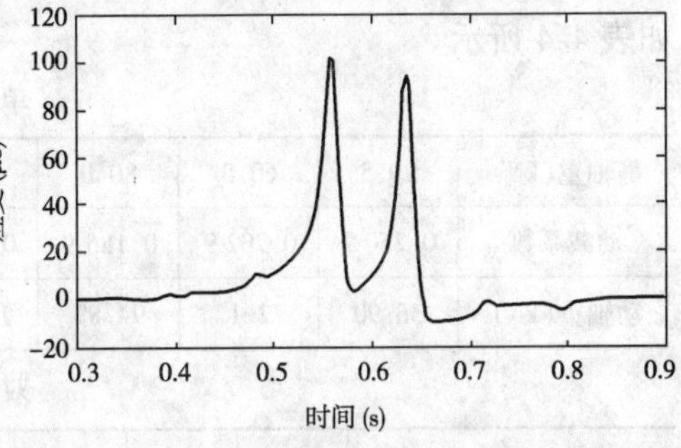

图 4-21 面层底部外侧轮迹位置横向剪应变

4.3.2 车辆轴重对半刚性基层沥青路面动力响应的影响

为了考查车辆轴重对半刚性基层沥青路面结构动力响应的影响，进行不同荷载下路面结构动力响应分析。设置车辆速度为高速公路重型车辆常用速度 60km/h，胎压设置为额定胎压 0.7MPa。

由作者进行的典型重型车辆和轴载谱调查研究结果可知，现行高速公路运输中重型车以 1 +2 型、1 +5 型和 1 +2 +5 型载货汽车为主,尤其是 1 +2 型和 1 +5 型占有绝对比例。而且,1 +2 型载货汽车后桥为单桥双胎,1 +5 型载货汽车后桥为双联轴,它们是典型重型车载重桥的基本组成,如 1 +2 +5 型拖挂车的载重桥为牵引车后桥和挂车后桥,而牵引车后桥是单桥双胎型后桥,挂车后桥为双联轴式。因此,作者研究典型的 1 +2 型载货汽车后桥和 1 +5 型载货汽车后桥作用下半刚性基层沥青路面动力响应。

对于 1 +2 型载货汽车后桥,选择的轴重等级包括 29.5kN、60kN、80kN、100kN、130kN、150kN、170kN、200kN 和 250kN 9 个轴重等级。其中 29.5kN 轴重代表空车工况;60kN 和 80kN 轴重代表公路交通运输中常见的欠载工况;100kN 轴重为《道路车辆外廓尺寸、轴荷及质量限值》(GB 1589—2004)规定的单轴双胎限值轴荷上限;130kN、150kN 和 170kN 轴重代表公路交通运输中常见的超载工况;200kN 和 250kN 轴重代表公路交通运输中的严重超载工况。对于 1 +5 型载货汽车后桥,选择的轴重等级包括52.8kN、130kN、160kN、180kN、200kN、230kN、260kN、280kN、330kN、380kN 和 430kN 11 个轴重等级。其中 52.8kN 轴重代表空车工况;130kN 和 160kN 轴重代表公路交通运输中常见的欠载工况;180kN 轴重为《道路车辆外廓尺寸、轴荷及质量限值》(GB 1589—2004)规定的双联轴轴距大于 1.3m 小于 1.8m 时的限值轴荷上限;200kN、230kN、260kN 和 280kN 轴重代表公路交通运输中常见的超载工况;330kN、380kN 和 430kN 轴重代表公路交通运输中的严重超载工况。

考虑到移动车辆对路面结构施加附加动荷载,采用“重型车辆对路面作用动力荷载理论研究”得到的后桥的动载系数,各个工况下的单后桥荷载如表 4-3 所示,双联轴荷载如表 4-4 所示。

单后桥荷载 表 4-3

静轴重(kN)	29.5	60.0	80.0	100.0	130.0	150.0	170.0	200.0	250.0
动载系数	0.250 7	0.202 9	0.185 9	0.171 4	0.153 4	0.144 0	0.136 3	0.127 3	0.116 4
动轴重(kN)	36.90	72.17	94.87	117.14	149.94	171.60	193.17	225.46	279.10

双联轴荷载 表 4-4

静轴重(kN)	52.8	130.0	160.0	180.0	200.0	230.0	260.0	280.0	330.0	380.0	430.0
动载系数	0.191 2	0.160 0	0.155 2	0.152 8	0.150 8	0.148 0	0.145 5	0.143 8	0.140 1	0.136 6	0.133 4
动轴重(kN)	62.90	150.80	184.83	207.50	230.16	264.04	297.83	320.26	376.23	431.91	487.36

图 4-22 ~ 图 4-27 给出各个动力响应参数随单后桥轴重和双联轴轴重的变化。

由图 4-22 ~ 图 4-27 可知:

(1)不管是单后桥荷载作用下还是双联轴荷载作用下,面层底部纵向压应变、面层底部横向拉应变、土基顶部竖向压应变、路表弯沉、面层底部纵向剪应变和面层底部横向剪应变均随着轴重的增加而增加,但并不是简单的线性关系。

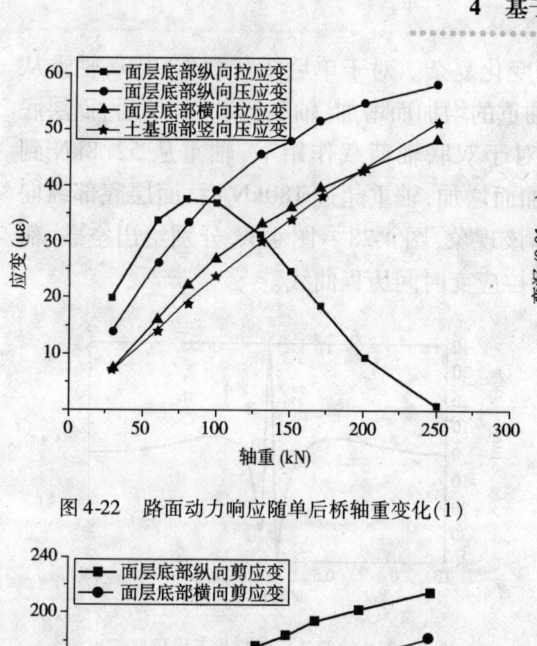

图 4-22 路面动力响应随单后桥轴重变化(1)

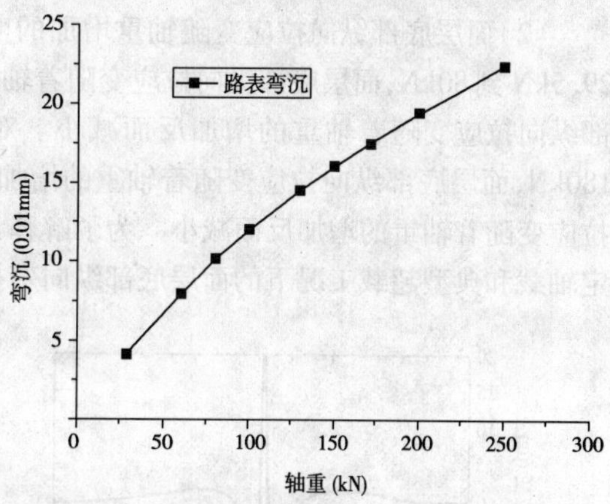

图 4-23 路面动力响应随单后桥轴重变化(2)

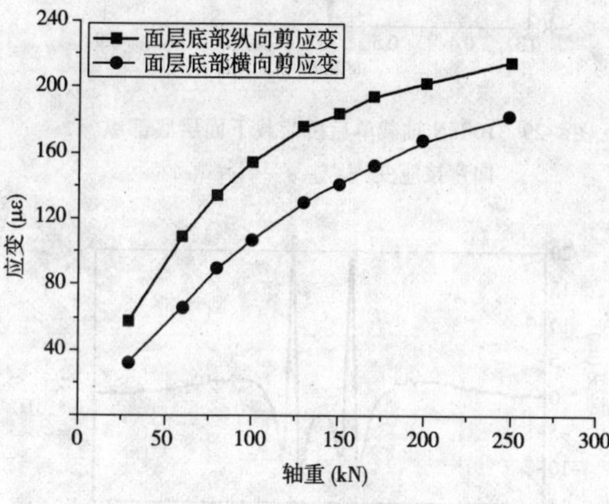

图 4-24 路面动力响应随单后桥轴重变化(3)

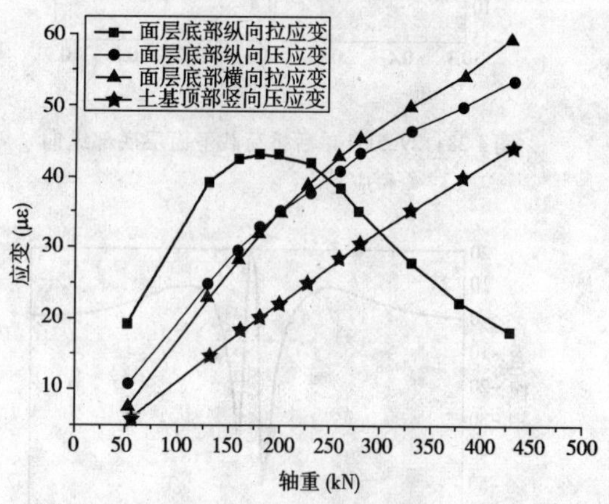

图 4-25 路面动力响应随双联轴轴重变化(1)

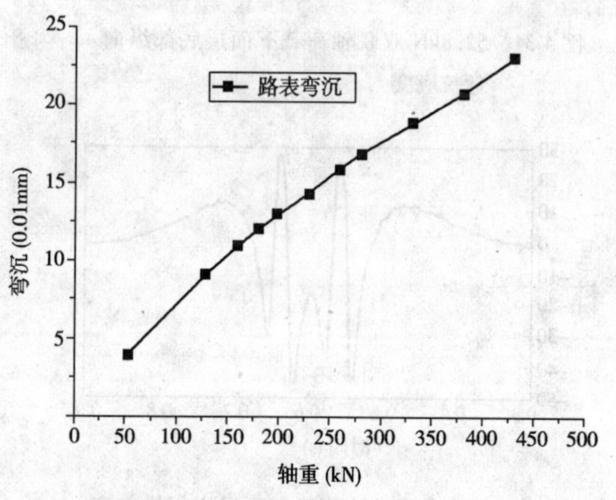

图 4-26 路面动力响应随双联轴轴重变化(2)

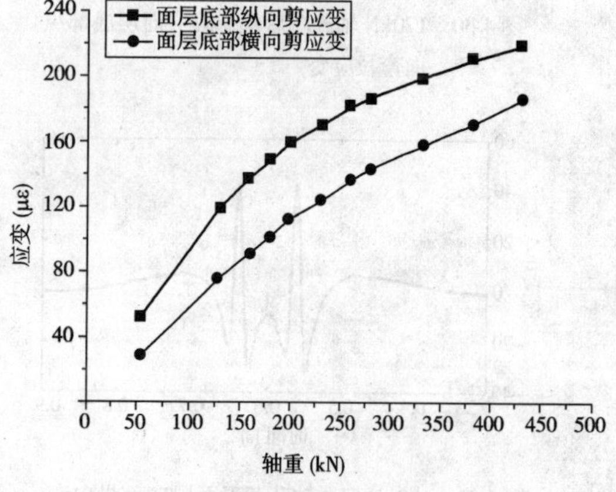

图 4-27 路面动力响应随双联轴轴重变化(3)

(2)面层底部纵向拉应变随轴重增加的变化复杂。对于单后桥荷载作用下,轴重从29.5kN到80kN,面层底部纵向拉应变随着轴重的增加而增加,轴重超过80kN后,面层底部纵向拉应变随着轴重的增加反而减小。对于双联轴荷载作用下,轴重从52.8kN到180kN,面层底部纵向拉应变随着轴重的增加而增加,轴重超过180kN后,面层底部纵向拉应变随着轴重的增加反而减小。为了解释该现象,图4-28~图4-33分别给出空载、额定轴载和典型超载工况下的面层底部纵向弯拉应变时间历程曲线。

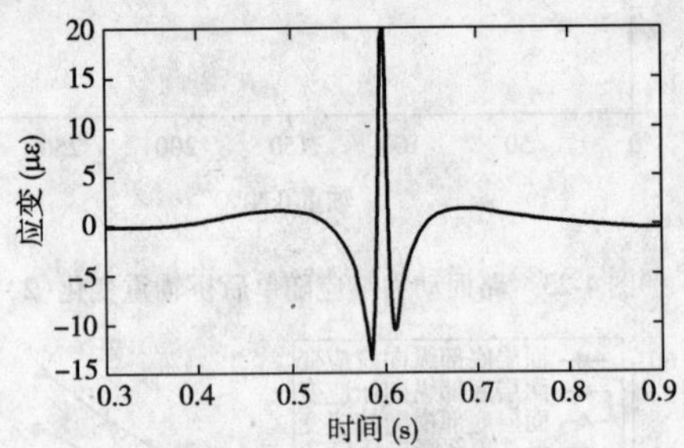

图4-28　29.5kN单后桥荷载下面层底部纵向弯拉应变

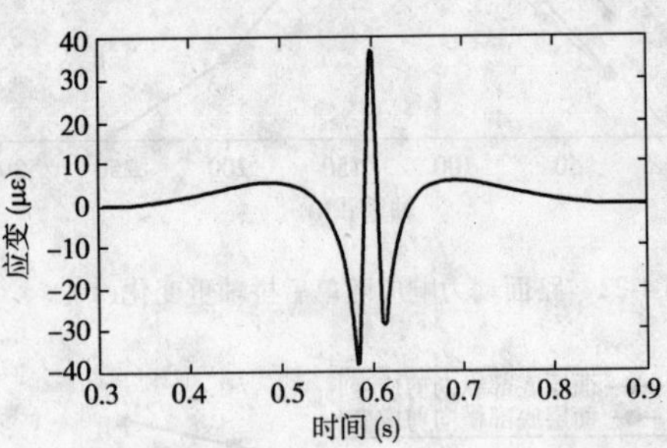

图4-29　100kN轴载单后桥荷载下面层底部纵向弯拉应变

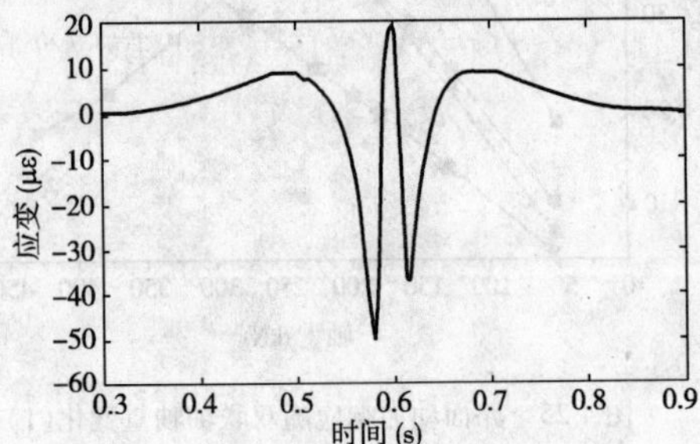

图4-30　170kN轴载单后桥荷载下面层底部纵向弯拉应变

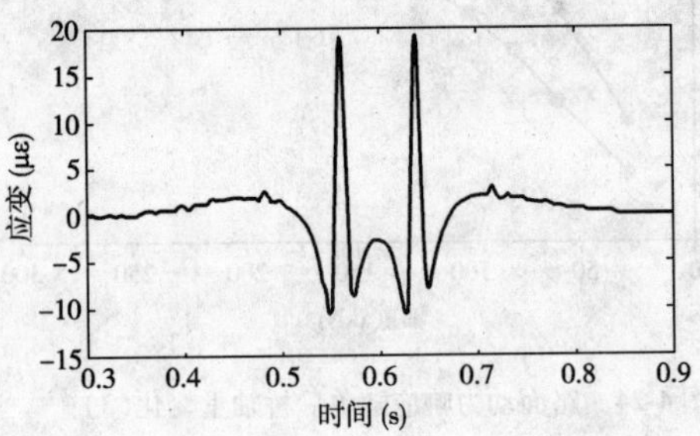

图4-31　52.8kN双联轴荷载下面层底部纵向弯拉应变

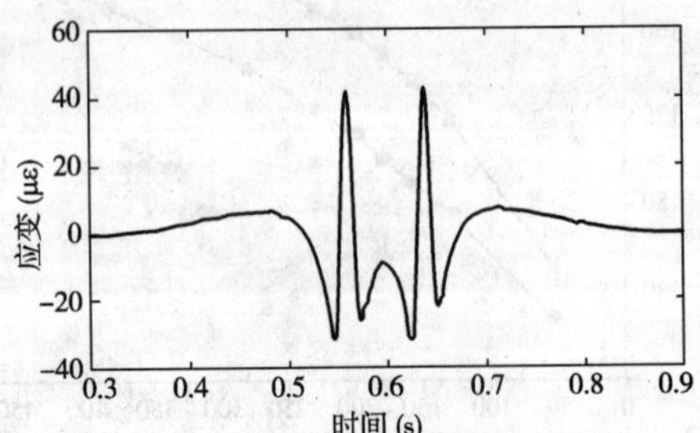

图4-32　180kN双联轴荷载下面层底部纵向弯拉应变

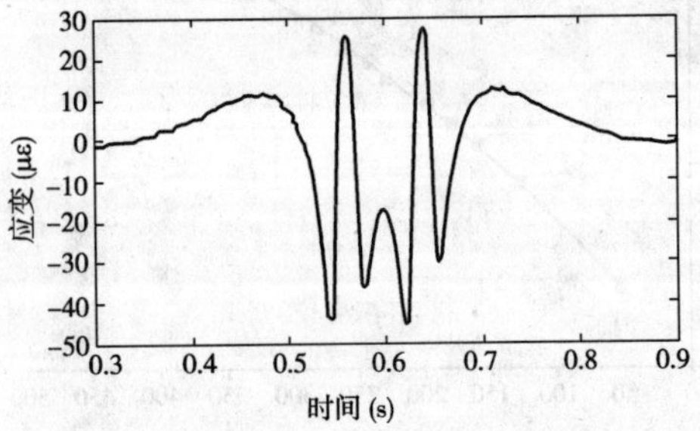

图4-33　330kN双联轴荷载下面层底部纵向弯拉应变

由以上 6 个图可知，随着轴重的增加，面层底部纵向弯拉应变中的压应变明显增加，而拉应变变化复杂。超载工况下的拉应变反而较小，170kN 单后桥荷载下的拉应变与空载时的基本相等，330kN 双联轴荷载下的拉应变与空载时的也基本相等。主要原因是移动车辆荷载下面层底部纵向弯拉应变呈拉压应变交变状态，车轮到来时，面层底部呈现压应变状态，车轮到达时，面层底部呈现拉应变状态。随着轴载的增加，车轮到来时面层底部呈现的压应变显著增加，也就是车轮到达前，面层底部的初始状态表现为较大的压应变，车轮到达时，虽然由于车辆荷载使面层底部应力应变状态向拉应变转化，但由于沥青混合料黏性阻尼的作用，在初始状态表现为较大的压应变情况下，来不及充分恢复，从而使最大拉应变较小。这与作者进行的试验结果吻合，也符合力学规律。

(3)不管纵向动应变还是横向动应变，面层底部最大拉应变和最大压应变都较小。60km/h 车辆速度下，对于单后桥荷载，轴重从 29.5kN 增加到 250kN，面层底部最大拉应变仅 48.1με，最大压应变仅 58.1με；对于双联轴荷载，轴重从 52.8kN 增加到 430kN，面层底部最大拉应变仅 59.3με，最大压应变仅 53.4με。主要原因在于半刚性基层沥青路面结构的基层刚度较大，具有强大的支撑能力。

针对目前国际上广泛研究的永久性沥青路面结构，设计时的一个关键方面就是保证在标准荷载工况下，沥青层层底的弯拉应变小于沥青混凝土材料的疲劳极限。Monismith 建议 HMA 层底的弯拉应变应为 60 ~ 70με，Von Quintus 认为 HMA 层底的弯拉应变应不高于 65με[2]。目前国际上的永久性路面结构大都是全厚式路面结构或柔性基层路面结构，没有发现采用半刚性基层路面结构的报道。我国路面结构广泛使用的半刚性基层沥青路面结构的使用寿命明显低于永久性路面使用寿命要求。因此，采用面层底部弯拉应变评价半刚性基层路面结构的疲劳寿命是不合理的。

(4)不管是单后桥荷载下还是双联轴荷载下，随着轴重的增加，路基顶部的竖向压应变增加，能够反映轴重对其动力响应的影响。但土基顶部竖向压应变较小，对于单后桥荷载下，即使轴重增加到 250kN，土基顶部竖向压应变仅 51.4με；对于双联轴荷载下，即使轴重增加到 430kN，土基顶部竖向压应变仅 44.2με。主要原因在于半刚性基层板体性能好，应力扩善能力强。

基于“力学—经验法”进行路面结构设计时，采用路基顶部竖向压应变控制车辙的大小。对于永久性沥青路面结构，Monismith 建议，路基顶面压应变不高于 200με。因此，半刚性基层沥青路面的路基顶部竖向压应变也处于较低水平，远小于永久性路面许用值。但我国采用的半刚性基层沥青路面结构，过早出现早期破坏是一普遍现象，其中以车辙为主。因此，进行半刚性基层沥青路面结构设计时，仅仅采用路基顶部竖向压应变作为控制车辙深度的指标是不够的。

(5)单后桥标准荷载下，路表弯沉为 11.97(×0.01mm)；双联轴标准荷载下，路表弯沉为 11.99(×0.01mm)，明显小于设计弯沉值和 FWD 测试结果。主要原因在于模型中采用的是移动车辆荷载,不但考虑了阻尼对路面结构动力响应的影响,而且考虑了沥青混凝土动模量随加载频率变化的性质。结构设计时,采用的是静态设计法,无法反映阻尼对路面结构力学性能的影响。采用 FWD 进行现场实测时,虽然对路面施加的是冲击荷载,但该荷载的性能无法充分反映实际车辆对路面的作用。因此,进行路面结构动态设计时,不仅要考虑材料动模量的影响,还要考虑阻尼的影响。

(6)相同条件下,面层底部纵向剪应变较面层底部弯拉应变大得多。如单后桥标准荷载下,面层底部纵向剪应变达到 154με,为面层底部最大拉应变的 4.2 倍;双联轴标准荷载下,面层底部纵向剪应变达到 148με,为面层底部最大拉应变的 3.4 倍。该剪应变破坏面层与基层的黏结,较大的纵向剪应变容易破坏面层与基层之间的黏结层,交变的剪应变更容易破坏其黏结性,使路面结构从连续状态变为滑动状态。面层失去基层的纵向约束作用后,不仅可以增大纵向弯拉应变,减小疲劳寿命,更容易在纵向弯拉应变的压应变作用下产生壅包等破坏形式。另外,半刚性基层采用水泥处置材料,与沥青混凝土材料的连接性较差。因此,面层底部的黏结更容易受到破坏。所以,面层底部纵向剪应变是一个较好的评价半刚性基层沥青路面疲劳破坏和壅包破坏的参数。

(7)相同条件下,面层底部横向剪应变较面层底部弯拉应变大得多。如单后桥标准荷载下,面层底部横向剪应变达到 105.9με,为面层底部最大拉应变的 2.9 倍;双联轴标准荷载下,面层底部横向剪应变达到 102με,为面层底部最大拉应变的 2.4 倍。该剪应变破坏面层与基层的横向黏结性能,面层失去基层的横向约束后,增加基层的流动性能。Monismith 对车辙的成因进行深入研究,认为沥青混凝土材料的累积永久变形主要是由于材料的流动变形,体积压缩所占比例很小,尤其对于半刚性基层沥青路面,基层刚度较大,路基和基层的竖向变形较小,不易产生结构性车辙。但面层材料容易在较大的横向剪应变作用下发生流动变形,形成流动性车辙。因此,面层底部横向剪应变可以作为评价半刚性基层沥青路面结构发生车辙破坏的一个指标。

(8)不管是横向剪切应变还是纵向剪切应变,直接破坏的是面层与基层之间的黏结作用。因此,对于半刚性基层沥青路面结构,其产生的破坏可以分为两个阶段。第一阶段是在面层底部剪应变作用下,面层与基层之间的黏结层遭到破坏,使路面结构从连续状态变为滑动状态;第二阶段是面层失去基层的水平约束后,沥青混合料的流动性增加,面层底部的弯拉应变增大,形成网裂等疲劳破坏;在纵向压应变和剪应变作用下形成壅包等破坏;在横向弯拉应变和剪应变作用下形成车辙。这与目前我国研究人员采用对产生结构性破坏的路段进行开挖得到的结果相吻合。提高面层与基层之间的黏结强度是提高半刚性基层沥青路面结构使用寿命的关键。

面层底部剪切应变主要破坏面层与基层的黏结作用。为深入研究移动车辆荷载下路面结构内部的剪应变分布规律,图 4-34 ~ 图 4-37 给出了面层内部剪应变随深度的变化情况。

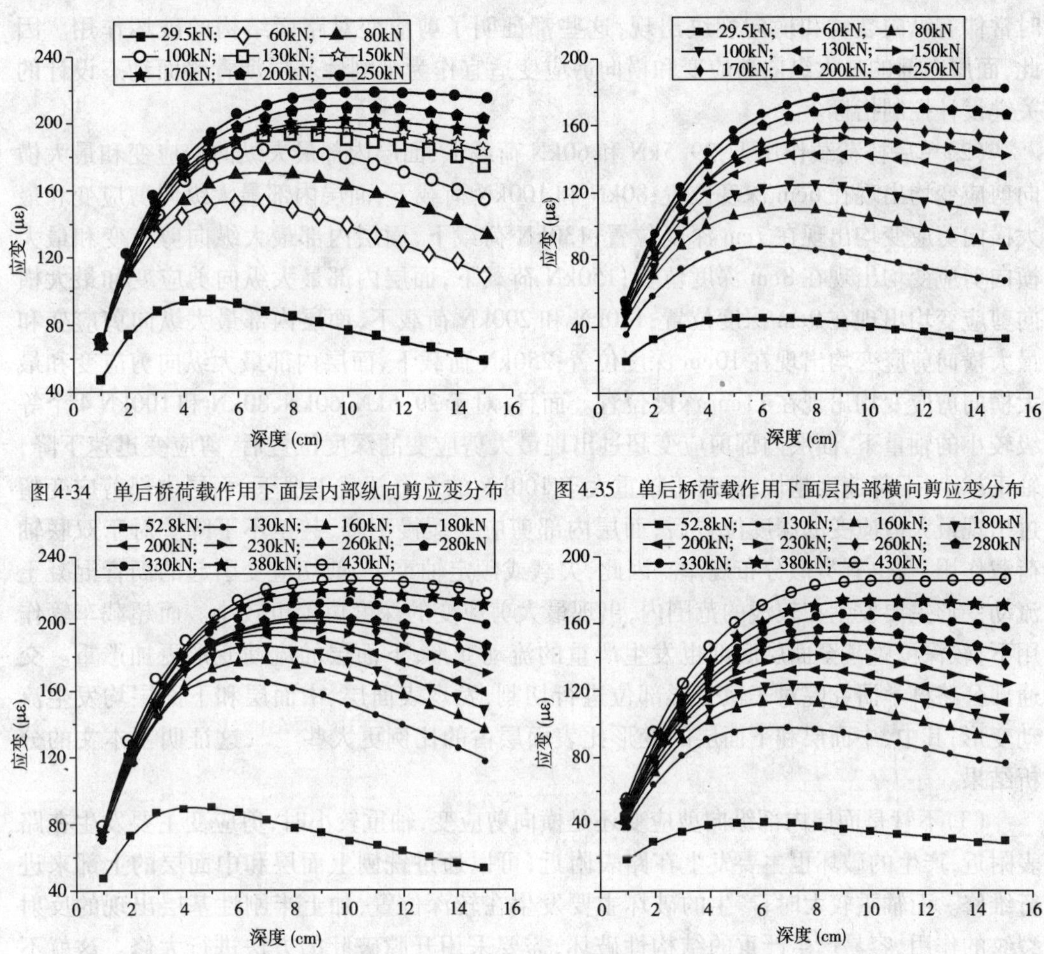

图 4-34　单后桥荷载作用下面层内部纵向剪应变分布

图 4-35　单后桥荷载作用下面层内部横向剪应变分布

图 4-36　双联轴荷载作用下面层内部纵向剪应变分布

图 4-37　双联轴荷载作用下面层内部横向剪应变分布

由图 4-34 ~ 图 4-37 可知：

(1)不管是面层内部纵向剪应变还是横向剪应变，都处于较高水平。单后桥额定荷载下，面层内部最大纵向剪应变达到 184.6με，面层内部最大横向剪应变达到 124.6με，分别为面层底部最大弯拉应变的 5 倍和 3.4 倍。双后桥额定荷载下，面层内部最大纵向剪应变达到 187.1με，面层内部最大横向剪应变达到 123.7με，分别为面层底部最大弯拉应变的 4.4 倍和 2.9 倍。面层内部纵向剪应变是沥青混凝土材料承受的纵向推挤作用的反映，面层材料产生纵向流动变形，在交通车辆荷载反复作用下，在轮迹附近产生横向裂纹，严重时产生推移和拥包等破坏。面层内部横向剪应变是沥青混凝土材料承受的横向推挤作用的反映，面层材料产生横向流动变形，渠化交通条件下，累计横向流动变形就形成车辙，同时还形成纵向裂纹。路况调查与室内试验研究结果表明[2]，半刚性基层沥青路面车辙主要为面层材料流动变形形成的 W 形流动性车辙，出现车辙的路表及切开断面时常伴有纵向裂纹和横向裂纹出现，这些都证明了剪应变对路面结构的破坏作用。因此，面层内部的最大纵向剪应变和横向剪应变适宜作为半刚性基层沥青路面动态设计的关键设计控制指标。

(2)单后桥荷载作用下，29.5kN 和 60kN 荷载下，面层内部最大纵向剪应变和最大横向剪应变均出现在 6cm 深度位置；80kN 和 100kN 荷载下，面层内部最大纵向剪应变和最大横向剪应变均出现在 7cm 深度位置；130kN 荷载下，面层内部最大纵向剪应变和最大横向剪应变均出现在 8cm 深度位置；150kN 荷载下，面层内部最大纵向剪应变和最大横向剪应变均出现在 9cm 深度位置；170kN 和 200kN 荷载下，面层内部最大纵向剪应变和最大横向剪应变均出现在 10cm 深度位置；250kN 荷载下，面层内部最大纵向剪应变和最大横向剪应变均出现在 11cm 深度位置。而且，对于 29.5kN、60kN、80kN 和 100kN 4 个等级较小的轴重下，面层内部剪应变超过出现最大剪应变的深度位置后，剪应变迅速下降，轴重越小，下降速度越快；而对于轴重大于 100kN 的 5 个超载工况下，面层内部剪应变超过出现最大剪应变的深度位置后，面层内部剪应变缓慢下降，甚至不下降。对于双联轴荷载作用下，也有类似分布规律。因此，欠载或额定轴重下，剪切应变引起的沥青混凝土流动变形主要发生在较浅的范围内，出现最大剪应变的深度位置也较小。而超载车辆作用下，较深位置甚至面层底部也发生严重的流动变形，下面层的流动变形更加严重。交通部公路科学研究院对车辙变形部位进行切割，发现表面层、中面层和下面层均发生流动变形，其中，中面层和下面层的变形比表面层占的比例更大些[2,5]，这证明了本文的分析结果。

(3)不管是面层内部纵向剪应变还是横向剪应变，轴重较小时，剪应变主要发生在路表附近，产生的破坏也主要发生在路表附近，可以通过铣刨上面层和中面层的上部来进行维修。而轴重较大时，产生的破坏主要发生在较深位置，加上半刚性基层出现的反射裂纹的作用，容易产生严重的结构性破坏，需要采用开膛破肚的方法进行大修。这就不难理解国外发达国家为什么将半刚性基层沥青路面结构主要用在中轻交通条件下了。

(4)总体上讲，相同深度位置和轴重下，面层内部纵向剪应变大于横向剪应变。但由图 4-13 可知，车轮到来和离去时，面层底部纵向剪应变方向相反，沥青混凝土在纵向剪应变作用下产生的流动变形方向相反，因此，车轮离去时使得车轮到来时产生的纵向流动变形强制恢复。而由图 4-14 可知，移动车轮荷载作用下，面层底部横向剪应变呈单向应变状态，渠化交通车辆荷载条件下，横向剪应变作用下产生的流动变形不断累积。因此，横向剪应变对路面结构的破坏作用较纵向剪应变的破坏作用严重，路面结构动态设计时，应将面层内部最大横向剪应变作为主要控制指标。

4.3.3 车辆速度对半刚性基层沥青路面动力响应的影响

为了考查车辆速度对半刚性基层沥青路面动力响应的影响，进行 9 个速度等级下路面结构动力学分析，车辆速度分别为 10km/h、20km/h、30km/h、40km/h、50km/h、

60km/h、70km/h、80km/h 和 90km/h 等。轴重设置为额定荷载,即单后桥荷载为 100kN,双联轴荷载为 180kN,胎压设置为 0.7MPa。

由第 3 章第 3.2 节分析可知,半刚性基层沥青路面设计时,面层内部最大剪应变和面层底部剪应变适宜作为主要控制指标,面层底部弯拉应变和土基顶部竖向压应变适宜作为校核指标。这里重点讨论面层底部和面层内部剪应变随速度的变化。

考虑到移动车辆对路面结构施加附加动荷载,采用"重型车辆对路面作用动力荷载理论研究"得到的后桥的动载系数,各个工况下的单后桥荷载如表 4-5 所示,双联轴荷载如表 4-6 所示。

单后桥荷载 表 4-5

速度(km/h)	10	20	30	40	50	60	70	80	90
动载系数	0.027 2	0.050 9	0.064 8	0.091 4	0.132 0	0.171 4	0.207 7	0.241 4	0.273 3
动轴重(kN)	102.72	105.09	106.48	109.14	113.20	117.14	120.77	124.14	127.33

双联轴荷载 表 4-6

速度(km/h)	10	20	30	40	50	60	70	80	90
动载系数	0.016 7	0.048 3	0.079 5	0.094 8	0.119 5	0.152 8	0.190 3	0.229 3	0.268 8
动轴重(kN)	183.01	188.69	194.31	197.06	201.51	207.50	214.25	221.27	228.38

图 4-38 ~ 图 4-43 给出了单后桥和双联轴荷载作用下,面层底部及面层内部纵向和横向剪应变分布随车辆速度的变化情况。

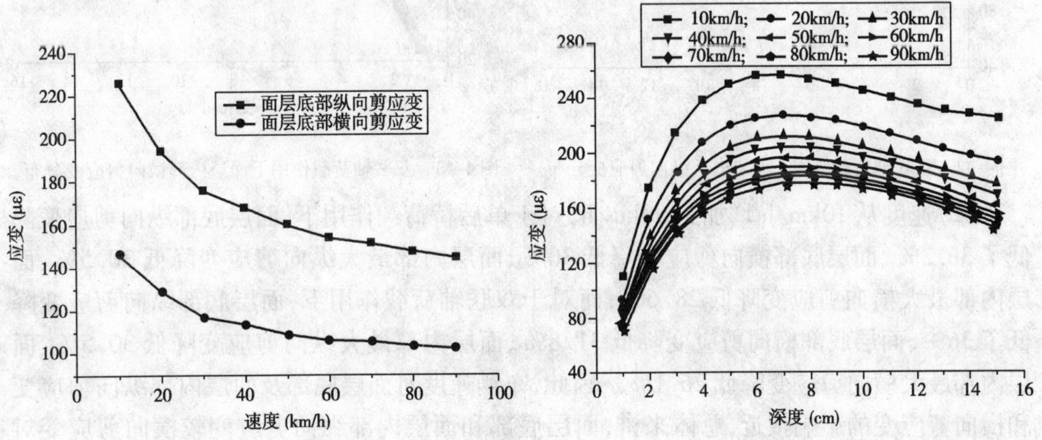

图 4-38 单后桥荷载作用下面层底部剪应变随速度变化　　图 4-39 单后桥荷载作用下面层内部纵向剪应变分布

由图 4-38 ~ 图 4-43 可知:

(1)车辆速度对路面结构动力响应有着一定的影响,随着速度的升高,面层底部纵向剪应变和横向剪应变、面层内部最大纵向剪应变和最大横向剪应变等均随着速度的增加而减小,这符合黏弹性动力学的力学规律。

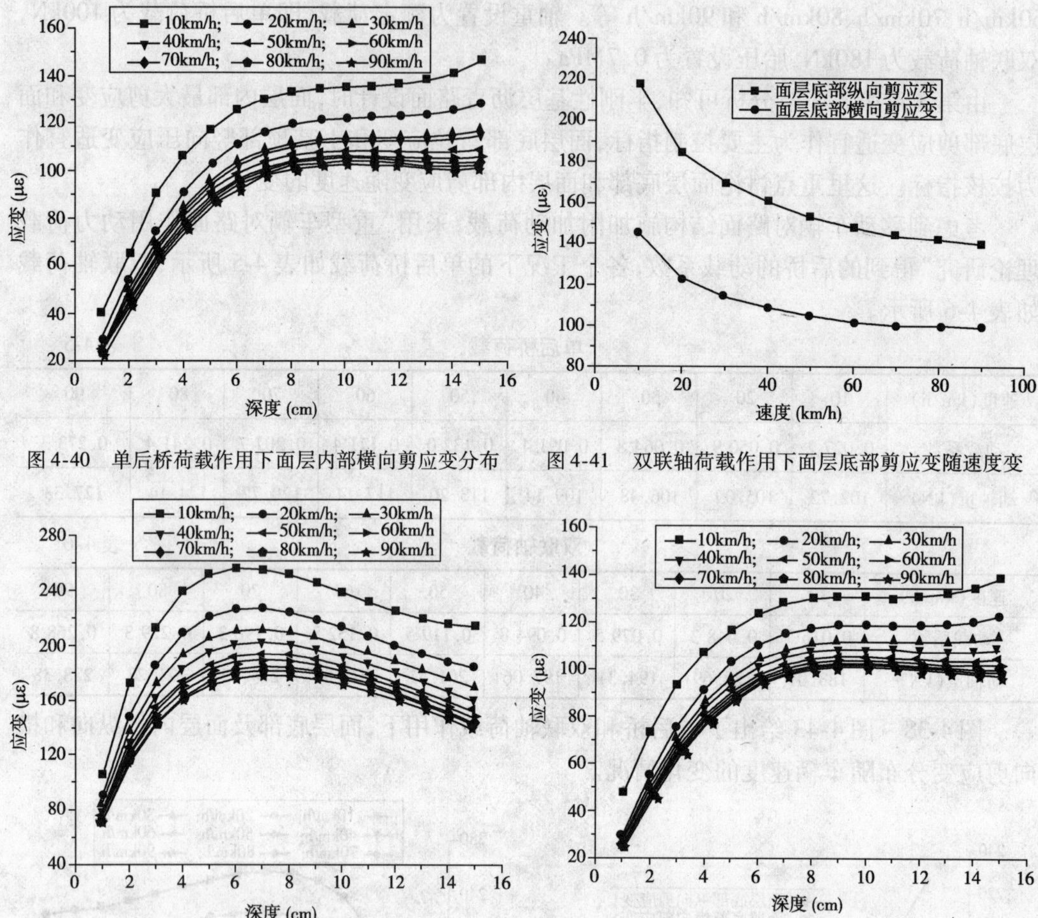

图 4-40　单后桥荷载作用下面层内部横向剪应变分布　　图 4-41　双联轴荷载作用下面层底部剪应变随速度变

图 4-42　双联轴荷载作用下面层内部纵向剪应变分布　　图 4-43　双联轴荷载作用下面层内部横向剪应变分布

(2)速度从 10km/h 增加到 90km/h,对于单后桥荷载作用下,面层底部纵向剪应变降低了 36.2%、面层底部横向剪应变降低 30%、面层内部最大纵向剪应变降低 30.5%、面层内部最大横向剪应变降低 28.6%,而对于双联轴荷载作用下,面层底部纵向剪应变降低了 36%、面层底部横向剪应变降低 31.8%、面层内部最大纵向剪应变降低 30.5%、面层内部最大横向剪应变降低 26.1%。因此,车辆速度对面层底部及面层内部纵向剪应变和横向剪应变的影响接近,总体来讲,面层底部和面层内部纵向剪应变较横向剪应变对车辆速度的敏感性强。

(3)路面结构动力响应与车辆速度呈非线性关系,速度越低,动力响应随速度增加而减小的速度越快。10～40km/h,动力响应随速度变化明显;40～90km/h,变化较小,这与作者进行的野外现场试验的结果吻合。单后桥荷载作用下,车辆速度从 10km/h 增加到 40km/h,速度增加了 30km/h,面层底部纵向剪应变降低了 59.7με,即 25.1%;面层底部横向剪应变降低了 35.5με，即 21.3%；面层内部最大纵向剪应变降低了 55.3με，即 20.5%；面层内部最大横向剪应变降低了 35.5με，即 21.3%。而速度从 40km/h 增加到 90km/h，速度增加了 50km/h，但面层底部纵向剪应变仅降低了 26.3με，即 14.7%；面层底部横向剪应变仅降低了 14.5με，即 11.1%；面层内部最大纵向剪应变仅降低了 27με，即 12.6%；面层内部最大横向剪应变仅降低了 12.1με，即 9.2%。

(4)10km/h 速度下路面结构的动力响应基本能够近似反映静止状态下路面结构的力学行为。实际交通运输中，对于重型运输车辆，根据装载量的不同，车辆速度差异较大，常见重型车辆速度约 50～70km/h，严重超载车辆速度常常在 40km/h 左右。因此，实际交通荷载下路面结构的动力响应较静态荷载下的力学响应小。我国公路沥青路面设计规范中采用静态设计模式进行半刚性基层沥青路面结构设计，从力学角度讲，似乎是偏于保守的，但设计出来的路面结构使用寿命严重不足，原因是多方面的。有施工管理方面的原因，有交通运输管理方面的原因，也有设计方法和设计理念方面的原因。分析认为，从设计方法上讲，主要存在两个方面的问题。首先，由前面分析知道，移动车辆荷载下，半刚性基层沥青路面结构的面层底部和面层内部产生较大的水平剪应变，远大于面层底部的弯拉应变及土基顶部的竖向压应变，而现有设计规范中，在剪应变对路面结构的破坏作用方面考虑得较少，设计指标选择不够合理。其次，试验研究和理论研究结果均表明，移动车辆荷载下，面层底部的弯拉应变既有拉应变，又有压应变，呈拉压应变交替状态，本作者进行了不同应力比下的沥青混凝土疲劳寿命试验，结果发现，拉—压状态下的疲劳寿命及疲劳寿命规律与拉—拉状态下的有严重差异，说明实际交通荷载下，路面结构材料的力学行为及破坏规律与现有设计体系有严重差异。

(5)相同深度位置，速度越低，面层内部纵向剪应变和横向剪应变越大。尤其是深度较大位置，速度对面层内部剪应变有着显著的影响。因此，车辆速度越低，车辆对路面深层的破坏作用越严重。

(6)目前，进行沥青路面动力响应试验的主要试验设备有落槌式弯沉仪(FWD)和加速加载试验设备(AFA)。采用落槌式弯沉仪时，对路面施加冲击荷载，与车辆荷载有较大差异，无法考虑速度对路面动力响应的影响。而采用加速加载设备时，受滑道长度和起升高度的影响，车轮速度一般小于 20km/h，路面结构的动力响应与实际交通荷载下的动力响应也有较大差异。因此，开发合理的、能够良好模拟实际交通荷载的设备是进行路面结构动力响应研究的重要条件。

4.3.4 胎压对半刚性基层沥青路面动力响应的影响

为了考查胎压对半刚性基层沥青路面动力响应的影响，进行 8 个胎压等级下路面结构动力学分析，胎压分别为 0.6MPa、0.7MPa、0.8MPa、0.9MPa、1.0MPa、1.1MPa、1.2MPa 和 1.3MPa。0.6MPa 胎压代表常用欠压工况；0.7MPa 胎压为路面结构设计时的额定胎压；0.8MPa、0.9MPa 和 1.0MPa 胎压代表普通重载车辆常用胎压；1.1MPa 和 1.2MPa 胎压为超载车辆常用胎压;1.3MPa 胎压代表极限胎压。轴重设置为额定荷载,即单后桥荷载为 100kN,双联轴荷载为 180kN。车辆速度设置为 60km/h。

由第 3 章第 3.2 节分析可知,半刚性基层沥青路面设计时,面层内部最大剪应变和面层底部剪应变适宜作为主要控制指标,面层底部弯拉应变和土基顶部竖向压应变适宜作为校核指标。这里重点讨论面层底部和面层内部剪应变随胎压的变化。

考虑到移动车辆对路面结构施加附加动荷载,采用“重型车辆对路面作用动力荷载理论研究”得到的后桥的动载系数,各个工况下的单后桥荷载如表 4-7 所示,双联轴荷载如表 4-8 所示。

单后桥荷载 表 4-7

胎压(MPa)	0.6	0.7	0.8	0.9	1.0	1.1	1.2	1.3
动载系数	0.152 8	0.171 4	0.188 7	0.204 8	0.219 8	0.233 9	0.247 3	0.26
动轴重(kN)	115.28	117.14	118.87	120.48	121.98	123.39	124.73	126.00

双联轴荷载 表 4-8

胎压(MPa)	0.6	0.7	0.8	0.9	1.0	1.1	1.2	1.3
动载系数	0.137 8	0.152 8	0.167 3	0.181 6	0.195 8	0.210 2	0.224 7	0.239 4
动轴重(kN)	204.804	207.504	210.114	212.688	215.244	217.836	220.446	223.092

图 4-44 ~ 图 4-49 给出了单后桥和双联轴荷载作用下,面层底部及面层内部纵向和横向剪应变分布随胎压的变化情况。

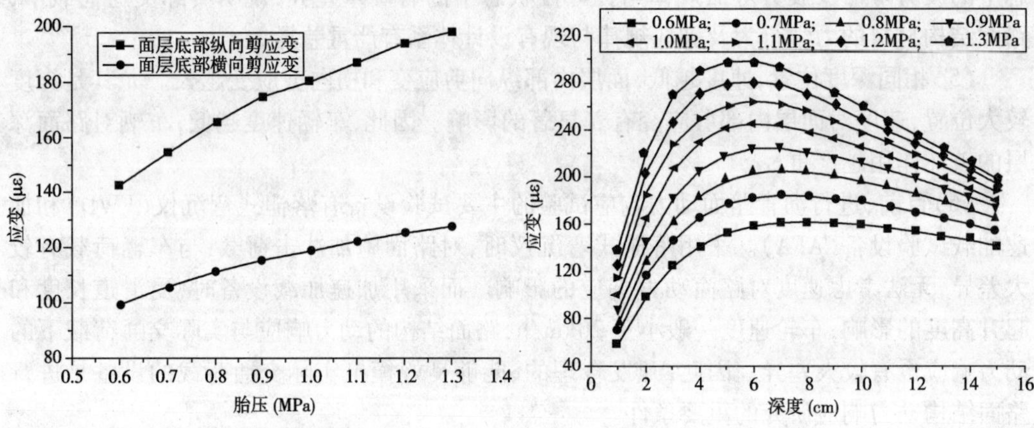

图 4-44 单后桥荷载下面层底部剪应变随胎压变化

图 4-45 单后桥荷载下面层内部纵向剪应变分布

由图 4-44 ~ 图 4-49 可知:

(1)胎压对路面结构动力响应具有显著的影响,相同轴重和车辆速度下,面层底部纵向剪应变与横向剪应变、面层内部最大纵向剪应变与横向剪应变均随着胎压的增加而增加。胎压从 0.6MPa 增加到 1.3MPa,单后桥车辆荷载作用下,面层底部纵向剪应变增加了 39.2%、面层底部横向剪应变增加了 28.4%、面层内部最大纵向剪应变增加了84.5%、面层内部最大横向剪应变增加了 55.1%。

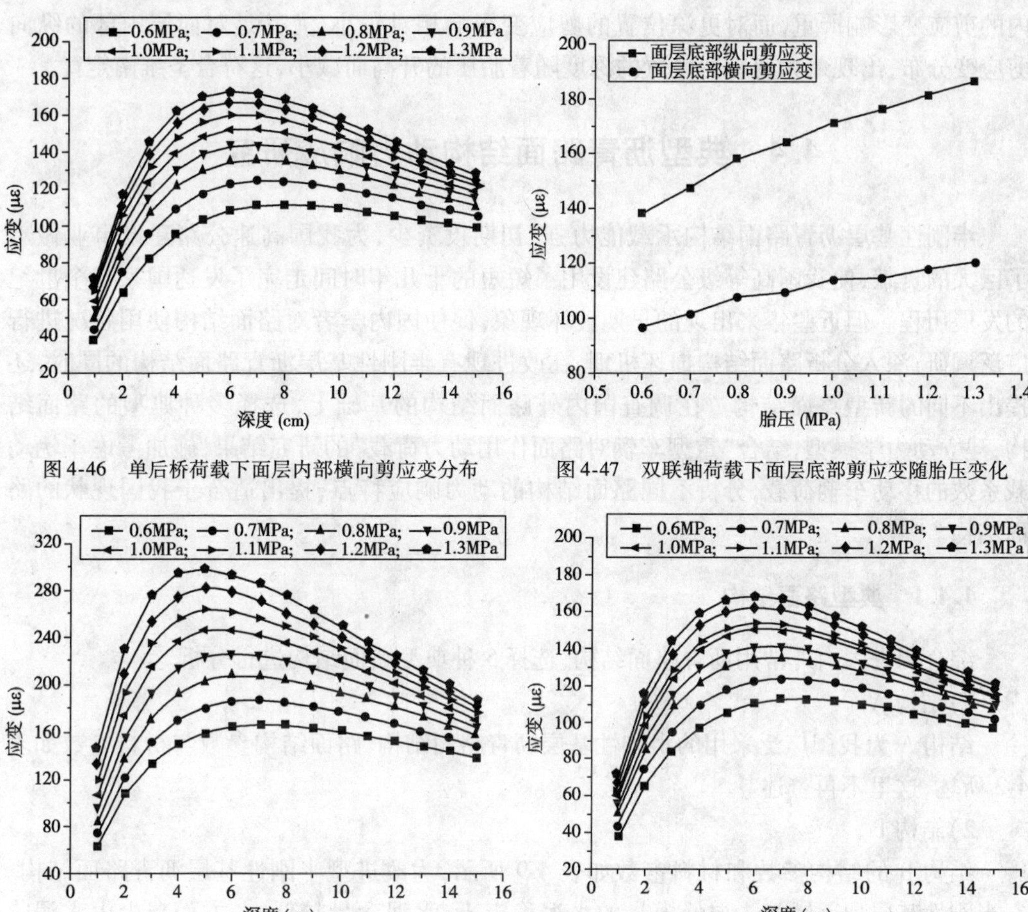

图 4-46　单后桥荷载下面层内部横向剪应变分布

图 4-47　双联轴荷载下面层底部剪应变随胎压变化

图 4-48　双联轴荷载下面层内部纵向剪应变分布

图 4-49　双联轴荷载下面层内部横向剪应变分布

(2)作者在京珠高速河南段进行了胎压现场测试,结果发现,重型运输车辆胎压一般在 1.1 ~ 1.3MPa。提高充气压力,可以减小滚动阻力,既提高了轮胎承载性能,便于超载运输,又节约了燃油消耗,减小运输成本,提高运输效益。但同时也影响了操纵稳定性,易于形成交通事故,还增加了车辆对路面的破坏作用。目前常用的载货汽车轮胎,国家标准 GB 9744—1997 规定其轮胎额定充气压力一般为 0.7MPa 左右,即使重型载重子午线轮胎 14.00R20,最高允许充气压力也仅为 0.84MPa。因此,目前我国交通运输中重型车辆胎压严重超标,胎压超标也同样威胁生命安全和道路使用寿命,在治理超载的同时,也应进一步治理胎压超过 0.7MPa 的超压现象。

(3)不管是单后桥荷载下,还是双联轴荷载下,面层底部纵向剪应变和横向剪应变与胎压变化基本呈线性关系。

(4)与轴重和车辆速度对面层内部剪应变分布的影响不同,胎压对4~8cm深度范围内的剪应变影响严重,而对更深位置的剪应变影响相对较小,尤其是对面层内部的纵向剪应变分布,出现最大剪应变位置的深度随着胎压的升高而减小,这符合圣维南定律。

4.4 典型沥青路面结构动力响应研究

半刚性基层沥青路面结构承载能力强,初期投资少,为我国高速公路建设事业做出了巨大的贡献,使我国高等级公路建设用了短短的十几年时间走完了发达国家半个世纪的发展历程。但近些年来出现的早期破坏现象,促使国内学者对路面结构使用状况进行广泛调研,深入分析路面结构损坏机理,在改进现有半刚性基层沥青路面结构的同时,还提出不同的新型路面结构。在调查国内外路面结构的基础上,选择多种典型的路面结构,建立动力学模型,结合"重型车辆对路面作用动力荷载"的研究结果,施加考虑车辆动载系数的移动车辆荷载,分析不同路面结构的动力响应特点,提出适合于我国现状的路面结构。

4.4.1 典型路面结构

综合调查国内外常用沥青路面结构,选择5种典型路面结构进行分析。

1)结构A

结构A为我国广泛采用的半刚性基层沥青路面结构,路面结构参数与材料参数如表4-2所述,这里不再赘述。

2)结构B

结构B的结构参数和材料参数如表4-9所示,为改进型半刚性基层沥青路面结构。在半刚性基层顶部铺筑一层低模量的水泥稳定土,水泥含量较低,一方面减少由水泥收缩产生的裂纹,进而减少向面层扩展的裂纹条数;另一方面减小面层与基层连接位置的模量梯度,提高变形协调性,减小面层底部的剪应变,保护黏结层。

路面结构B结构参数与材料参数 表4-9

结构层	厚度(cm)	材料	剪切模量0(MPa)	泊松比	黏度(MPa·s)	密度(kg/m^3)
面层	12	AC	V	0.35	V	2 400
基层	17	低模量水泥稳定土	400	0.20	/	2 340
	17	高模量水泥稳定土	540			
底基层	17	高模量水泥稳定土	540	0.20	/	2 340
土基	200	/	36	0.40	1	1 730

注:①"V"指该参数是随着频率变化而变化的,同表4-1中相应参数,下同;

②"/"表示不考虑该项内容,下同。

3)结构 C

结构 C 的结构参数和材料参数如表 4-10 所示,为倒装式沥青路面结构。在沥青混凝土面层与半刚性基层之间布置级配碎石过渡层,既吸收和消减半刚性基层裂缝尖端的应力应变,减少和延缓反射裂缝的产生,还排除由面层渗透到基层的水。

路面结构 C 结构参数与材料参数　　表 4-10

结构层	厚度(cm)	材料	剪切模量(MPa)	泊松比	黏度(MPa·s)	密度(kg/m^3)
面层	20	AC	V	0.35	V	2 400
基层	14	级配碎石	150	0.35	/	2 300
	17	水泥碎石	540	0.20		2 340
底基层	20	水泥稳定砂砾	480	0.20	/	2 340
土基	200	/	36	0.40	1	1 730

4)结构 D

结构 D 的结构参数和材料参数如表 4-11 所示,为典型的柔性基层沥青路面结构。采用级配碎石作为基层,面层厚度相对较厚,厚度为 22cm。

路面结构 D 结构参数与材料参数　　表 4-11

结构层	厚度(cm)	材料	剪切模量(MPa)	泊松比	黏度(MPa·s)	密度(kg/m^3)
面层	22	AC	V	0.35	V	2 400
基层	34	级配碎石	150	0.35	/	2 300
底基层	20	级配碎石	150	0.35	/	2 300
土基	200	/	36	0.40	1	1 730

5)结构 E

结构 E 的结构参数和材料参数如表 4-12 所示,也是一种柔性基层路面结构,与典型柔性基层沥青路面结构 D 相比,在级配碎石基层下面增加了 20cm 的水泥稳定碎石,是一种介于倒装结构与柔性基层结构中的一种结构。

路面结构 E 结构参数与材料参数　　表 4-12

结构层	厚度(cm)	材料	剪切模量(MPa)	泊松比	黏度(MPa·s)	密度(kg/m^3)
面层	12	AC	V	0.35	V	2 400
	14	沥青碎石				
基层	20	级配碎石	150	0.35	/	2 300
底基层	20	水泥稳定碎石	540	0.20	/	2 340
土基	200	/	36	0.40	1	1 730

4.4.2 动力学模型

类似于所建立的典型半刚性基层沥青路面结构动力学模型,沥青混凝土面层材料的动力学参数中,剪切模量和黏度为加载频率的函数,处理方法与4.1.6中处理方法相同。其他材料参数视为定值,如表4-9~表4-12所示。不考虑水泥稳定碎石、水泥稳定砂砾和级配碎石的黏度对路面结构动力响应的影响。

这里依然采用矩形均布荷载模式,采用公路交通运输中重型车辆常用轮胎10.00R20-16PR,轮迹参数同半刚性基层沥青路面动力学模型。为便于比较,这里仅分析单后桥车辆荷载下的动力响应。轴重设置3个等级,分别为100kN、130kN和200kN。车辆速度为60km/h,胎压为0.7MPa。参考"重型车辆对路面作用动力荷载研究"计算结果,取动载系数分别为0.171 4、0.153 4和0.127 3,即动荷载分别为94.827kN、117.14kN和225.46kN。

4.4.3 动力响应分析

1)面层底部纵向弯拉应变(表4-13)

面层底部纵向弯拉应变　　表4-13

轴　重 (t)		10	13	20	备注 (沥青厚度,cm)
结构A	$\varepsilon_{max}(\mu\varepsilon)$	29.4	27.2	11.5	15
	$\varepsilon_{min}(\mu\varepsilon)$	−30.2	−35.8	−45.5	
结构B	$\varepsilon_{max}(\mu\varepsilon)$	61.1	58.9	44.1	12
	$\varepsilon_{min}(\mu\varepsilon)$	−28.5	−32.4	−36.8	
结构C	$\varepsilon_{max}(\mu\varepsilon)$	90.4	103.2	113.8	20
	$\varepsilon_{min}(\mu\varepsilon)$	−36.8	−44.5	−59.3	
结构D	$\varepsilon_{max}(\mu\varepsilon)$	88.0	102.7	120.6	22
	$\varepsilon_{min}(\mu\varepsilon)$	−29.6	−36.3	−50.4	
结构E	$\varepsilon_{max}(\mu\varepsilon)$	68.1	80.8	99	26
	$\varepsilon_{min}(\mu\varepsilon)$	−24.8	−30.6	−42.9	

注:$\varepsilon_{max}(\mu\varepsilon)$——最大拉应变,单位:με,下同;
　$\varepsilon_{min}(\mu\varepsilon)$——最大压应变,单位:με,下同。

由表4-13可知:

(1)对于传统的半刚性基层沥青路面结构结构A及改进型半刚性基层沥青路面结构结构B,随着轴重的增加,纵向弯拉应变中的拉应变反而减小,这与试验结果相吻合,说明对于半刚性基层沥青路面结构,面层底部纵向弯拉应变不能反映轴重对其动力响应的影响。因此,纵向弯拉应变作为评价这两种路面结构动力响应的参数是不合理的。

(2)对于倒装沥青路面结构结构C及两种柔性基层沥青路面结构结构D和结构E，面层底部纵向弯拉应变随着轴重的增加而明显增加。轴重从10t增加到13t，面层底部纵向弯拉应变中的拉应变，对于结构C从90.4με增加到103.2με，增加了14.2%；对于结构D从88.0με增加到102.7με，增加了16.7%；对于结构E从68.1με增加到80.8με，增加了18.6%。因此，这3种路面结构层底纵向弯拉应变能够反映轴重变化对其动力响应的影响，纵向弯拉应变可以作为评价其力学性能的一个指标。

(3)5种路面结构中，弯拉应变最小的为结构A，其次是结构B，两者属于半刚性基层路面，基层刚度较大。倒装结构C与柔性基层结构D较大，10t轴载时，最大拉应变分别为结构A的3.1倍和3倍。虽然结构E的面层底部纵向弯拉应变与结构B的相近，但结构E的面层厚度较结构B的大得多，可以推断，深度相当位置，结构E的纵向弯拉应变要比结构B的大得多。主要原因在于后3种路面结构面层底部结构的刚度较前两种结构的刚度小。因此，基层顶部(或称上基层)的刚度是影响面层底部弯拉应变数值及随轴重变化规律的决定因素。

(4)3个轴重等级下，各种路面结构面层底部的纵向弯拉应变动力响应既包括拉应变，又包括压应变。因此，不管什么样的路面结构，移动车辆荷载下，“沥青胶泥+集料”组成的沥青混合料实际承受着交变应变状态反复作用，沥青胶泥和集料之间的黏结力受到破坏，使得抗拉强度大幅度下降，因此，沥青路面动态设计时，不但要考虑面层底部拉应变的作用，而且要考虑压应变的作用，疲劳寿命试验时应考虑应变比。

(5)表4-14给出3个轴重等级下各种路面结构面层底部纵向弯拉应变的应变比。表中结构A和结构B的应变比随着轴重的增加明显减小，主要原因在于随着轴重的增加，拉应变减小而压应变增大。另外3种路面结构的应变比也随着轴重的增加而减小，说明应变比受轴重影响。该报告中所建立的动力学模型速度为60km/h，可以认为是高速路上重型车辆正常行驶速度。因此，进行疲劳寿命试验时，对于结构A，应变比参考范围为−1～−4；对于结构B，应变比参考范围为−0.5～−0.8；对于结构C，应变比参考范围为−0.4～−0.5；对于结构D，应变比参考范围为−0.3～−0.4；对于结构E，应变比参考范围为−0.36～−0.43。

面层底部纵向弯拉应变比　　表4-14

轴重(t)	10	13	20
结构A	−1.03	−1.32	−3.96
结构B	−0.47	−0.55	−0.83
结构C	−0.41	−0.43	−0.52
结构D	−0.34	−0.35	−0.42
结构E	−0.36	−0.38	−0.43

2）面层底部横向弯拉应变（表4-15）

面层底部横向弯拉应变　　表4-15

轴　重(t)		10	13	20	备　注（沥青厚度，cm）
结构A	$\varepsilon_{max}(\mu\varepsilon)$	27.1	33.1	42.9	15
	$\varepsilon_{min}(\mu\varepsilon)$	-4.1	-5.2	-8.2	
结构B	$\varepsilon_{max}(\mu\varepsilon)$	26.3	29.0	32.3	12
	$\varepsilon_{min}(\mu\varepsilon)$	-5.3	-7.0	-11.9	
结构C	$\varepsilon_{max}(\mu\varepsilon)$	46.5	57.4	80.7	20
	$\varepsilon_{min}(\mu\varepsilon)$	-11.6	-14.9	-22.7	
结构D	$\varepsilon_{max}(\mu\varepsilon)$	48.0	59.8	86.1	22
	$\varepsilon_{min}(\mu\varepsilon)$	-11.1	-14.1	-22.3	
结构E	$\varepsilon_{max}(\mu\varepsilon)$	38.3	48.1	70.3	26
	$\varepsilon_{min}(\mu\varepsilon)$	-10.2	-13.1	-20.3	

由表4-15可知：

（1）不管是拉应变还是压应变，随着轴重的增加，5种路面结构的动力响应都随着增加，因此，面层底部横向弯拉应变能够反映轴重变化对沥青路面动力响应的影响。

（2）对于结构A和结构B，拉应变处于较低水平，即使轴重达到20t时，最大拉应变还远小于永久性路面设计许用值（根据Monismith研究结果，标准荷载下面层底部弯拉应变许用值为60～70$\mu\varepsilon$），而这两种路面结构的使用寿命显然达不到永久性路面使用寿命要求，因此，进行半刚性基层沥青路面设计时，横向弯拉应变只能作为一个参考指标或校核指标，而不能作为主要设计指标。

（3）对于结构C、结构D和结构E 3种路面结构，面层底部弯拉应变处于较高水平，轴重达到13t时，拉应变已接近永久性路面的许用值。因此，面层底部横向弯拉应变可以作为这3种路面结构的主要设计指标。

（4）对比表4-13和表4-15可以发现，相同轴重等级下，后3种路面结构的面层底部纵向弯拉应变大于横向弯拉应变，这与国外试验结果相吻合。一方面说明进行这3种路面结构设计时，应以面层底部纵向弯拉应变作为控制指标；另一方面说明车辆荷载下，沥青路面结构更容易产生横向裂纹（纵向弯拉应变下产生横向裂纹，横向弯拉应变下产生纵向裂纹），这与路况调查结果吻合。

（5）结合表4-13和表4-15，车辆荷载下面层底部呈复合应力状态，进行多轴疲劳试验更能够模拟路面结构的真实状态。表4-16给出3个轴重等级下各种路面结构横向应变比。各种路面结构的横向应变比范围约-0.2～-0.4。

面层底部横向弯拉应变比　　表 4-16

轴重(t)	10	13	20
结构 A	−0.15	−0.16	−0.19
结构 B	−0.20	−0.24	−0.37
结构 C	−0.25	−0.26	−0.28
结构 D	−0.23	−0.24	−0.26
结构 E	−0.27	−0.27	−0.29

3)路基顶部竖向压应变(表 4-17)

路基顶部竖向压应变(με)　　表 4-17

轴重(t)	10	13	20	备注(沥青厚度,cm)
结构 A	23.6	30.0	43.1	15
结构 B	32.3	40.4	58.8	12
结构 C	48.5	61.2	91.1	20
结构 D	171.2	216.5	325.1	22
结构 E	75.9	95.8	143.2	26

由表 4-17 可知:

(1)5 种路面结构的路基顶部竖向压应变均随着轴重的增加而增加,因此,路基顶部压应变能够反映轴重变化对沥青路面动力响应的影响。

(2)除结构 D 外,其他 4 种路面结构路基顶部竖向压应变都较小。由路面结构组成可以发现,结构 4 的垫层为模量较小的级配碎石,其他结构均为模量较高的半刚性材料。因此,垫层的刚度直接影响路基顶部竖向压应变。

(3)10t 轴载下,结构 D 的路基顶部竖向压应变为 171.2με,接近永久路面设计许用值(根据 Monismith 研究结果,标准荷载下路基顶部竖向压应变许用值为 200με),因此,路基顶部竖向压应变应作为结构 D 的设计指标。而对于其他 4 种路面结构,即使轴重达到 20t 时,路基顶部压应变比永久性路面设计许用值相差较远。因此,对于其他 4 种路面结构,路基顶部竖向压应变可以作为校核指标,而不应该作为主要设计指标。

4)路表弯沉(表 4-18)

路 表 弯 沉(mm)　　表 4-18

轴重(t)	10	13	20	备注(沥青厚度,cm)
结构 A	0.119 7	0.144 8	0.194 2	15
结构 B	0.233 5	0.266 5	0.312 0	12
结构 C	0.350 0	0.414 0	0.532 5	20
结构 D	0.466 0	0.561 5	0.761 5	22
结构 E	0.408 5	0.487 0	0.658 0	26

由表 4-18 可知:

(1)5 种路面结构的路表弯沉均随着轴重的增加而增加,因此,路表弯沉能够反映轴重变化对沥青路面动力响应的影响。

(2)相同轴重下,不同路面结构的弯沉差异较大,以 10t 轴重下结构 A 的路表弯沉为基准,结构 B 为结构 A 的 1.95 倍,结构 C 为结构 A 的 2.92 倍,结构 D 为结构 A 的 3.89 倍,结构 E 为结构 A 的 3.41 倍。主要原因在于结构 A 的基层上部为半刚性材料,比其他结构的刚度都大。一方面说明基层的结构组成对沥青路面路表弯沉影响严重,尤其是靠近面层的基层材料模量和厚度,对路表弯沉起决定作用;另一方面说明路表弯沉只能反映路面结构的整体刚度,无法反映路面结构各层的受力状态。

(3)结构 A 为我国广泛使用的半刚性基层沥青路面结构。结构 C、结构 D 和结构 E 为国外使用成熟的长寿命路面结构,使用寿命明显高于结构 A。因此,对于相同的结构组成和材料类型的同一种路面结构,路表弯沉值的大小可以反映出路面结构的抗变形能力,路表弯沉值小的路面结构具有较高的承载能力和较长的使用寿命。但对于不同类型的路面结构,路表弯沉值大的路面结构,其承载能力和使用寿命并不一定比路表弯沉值小的路面结构差。

(4)综上所述,路表弯沉可以作为沥青路面结构设计时的校核指标,而不能作为一个主要设计指标。

5)面层底部纵向剪应变(表 4-19)

面层底部纵向剪应变　　表 4-19

轴　重 (t)		10	13	20	备　注 (沥青厚度,cm)
结构 A	ε_{max}(με)	169.7	194.4	229.3	15
	ε_{min}(με)	−90.2	−108.7	−145.6	
结构 B	ε_{max}(με)	160.7	180.1	201.1	12
	ε_{min}(με)	−92.8	−106.4	−124.1	
结构 C	ε_{max}(με)	75.8	90.5	116.1	20
	ε_{min}(με)	−36.2	−45.2	−63.7	
结构 D	ε_{max}(με)	83.0	100.9	135.5	22
	ε_{min}(με)	−44.0	−55.2	−81.2	
结构 E	ε_{max}(με)	65.2	80.0	110.9	26
	ε_{min}(με)	−36.7	−46.2	−68.9	

由表 4-19 可知:

(1)在数值上,面层底部纵向剪应变有正有负,从动力响应曲线上分析,剪应变先表现为先负后正,呈交变状态。且负向剪应变也比较大。从剪应变对路面结构破坏的角度分析，在数值上表现为正负差异，只是剪应变的方向发生变化，而对路面结构的破坏作用相同。

(2)不管是正向剪应变还是负向剪应变，随着轴重的增加，5 种路面结构的面层底部纵向剪应变都随着增加，因此，面层底部纵向剪应变能够反映轴重变化对沥青路面动力响应的影响。

(3)3 个轴重等级下，路面结构 A 和路面结构 B 面层底部剪应变较结构 C、结构 D 和结构 E 的大得多。10t 轴载下，结构 A 的面层底部纵向剪应变为结构 C 的 2.2 倍，结构 D 的 2 倍，结构 E 的 2.6 倍。该剪应变破坏面层与基层的黏结。众所周知，对于半刚性基层沥青路面，基层密实度很高，沥青很难渗入，面层与基层的黏结强度比较脆弱。沥青渗入级配碎石内相对比较容易，结构 C、结构 D 和结构 E 的面层与基层的黏结强度相对较好。因此，对于半刚性基层沥青路面结构结构 A 和结构 B，容易在较高的循环交变剪应变作用下，面层与基层之间的黏结层遭到破坏，使路面结构从连续状态变为滑动状态。面层失去基层的纵向约束作用后，不仅可以增大纵向弯拉应变，减小疲劳寿命，更容易在纵向弯拉应变的压应变作用下产生壅包等破坏形式。这是半刚性基层沥青路面容易产生早期破坏的一个重要的力学原因。

(4)结构 B 与结构 A 相比，面层底部纵向剪应变稍微减弱，10t 轴载下，结构 B 的纵向剪应变为结构 A 的 94.7%；13t 轴载下，结构 B 的纵向剪应变为结构 A 的 92.6%；20t 轴载下，结构 B 的纵向剪应变为结构 A 的 87.7%，说明结构 B 比结构 A 的适应超载能力强。

(5)结构 B 与结构 A 相比，虽然基层都采用水泥处置材料，但结构 B 基层顶部材料的剪切模量较小，其他 3 种结构的基层顶部材料模量更小，因此，基层顶部材料的模量与厚度对面层底部纵向剪应变起决定作用。减小基层顶部材料的模量是减小面层底部纵向剪应变的有效途径。

(6)综上所述，面层底部纵向剪应变应作为半刚性基层沥青路面的主要设计指标，但对沥青混凝土的抗剪性能以及黏结层在交变剪切作用下的破坏规律，国内外的研究还很少，急需加强这些方面的研究。

(7)对于倒装结构和柔性基层沥青路面结构，面层底部纵向剪切应变相对较小，面层与基层的黏结强度较高，面层底部纵向剪应变可以作为一个校核指标。

6)面层底部横向剪应变(表 4-20)

面层底部横向剪应变　　表 4-20

轴　重 (t)		10	13	20	备　注 (沥青厚度，cm)
结构 A	ε_{max}(με)	130.8	159.6	218.7	15
	ε_{min}(με)	−28.4	−36.1	−55.0	
结构 B	ε_{max}(με)	116.1	135.8	172.5	12
	ε_{min}(με)	−36.7	−47.9	−69.2	

续上表

轴重(t)		10	13	20	备注(沥青厚度,cm)
结构 C	$\varepsilon_{max}(\mu\varepsilon)$	65.7	81.1	114.4	20
	$\varepsilon_{min}(\mu\varepsilon)$	-16.3	-20.8	-32.2	
结构 D	$\varepsilon_{max}(\mu\varepsilon)$	73.5	91.5	131.4	22
	$\varepsilon_{min}(\mu\varepsilon)$	-18.9	-24.0	-37.1	
结构 E	$\varepsilon_{max}(\mu\varepsilon)$	59.5	74.4	108.4	26
	$\varepsilon_{min}(\mu\varepsilon)$	-16.4	-20.9	-32.4	

由表 4-20 可知:

(1)类似于纵向剪切应变,在数值上,面层底部横向剪应变也有正有负,从动力响应曲线上分析,剪应变先表现为先负后正,呈交变状态,且负向剪应变也有一定数值。从剪应变对路面结构破坏的角度分析,横向剪切应变主要破坏面层与基层的横向黏结,正负方向的剪应变对路面结构的破坏作用效果相同。

(2)不管是正向剪应变还是负向剪应变,随着轴重的增加,5 种路面结构的面层底部横向剪应变都随着增加,因此,面层底部横向剪应变能够反映轴重变化对沥青路面动力响应的影响。

(3)对比表 4-19 和表 4-20 发现,相同荷载下,5 种路面结构的面层底部纵向剪应变大于横向剪应变,但数值差异较小。考虑到两个方向的剪应变均起到破坏面层与基层的黏结强度,而且,在两个方面剪应变共同作用下,黏结层更容易遭到破坏。因此,进行路面结构设计时,应考虑两个方向的剪应变同时作用,为便于计算,可以考虑两个方向剪应变大小均为纵向剪应变的大小。

(4)类似于纵向剪切应变,基层顶部材料的模量与厚度对面层底部横向剪应变起决定作用。减小基层顶部材料的模量是减小面层底部横向剪应变的有效途径。

7)面层内部纵向剪应变分布

图 4-50 为 10t 荷载下,5 种结构的面层内部纵向剪应变随深度变化情况。

由图 4-50 可知:

(1)面层内部纵向大应变均发生在深度为 6~8cm 位置,因此,各种路面结构,该位置纵向流动变形最大。

(2)对于结构 A 和结构 B,都属于半刚性基层沥青路面结构,最大纵向剪应变较其他 3 种路面结构的最大纵向剪应变小,但层底纵向剪应变比其他 3 种结构的大得多。因此,对于半刚性基层沥青路面结构,解决面层与基层的黏结强度是关键。

(3)比较结构 A 和结构 B,结构 B 的面层厚度 12cm,结构 A 的面层厚度 15cm,结构 B 的面层厚度相对较小,但结构 B 的面层内部纵向剪应变小于结构 A 的纵向剪应变,尤其是2~8cm深度范围内,结构A的纵向剪应变明显大于结构B的纵向剪应变,因此,改进型半刚性基层路面结构B的抗纵向流动变形能力比结构A强。

(4)比较结构C、结构D和结构E,最大纵向剪应变相近,相差仅6.6%。10cm深度范围内,纵向剪应变差异较小。但深度超过12cm以后,剪应变差异逐渐扩大,倒装结构沥青路面结构C的纵向剪应变最小。

8)面层内部横向剪应变分布

图4-51为10t荷载下,5种结构的面层内部横向剪应变随深度变化情况。

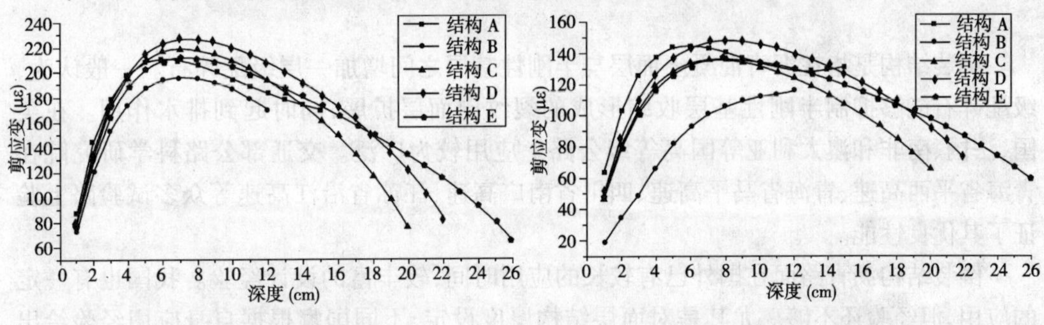

图4-50 面层内部纵向剪应变　　图4-51 面层内部横向剪应变

由图4-51可知:

(1)不同结构的横向剪应变随深度变化差异较大。结构A的横向最大剪应变出现在深度为5cm位置;结构B的横向最大剪应变出现在面层底部(12cm深度位置);其他3种路面结构的最大横向剪应变出现在深度为8cm深度位置。

(2)对于结构A,3~8cm深度范围内,比结构B、结构C和结构E都大,尤其是层底横向剪应变,明显高于其他结构。横向剪应变使沥青混合料发生横向流动变形形成车辙,面层底部的横向剪应变破坏面层与基层的横向黏结,使面层失去基层的水平约束,流动性加大。因此,5种路面结构中,结构A是最容易产生车辙的一种路面结构。

(3)比较结构A和结构B,虽然结构B的面层厚度较结构A薄,但整个面层深度范围内,结构A的横向剪应变明显大于结构B的横向剪应变,因此,改进型半刚性基层路面结构B的抗车辙性能比结构A强。结合面层内部纵向剪应变分析情况,可以判断,结构B是一种能够替代结构A的路面结构,减少基层顶部材料的模量是解决半刚性基层沥青路面过早出现破坏的有利措施。

(4)对于结构B,虽然在1~12cm范围内横向剪应变均小于其他路面结构,但其层底剪应变高于后3种结构。由前叙分析知道,半刚性基层沥青路面的面层与基层之间黏结强度比较弱,容易遭到破坏。一旦结构B的层间黏结层遭到破坏,其沥青混合料的横向流动性较后3种路面结构大,容易形成车辙。因此,改进型的半刚性基层沥青路面结构无法代替倒装结构和柔性基层沥青路面结构。

(5)比较结构C、结构D和结构E,结构C的横向剪应变最小,尤其是深度超过12m,横向剪应变明显小于其他 2 种路面结构。因此,该路面结构是一种较好的抗车辙的路面结构,在国外得到广泛应用。与传统的半刚性基层沥青路面结构 A 相比,倒装结构 C 仅在半刚性基层上面增加一层级配碎石,我国具有一定的施工经验。另外,结构 C 的面层厚度为 20cm,比柔性基层沥青路面的面层厚度小,经济效益好。因此,结构 C 是比较适合于我国高速公路建设的路面结构,是解决严重的路面结构早期破坏问题比较理想的路面结构。

4.5 倒装结构沥青路面结构动力响应研究

倒装结构是指在沥青混凝土面层与半刚性基层之间增加一层级配碎石。一般认为,级配碎石能够抑制半刚性基层收缩形成的裂纹向面层扩展,同时起到排水作用。在美国、法国、南非和澳大利亚等国高等级公路上应用较为广泛。交通部公路科学研究院在青海省平西高速、青海省马平高速、四川省南广高速、江苏省沿江高速等众多试验路上验证了其优良性能。

倒装结构沥青路面在国外已有较长的应用时间,较丰富的设计经验。我国也有一定的应用,但经验还不够。尤其是对面层结构厚度设定,不同国家根据自身应用经验给出一定的范围,如美国认为倒装结构的沥青混凝土面层厚度范围为 18 ~ 50cm,法国认为面层厚度范围为 18 ~ 29cm。

4.5.1 面层厚度对倒装结构动力响应的影响

综合调查国内外常用倒装结构沥青路面,作者选择面层厚度为 18cm、20cm、22cm、24cm、26cm 和 28cm 等 6 种厚度。施加荷载为单后桥荷载,轴重为 10t,速度取 60km/h,胎压取 0. 7MPa。动力学模型中施加矩形均布压力。选用重载车辆普遍使用的双排 11.00 - 20轮胎,轮胎接地宽度 210mm 及轮胎间距 120mm 等参数由野外现场实测得到,接地长度通过计算得到。

路面结构与参数如表 4-21 所示。

路面结构及材料参数　　表 4-21

结构层	厚度(cm)	材料	剪切模量(MPa)	泊松比	黏度(MPa · s)	密度(kg/m^3)
面层	18,20,22,24,26,28	AC	V	0.35	V	2 400
基层	14	级配碎石	150	0.35	1	2 300
	17	水泥碎石	540	0.20		2 340
垫层	20	水泥稳定砂砾	480	0.30	1	2 340
土基	200	/	36	0.40	2	1 730

注:①“V”指该参数是随着频率变化而变化的,同表 4-1 中相应参数;

②“/”表示不考虑该项内容。

作者建立的力学模型为动力学模型，主要动力参数为剪切模量、黏度、泊松比和密度。经大量研究证明，沥青混凝土的剪切模量和黏度受加载频率和温度影响严重。这里，模型中面层材料的剪切模量与黏度的处理方法与4.1.6中处理方法相同。其他材料参数视为定值。基层材料的黏度较小，这里不考虑其影响。

由前面研究结果知道，面层底部弯拉应变和面层内部剪应变及面层底部剪应变适宜作为倒装结构主要设计控制指标，因此，这里仅讨论这些参数随面层厚度的变化。

计算结果如图4-52～图4-55所示。

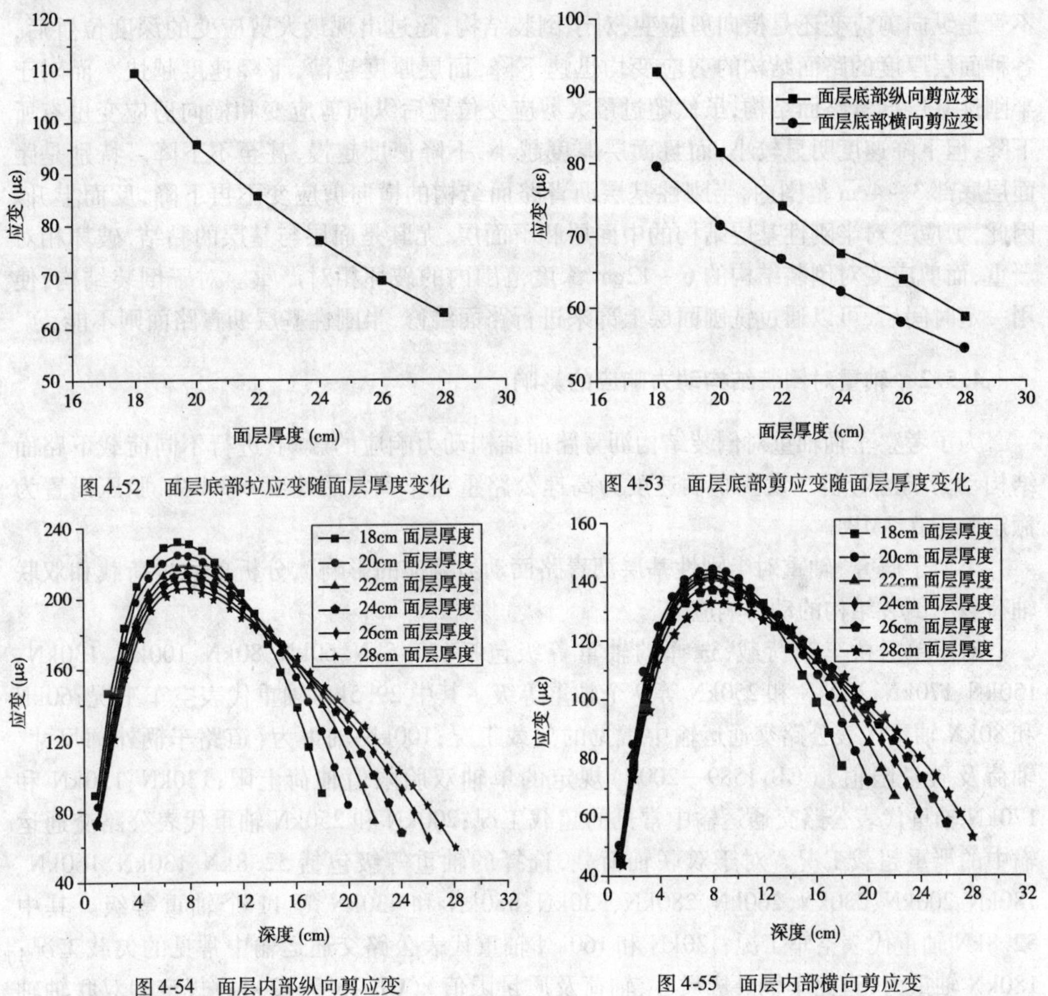

图4-52　面层底部拉应变随面层厚度变化

图4-53　面层底部剪应变随面层厚度变化

图4-54　面层内部纵向剪应变

图4-55　面层内部横向剪应变

由图4-52～图4-55可知：

(1)随着面层厚度的增加，各个动力响应指标均减小，增加面层厚度对延长路面结构使用寿命效果显著。

(2)对于永久性路面结构，Monismith建议HMA层底的弯拉应变应不高于60με，Von

Quintus 认为 HMA 层底的弯拉应变应不高于65με。因此，面层厚度达到28cm 时，面层底部弯拉应变达到62.7με，基本达到永久性路面设计要求。

(3)随着面层厚度的增加，面层内部最大纵向剪应变和横向剪应变都减小，但在数值上差异很小。各个厚度的面层内部较大的纵向剪应变和横向剪应变均出现在 6～12cm 深度范围内，改善该范围沥青混凝土的流动性是提高倒装结构路面使用寿命的关键。

(4)对比倒装结构与半刚性基层沥青路面结构面层内部纵向和横向剪应变分布，倒装结构沥青路面内部剪应变分布与半刚性基层沥青路面内部剪应变的分布差异严重。不管是纵向剪应变还是横向剪应变，对于倒装结构，超过出现最大剪应变的深度位置后，各种面层厚度的路面结构的剪应变均迅速下降，面层厚度越薄，下降速度越快。而对于半刚性基层沥青路面结构，虽然超过最大剪应变位置后纵向剪应变和横向剪应变也有所下降，但下降速度明显较小，而且面层厚度越小，下降速度越慢，甚至不下降。特别是距面层底部 3～4cm 范围内，半刚性基层沥青路面结构的横向剪应变不再下降，反而上升。因此，剪应变对半刚性基层结构的中面层和下面层，尤其是面层与基层的黏结，破坏相对严重，而剪应变对倒装结构的 6～12cm 深度范围内的破坏相对严重。对于倒装结构，使用一定时间后，可以通过铣刨面层上部来进行路面维修，半刚性基层沥青路面则不能。

4.5.2 轴重对倒装结构动力响应的影响

为了考察车辆轴重对倒装结构沥青路面结构动力响应的影响，进行不同荷载下路面结构动力响应分析。设置车辆速度为高速公路重型车辆常用速度 60km/h，胎压设置为额定胎压 0.7MPa。

类似于研究“轴重对半刚性基层沥青路面动力响应的影响”，分析单后桥荷载和双联轴荷载下倒装结构的动力响应。

对于单后桥车辆荷载，选择的轴重等级包括：29.5kN、60kN、80kN、100kN、130kN、150kN、170kN、200kN 和 250kN 等 9 个轴重等级。其中 29.5kN 轴重代表空车工况；60kN 和 80kN 轴重代表公路交通运输中常见的欠载工况；100kN 轴重为《道路车辆外廓尺寸、轴荷及质量限值》(GB 1589—2004)规定的单轴双胎限值轴荷上限；130kN、150kN 和 170kN 轴重代表公路交通运输中常见的超载工况；200kN 和 250kN 轴重代表公路交通运输中的严重超载工况。对于双联轴荷载，选择的轴重等级包括 52.8kN、130kN、160kN、180kN、200kN、230kN、260kN、280kN、330kN、380kN 和 430kN 等 11 个轴重等级。其中 52.8kN 轴重代表空车工况；130kN 和 160kN 轴重代表公路交通运输中常见的欠载工况；180kN 轴重为《道路车辆外廓尺寸、轴荷及质量限值》(GB 1589—2004)规定的双联轴轴距大于 1.3m 小于 1.8m 时的限值轴荷上限；200kN、230kN、260kN 和 280kN 轴重代表公路交通运输中常见的超载工况；330kN、380kN 和 430kN 轴重代表公路交通运输中的严重超载工况。

考虑到移动车辆对路面结构施加附加动荷载，采用“重型车辆对路面作用动力荷载研究”得到的后桥的动载系数，各个工况下的单后桥荷载如表4-22所示，双联轴荷载如表4-23所示。

单后桥荷载　　表4-22

静轴重(kN)	29.5	60.0	80.0	100.0	130.0	150.0	170.0	200.0	250.0
动载系数	0.250 7	0.202 9	0.185 9	0.171 4	0.153 4	0.144 0	0.136 3	0.127 3	0.116 4
动轴重(kN)	36.90	72.17	94.87	117.14	149.94	171.60	193.17	225.46	279.10

双联轴荷载　　表4-23

静轴重(kN)	52.8	130.0	160.0	180.0	200.0	230.0	260.0	280.0	330.0	380.0	430.0
动载系数	0.191 2	0.160 0	0.155 2	0.152 8	0.150 8	0.148 0	0.145 5	0.143 8	0.140 1	0.136 6	0.133 4
动轴重(kN)	62.90	150.80	184.83	207.50	230.16	264.04	297.83	320.26	376.23	431.91	487.36

同样，这里仅讨论面层底部弯拉应变和剪应变及面层内部剪应变分布随轴重的变化。图4-56～图4-61给出各个动力响应参数随单后桥轴重和双联轴轴重的变化。

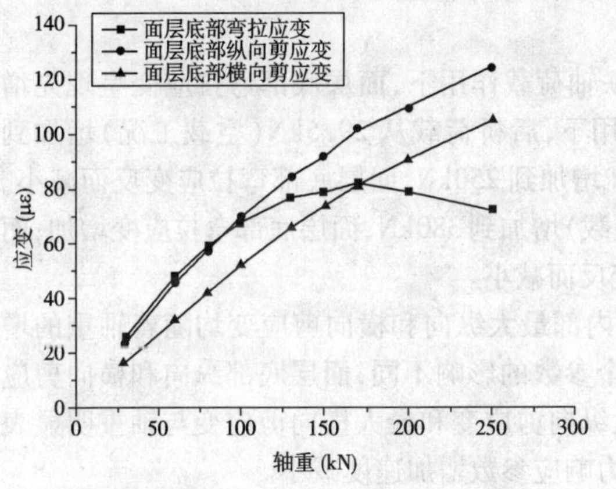

图4-56　单后桥荷载作用下动力响应随轴重变化

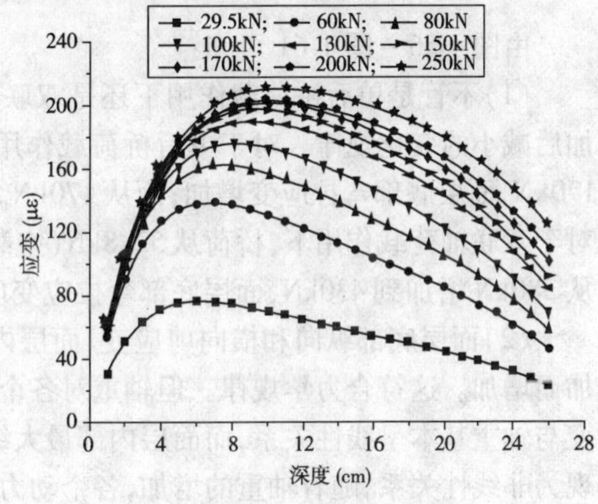

图4-57　单后桥荷载作用下面层内部纵向剪应变分布

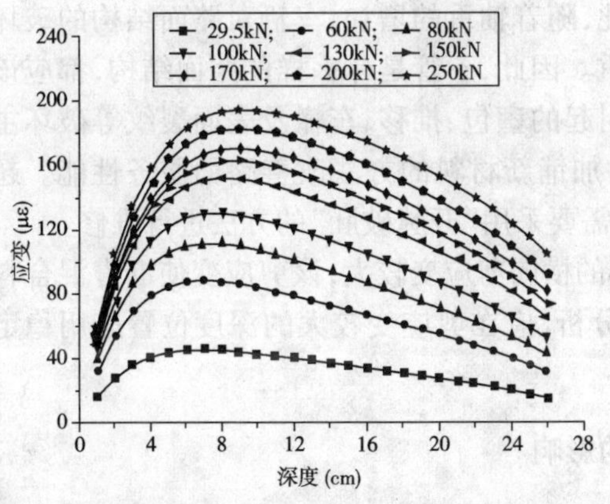

图4-58　单后桥荷载作用下面层内部横向剪应变分布

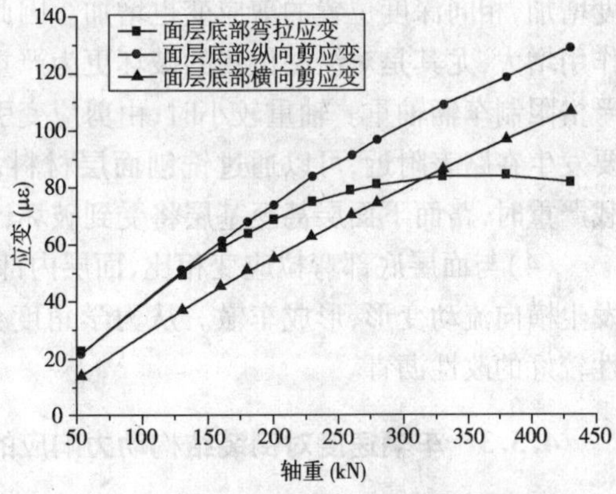

图4-59　双联轴荷载作用下动力响应随轴重变

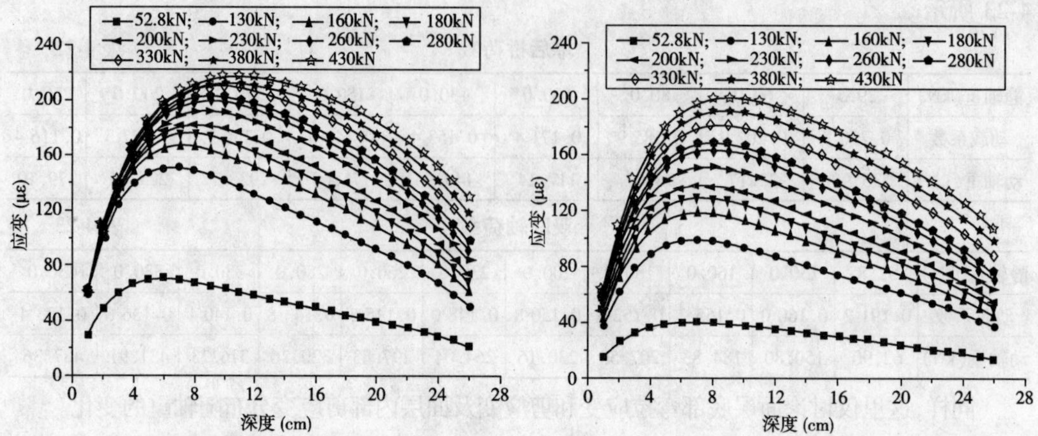

图 4-60　双联轴荷载作用下面层内部纵向剪应变分布　　图 4-61　双联轴荷载作用下面层内部横向剪应变分布

由图 4-56 ~ 图 4-61 可知：

(1)不管是单后桥荷载作用下还是双联轴荷载作用下，面层底部弯拉应变呈现先增加后减小的变化规律。对于单后桥荷载作用下，后桥荷载从 29.5kN(空载工况)增加到 170kN，面层底部弯拉应变增加；而从 170kN 增加到 250kN，面层底部弯拉应变反而减小。对于双联轴荷载作用下，桥荷从 52.8kN(空载)增加到 380kN，面层底部弯拉应变增加；而从 380kN 增加到 430kN，面层底部弯拉应变反而减小。

(2)面层底部纵向和横向剪应变、面层内部最大纵向和横向剪应变均随着轴重的增加而增加。这符合力学规律。但轴重对各个参数的影响不同，面层底部纵向和横向剪应变与轴重基本呈线性关系，而面层内部最大纵向剪应变和最大横向剪应变与轴重明显表现为非线性关系，随着轴重的增加，各个动力响应参数增加速度减小。

(3)不管是面层内部纵向剪应变还是横向剪应变，随着轴重的增加，出现最大值的深度增加，相同深度位置的剪应变也增加。因此，随着轴重的增加，车辆对路面结构的破坏作用增大，尤其是对纵深位置的破坏更为严重。因此，不管是什么样的路面结构，都应该严格限制车辆轴重。轴重较小时，由剪应变引起的壅包、推移、车辙及表面裂纹等破坏主要发生在路表附近，可以通过铣刨面层材料，加铺新材料的方法改善路面服务性能。超载严重时，路面下面层甚至基层将受到破坏，需要采用“开膛破肚”的方法进行维修。

(4)与面层底部弯拉应变相比，面层内部的横向剪应变较大，该剪应变使沥青混合料发生横向流动变形，形成车辙。从力学角度分析，应在剪应变较大的深度位置采用稳定性较好的改性沥青。

4.5.3　车辆速度对倒装结构动力响应的影响

为了考查车辆速度对倒装结构沥青路面动力响应的影响，进行 9 个速度等级下路面结构动力学分析，车辆速度分别为10km/h、20km/h、30km/h、40km/h、50km/h、60km/h、70km/h、80km/h和90km/h。轴重设置为额定荷载，即单后桥荷载为100kN，双联轴荷载为180kN。胎压设置为0.7MPa。

同样，这里仅讨论面层底部弯拉应变和剪应变及面层内部剪应变分布随轴重的变化。

考虑到移动车辆对路面结构施加附加动荷载，采用"重型车辆对路面作用动力荷载研究"得到的后桥的动载系数，各个工况下的单后桥荷载如表4-24所示，双联轴荷载如表4-25所示。

单后桥荷载　　表4-24

速度(km/h)	10	20	30	40	50	60	70	80	90
动载系数	0.027 2	0.050 9	0.064 8	0.091 4	0.132	0.171 4	0.207 7	0.241 4	0.273 3
动轴重(kN)	102.72	105.09	106.48	109.14	113.2	117.14	120.77	124.14	127.33

双联轴荷载　　表4-25

速度(km/h)	10	20	30	40	50	60	70	80	90
动载系数	0.016 7	0.048 3	0.079 5	0.094 8	0.119 5	0.152 8	0.190 3	0.229 3	0.268 8
动轴重(kN)	183.01	188.69	194.31	197.06	201.51	207.50	214.25	221.27	228.38

图4-62～图4-67给出了单后桥轴重和双联轴荷载作用下，各个动力响应参数随车辆速度的变化。

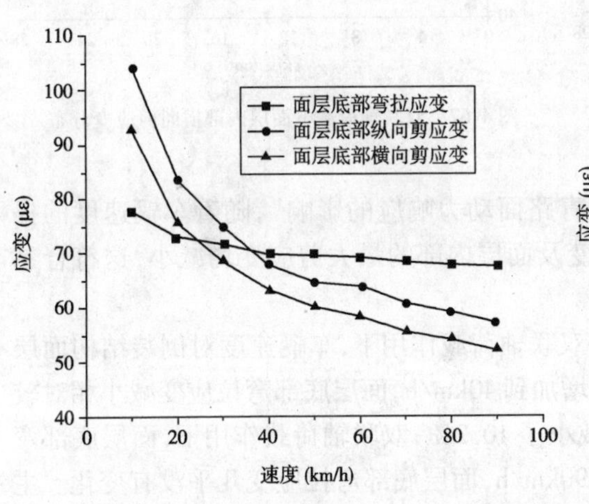

图4-62　单后桥荷载下动力响应随速度变化

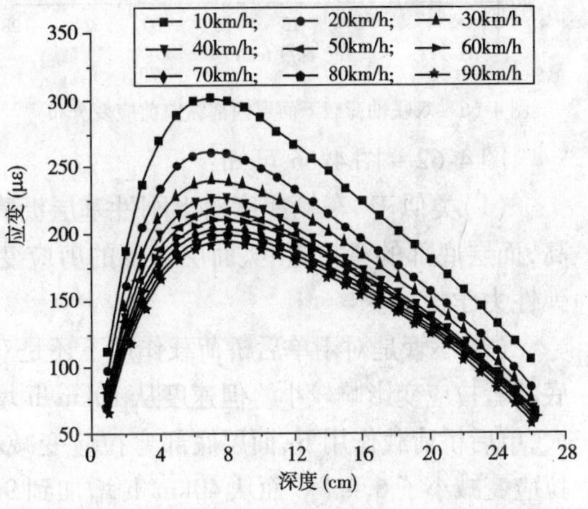

图4-63　单后桥荷载下面层内部纵向剪应变分布

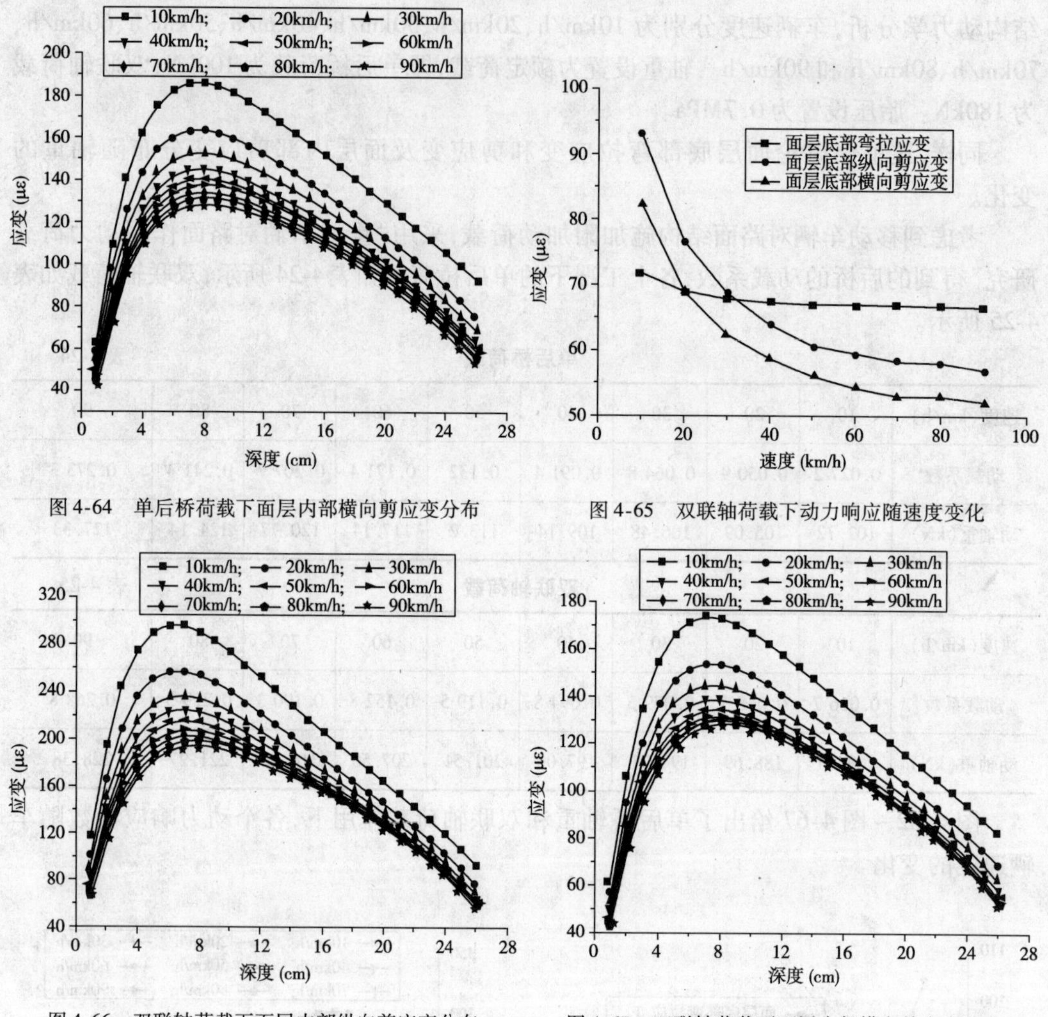

图 4-64 单后桥荷载下面层内部横向剪应变分布

图 4-65 双联轴荷载下动力响应随速度变化

图 4-66 双联轴荷载下面层内部纵向剪应变分布

图 4-67 双联轴荷载下面层内部横向剪应变分布

图 4-62 ~ 图 4-66 可知：

(1)类似于"车辆速度对半刚性基层沥青路面动力响应的影响"，随着车辆速度的提高，面层底部的弯拉应变、面层底部的剪应变及面层内部的最大剪应变均减小，这符合黏弹性力学规律。

(2)不管是对于单后桥荷载作用下还是双联轴荷载作用下，车辆速度对倒装结构面层底部弯拉应变影响较小。但速度从 10km/h 增加到 40km/h，面层底部弯拉应变减小相对较大，单后桥荷载作用下，面层底部弯拉应变减小了 10.2%；双联轴荷载作用下，面层底部弯拉应变减小了 6.4%。而从 40km/h 增加到 90km/h，面层底部弯拉应变几乎没有变化。主要原因在于倒装结构面层厚度达到 26cm，面层厚度较大，面层底部对车辆速度不敏感。

(3)车辆速度从 10km/h 增加到 90km/h，单后桥荷载作用下，面层底部纵向弯拉应变减小了45.2%,面层底部横向弯拉应变减小了43.7%,面层内部最大纵向剪应变减小了35.7%,面层内部最大横向剪应变减小了30.8%。双联轴荷载作用下,面层底部纵向弯拉应变减小了38.8%,面层底部横向弯拉应变减小了36.5%,面层内部最大纵向剪应变减小了34.5%,面层内部最大横向剪应变减小了26.1%。与半刚性基层沥青路面动力响应受速度的影响相比较,相对于半刚性基层沥青路面,速度对倒装结构沥青路面动力响应的影响较弱。

(4)与半刚性基层沥青路面相同,静态荷载下的力学响应较高速运动荷载下路面结构的动力响应大,进行深入分析实际交通荷载下路面结构的力学行为是进行路面结构动态设计的基础。

(5)与半刚性基层沥青路面结构不同,速度对倒装结构面层内部剪应变的影响主要发生在4~12cm深度范围内,该深度范围内纵向剪应变和横向剪应变都较大。而对于半刚性基层沥青路面结构,速度对中面层和下面层的剪应变影响比较严重。

4.5.4 胎压对倒装结构动力响应的影响

为了考查胎压对倒装结构沥青路面动力响应的影响,进行8个胎压等级下路面结构动力学分析,胎压分别为0.6MPa、0.7MPa、0.8MPa、0.9MPa、1.0MPa、1.1MPa、1.2MPa和1.3MPa。0.6MPa胎压代表常用欠压工况;0.7MPa胎压为路面结构设计时的额定胎压;0.8MPa、0.9MPa和1.0MPa胎压代表普通重载车辆常用胎压;1.1MPa和1.2MPa胎压为超载车辆常用胎压;1.3MPa胎压代表极限胎压。轴重设置为额定荷载,即单后桥荷载为100kN,双联轴荷载为180kN。车辆速度设置为60km/h。

同样,这里仅讨论面层底部弯拉应变和剪应变及面层内部剪应变分布随轴重的变化。

考虑到移动车辆对路面结构施加附加动荷载,采用"重型车辆对路面作用动力荷载研究"得到的后桥动载系数,各个工况下的单后桥荷载如表4-26所示,双联轴荷载如表4-27所示。

单后桥荷载 表4-26

胎压(MPa)	0.6	0.7	0.8	0.9	1.0	1.1	1.2	1.3
动载系数	0.152 8	0.171 4	0.188 7	0.204 8	0.219 8	0.233 9	0.247 3	0.26
动轴重(kN)	115.28	117.14	118.87	120.48	121.98	123.39	124.73	126

双联轴荷载 表4-27

胎压(MPa)	0.6	0.7	0.8	0.9	1.0	1.1	1.2	1.3
动载系数	0.137 8	0.152 8	0.167 3	0.181 6	0.195 8	0.210 2	0.224 7	0.239 4
动轴重(kN)	204.804	207.504	210.114	212.688	215.244	217.836	220.446	223.092

图4-68~图4-73给出了单后桥和双联轴荷载作用下,面层底部及面层内部纵向和横向剪应变分布随胎压的变化情况。

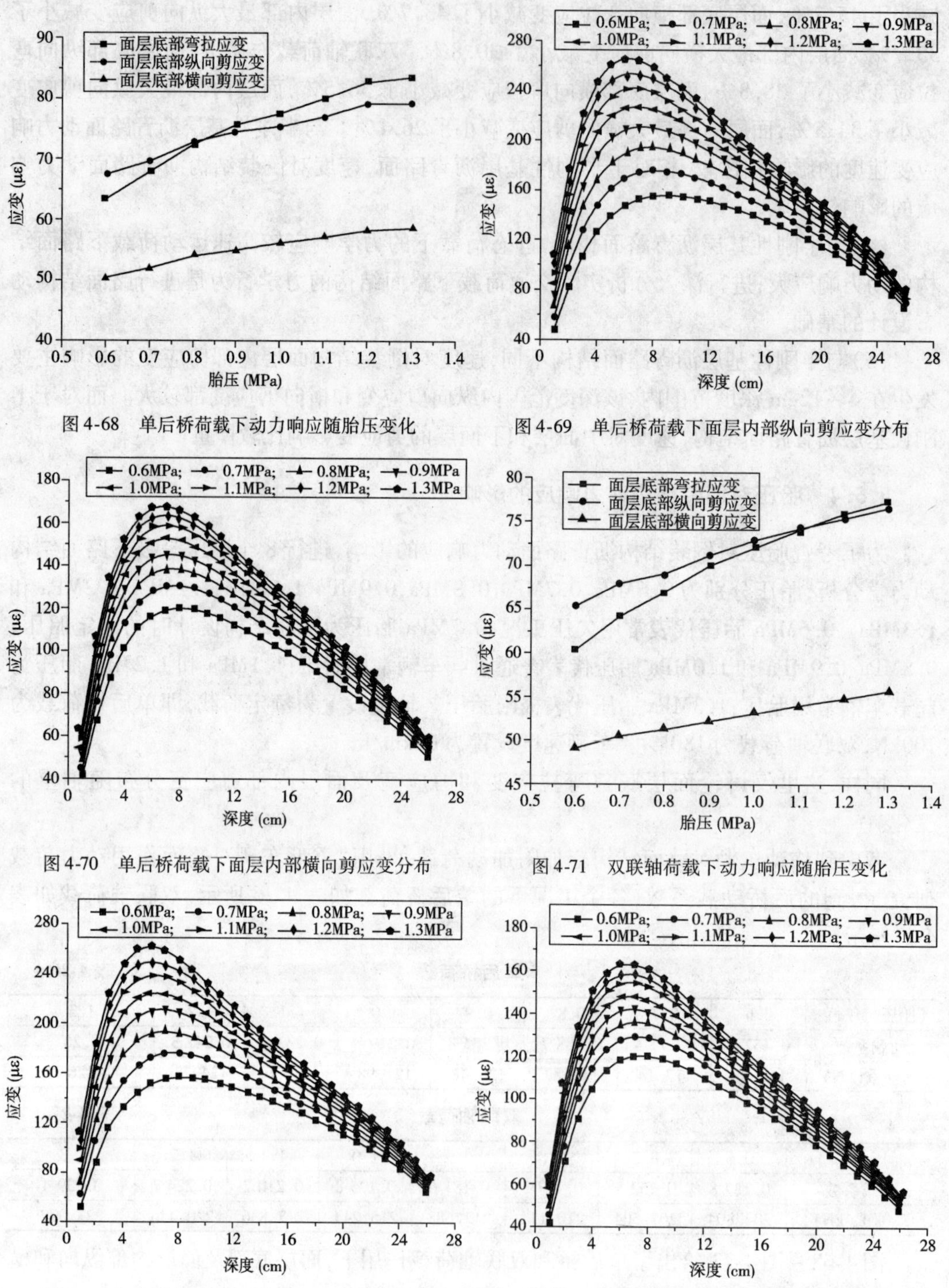

图 4-68 单后桥荷载下动力响应随胎压变化

图 4-69 单后桥荷载下面层内部纵向剪应变分布

图 4-70 单后桥荷载下面层内部横向剪应变分布

图 4-71 双联轴荷载下动力响应随胎压变化

图 4-72 双联轴荷载下面层内部纵向剪应变分布

图 4-73 双联轴荷载下面层内部横向剪应变分布

由图 4-68 ~ 图 4-73 可知：

(1)总体来讲,面层底部弯拉应变、面层底部纵向和横向剪应变、面层内部最大纵向和横向剪应变均随着胎压的增加而增加。说明胎压的增加提高了车辆对路面结构的破坏作用。

(2)不同动力响应参数受胎压影响不同,从 0.6MPa 到 1.3MPa,单后桥荷载作用下,面层底部弯拉应变增加了 32%,面层底部纵向剪应变增加了 17.5%,面层底部横向剪应变增加了 16.3%,而面层内部最大纵向剪应变增加了 69.9%,面层内部最大横向剪应变增加了 40.1%。双联轴荷载作用下,面层底部弯拉应变增加了 28.2%,面层底部纵向剪应变增加了 17.4%,面层底部横向剪应变增加了 13.4%,而面层内部最大纵向剪应变增加了 66.8%,面层内部最大横向剪应变增加了 35.7%。因此,胎压对面层内部最大剪应变影响更严重,尤其是对纵向剪应变影响严重。

(3)随着胎压的升高,面层内部最大剪应变位置向路表方向移动(即向上移动)。不管是单后桥荷载作用下还是双后桥荷载作用下,胎压为 0.6MPa 时,面层内部最大纵向剪应变和横向剪应变均出现在 9cm 深度位置,而胎压为 1.3MPa 时,面层内部最大纵向剪应变和横向剪应变分别出现在 6cm 和 7cm 深度位置。因此,胎压的升高,对路表影响更为严重,对较深位置的影响相对较小。这符合圣维南定律,同时也说明了高压轮胎对路表破坏更严重。

(4)与胎压对半刚性基层沥青路面结构动力响应相比,距离路表越近,受胎压影响越严重,二者相同。但胎压对半刚性基层沥青路面的面层底部剪应变影响更严重,说明半刚性基层沥青路面使用过程中,更应该对胎压进行严格控制。

5 基于解析解的沥青路面动力响应研究

5.1 引 言

路面动力响应的研究一直受到道路从业者和许多学者的重视。早在 1926 年,Timoshenko 就研究了运动点源作用下梁的振动[151],弹性地基上的无限长梁,有限梁在移动载荷作用下的响应,后来由 Kenney[152]、Fryba[153]、Steele[154]、李国豪[155]和叶开沅[156]等人进行了研究,邓学均和孙璐[157,158]则研究了黏弹性地基上的无限长梁在移动载荷作用下的响应。Cebon[159]建立了车辆—道路系统模型,他将沥青路面简化为无限长弹性梁,将地基简化为黏弹性地基,将车辆简化为 1/4 模型,研究车辆通过一个阶跃激扰路面时道路的动力学响应,并进行了试验研究。这些研究都是在黏弹性地基的基础上只考虑了梁或板的弹性,所得规律用来反映水泥混凝土路面是比较合适的。而对于沥青路面,由于沥青层存在着明显的黏滞性,这种黏滞性随着地面温度的增高而增加,对路面动力响应的影响非常明显。因此,对于沥青道路则应考虑沥青层黏性阻尼的影响。本书作者同时考虑了道路基层和面层的黏弹性,将沥青路面简化为作用在 Kelvin 黏弹性地基上具有黏弹性的无限长梁,不仅考虑了沥青路面的弹性,而且考虑了其黏滞性,建立了移动荷载下黏弹性道路动力学模型。利用 Green 函数法、Laplace 变换和 Fourier 变换解得了路面瞬态响应解析解。消除了解析解中阻碍数值计算的因子,对解析解进行了数值计算,利用计算结果研究了在车辆速度、轴载和面层黏性阻尼取不同值时路面响应的变化规律,揭示了这些主要参数对道路动力响应的影响,提出了保护路面、延长道路使用寿命的相应措施。并且根据沥青路面黏滞性高,瞬时点源荷载的动力响应区有限的特点,找到了稳态响应与瞬态响应的关系,由瞬态响应解析解得到了稳态响应近似解析解,并进行了实例计算,最后为研究沥青路面稳态响应提供了一种简便的方法。

5.2 瞬态解析解推导

5.2.1 数学模型

1)沥青路面动力响应数学模型

视沥青路面为作用在 Kelvin 黏弹性地基上的无限长黏弹性梁。图 5-1 为该问题的物理模型,根据弹性理论和 D’Alembert 原理,挠度的控制方程为:

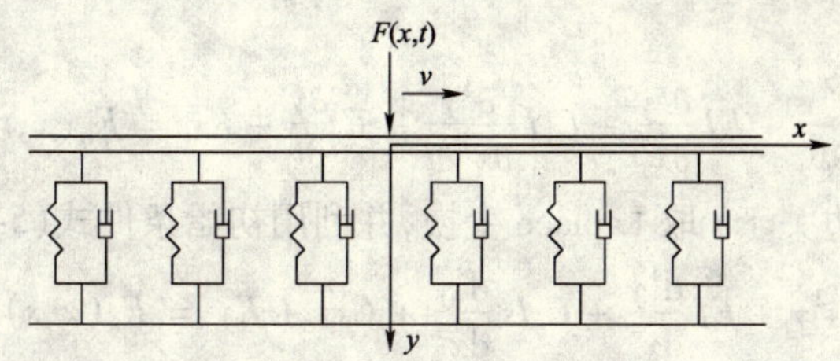

图 5-1 问题的物理模型

$$m\frac{\partial^2 y}{\partial t^2}+EI\frac{\partial^4 y}{\partial x^4}+C_{\mathrm{s}}I\frac{\partial^5 y}{\partial x^4\partial t}+C\frac{\partial y}{\partial t}+Ky=F(x,t) \tag{5-1}$$

对于瞬态响应,初始条件为:

$$y(x,t)\big|_{t=0}=\left.\frac{\partial y(x,t)}{\partial t}\right|_{t=0}=0 \tag{5-2}$$

边界条件为:

$$\lim_{x\to\infty}\frac{\partial^n y(x,t)}{\partial x^n}=0\quad(n=0,1,2,3) \tag{5-3}$$

$$y=y(x,t)$$

式中: y——梁的挠度;

EI——梁的抗弯刚度;

m——梁单位长度质量;

C_{s}——梁的材料应变阻尼系数;

I——梁的抗弯模量;

C——地基的弹性模量;

K——地基的阻尼系数;

$C_{\mathrm{s}}I\dfrac{\partial^5 y}{\partial x^4\partial t}$——梁的黏性阻尼力;

$F(x,t)$——梁上作用的运动荷载。

2)数学模型求解

设 $t=0$ 时刻,一大小为 P 的集中荷载突加于无限梁的坐标原点,此后该荷载沿 x 轴正向移动,称 $t=0$ 时刻单位集中荷载 $F_{\delta}(x,t)=\delta(x)\delta(t)$ 所激发的梁上某点 x_{a} 在某时刻 t 的挠度为 Green 函数,记为 $G(x_{\mathrm{a}},t;0,0)$。设单位荷载的移动速度为 v,则经过 $\tau(0\leqslant\tau\leqslant t)$时间后,荷载已移动到 $v\tau$ 处,记该时刻梁上同一点 x_{a} 在同一时刻 t 的挠度为 $G(x_{\mathrm{a}},t;v\tau,\tau)$。可见,$G(x_{\mathrm{a}},t;v\tau,\tau)=G(x_{\mathrm{a}}-v\tau,t-\tau;0,0)$。根据线形叠加原理,移动集中荷载 P 所引起的梁上任一点 x 在某时刻 t 的挠度可由 $G(x_{\mathrm{a}}-v\tau,t-\tau;0,0)$关于 τ在区间$[0,t]$上的积分得到:

$$y(x,t)=\int_0^t PG(x-v\tau,t-\tau;0,0)\,\mathrm{d}\tau \tag{5-4}$$

讨论方程

$$m\frac{\partial^2 y}{\partial t^2}+EI\frac{\partial^4 y}{\partial x^4}+C_sI\frac{\partial^5 y}{\partial x^4\partial t}+C\frac{\partial y}{\partial t}+Ky=F_\delta(x,t) \tag{5-5}$$

对于式(5-5),两边关于 t 取 Laplace 变换,并利用初始条件式(5-2)可得:

$$ms^2\tilde{y}+EI\frac{\mathrm{d}^4\tilde{y}}{\mathrm{d}x^4}+C_sIs\frac{\mathrm{d}^4\tilde{y}}{\mathrm{d}x^4}+Cs\tilde{y}+K\tilde{y}=F_\delta(x,s) \tag{5-6}$$

利用边界条件式(5-3),对式(5-6)两边关于 x 取 Fourier 变换得:

$$s^2\hat{\tilde{y}}+\frac{1}{m}(EI+C_sIs)\omega^4\hat{\tilde{y}}+\frac{C}{m}s\hat{\tilde{y}}+\frac{K}{m}\hat{\tilde{y}}=\frac{1}{m}F_\delta(\omega,s) \tag{5-7}$$

由式(5-7)得:

$$\hat{\tilde{y}}(\omega,s)=\frac{F_\delta(\omega,s)}{m\left[s^2+\frac{1}{m}(C_sI\omega^4+C)s+\frac{1}{m}(EI\omega^4+K)\right]} \tag{5-8}$$

先对式(5-8)进行 Laplace 反演,根据卷积定理有:

$$\hat{y}(\omega,t)=\frac{1}{m}F_\delta(\omega,t)\times L^{-1}\left[s^2+\frac{1}{m}(C_sI\omega^4+C)s+\frac{1}{m}(EI\omega^4+K)\right]^{-1} \tag{5-9}$$

令 $$g(s)=s^2+\frac{1}{m}(C_sI\omega^4+C)s+\frac{1}{m}(EI\omega^4+K)=(s-r_1)(s-r_2)$$

则有: $$r_1=-\frac{1}{2}\left(\frac{C_sI\omega^4}{m}+\frac{C}{m}\right)+\sqrt{\frac{1}{4}\left(\frac{C_sI\omega^4}{m}+\frac{C}{m}\right)^2-\left(\frac{EI}{m}\omega^4+\frac{K}{m}\right)}$$

$$r_2=-\frac{1}{2}\left(\frac{C_sI\omega^4}{m}+\frac{C}{m}\right)-\sqrt{\frac{1}{4}\left(\frac{C_sI\omega^4}{m}+\frac{C}{m}\right)^2-\left(\frac{EI}{m}\omega^4+\frac{K}{m}\right)}$$

令 $\xi=\dfrac{C}{2m},\eta=\dfrac{C_sI}{2m},\alpha=\eta\omega^4+\xi,\beta=\sqrt{\alpha^2-\dfrac{1}{m}(EI\omega^4+K)}=\sqrt{\psi}$

则有: $$r_1=-\alpha+\beta,\quad r_2=-\alpha-\beta$$

故 $\beta\neq0$ 时,

$$\begin{aligned}L^{-1}\left[\frac{1}{g(s)}\right]&=L^{-1}\left[\frac{1}{(s-r_1)(s-r_2)}\right]=\frac{e^{r_1t}-e^{r_2t}}{r_1-r_2}=\frac{e^{-\alpha t}(e^{\beta t}-e^{-\beta t})}{2\beta}\\&=\frac{1}{\beta}e^{-\alpha t}\mathrm{sh}\beta t\end{aligned} \tag{5-10}$$

$$\beta=0\text{ 时},r_1=r_2=-\alpha,g(s)=(s+\alpha)^2,L^{-1}\left[\frac{1}{g(s)}\right]=\lim_{s\to-\alpha}\frac{\mathrm{d}e^{st}}{\mathrm{d}s}=te^{-\alpha t} \tag{5-11}$$

因 $$F_\delta(\omega,s)=1$$[160]

故 $$F_\delta(\omega,t)=\delta(t) \tag{5-12}$$

将式(5-10)、式(5-12)代入式(5-9)得:

当 $\beta=\sqrt{\psi}\neq0$ 时:

$$\hat{y}(\omega,t) = \frac{1}{m}\int_{-\infty}^{\infty}\delta(\tau)\frac{1}{\beta}e^{-\alpha(t-\tau)}\mathrm{sh}\beta(t-\tau)\mathrm{d}\tau = \frac{1}{m\beta}e^{-\alpha t}\mathrm{sh}\beta t \tag{5-13}$$

且当 $\psi>0$ 时，β 为实数，式(5-13)不变；

当 $\psi<0$ 时，β 为一纯虚数，此时，$\beta=j\sqrt{-\psi}$。

考虑到　　　　　　　　　$\mathrm{sh}jz=j\sin z$，得：

$\psi<0$ 时，式(5-13)可写成：

$$\hat{y}(\omega,t) = \frac{1}{m\sqrt{-\psi}}e^{-\alpha t}\sin\sqrt{-\psi}t \tag{5-14}$$

当 $\beta=0$ 时，将式(5-11)、式(5-12)代入式(5-9)得：

$$\hat{y}(\omega,t) = \frac{1}{m}\int_{-\infty}^{\infty}\delta(\tau)(t-\tau)e^{-\alpha(t-\tau)}\mathrm{d}\tau = \frac{1}{m}te^{-\alpha t} \tag{5-15}$$

对式(5-13)，求 Fourier 逆变换原模型式(5-1)～式(5-3)的 Green 函数：

$$G(x,t) = \frac{1}{2\pi m}\int_{-\infty}^{+\infty}\frac{e^{-\alpha t}\mathrm{sh}\beta t}{\beta}e^{j\omega x}\mathrm{d}\omega$$

因为 $G(x,t)$ 为实函数，$\dfrac{e^{-\alpha t}\mathrm{sh}\beta t}{\beta}$ 为 ω 的偶函数，所以

$$G(x,t) = \frac{1}{\pi m}\int_{0}^{+\infty}\frac{e^{-\alpha t}\mathrm{sh}\beta t}{\beta}\cos\omega x\mathrm{d}\omega \tag{5-16}$$

5.2.2　瞬态响应解析解

对于黏弹性梁上突加的大小为 P 的恒值运动荷载，由式(5-4)、式(5-16)得黏弹性地基上黏弹性梁的瞬态响应解析解：

$$y(x,t) = \frac{P}{\pi m}\int_0^t\int_0^{+\infty}\frac{e^{-\alpha(t-\tau)}\mathrm{sh}\beta(t-\tau)}{\beta}\cos\omega(x-v\tau)\mathrm{d}\omega\mathrm{d}\tau \tag{5-17}$$

因　　$$\beta = \sqrt{(\eta\omega^4+\xi)^2-\frac{EI}{m}\omega^4-\frac{K}{m}} = \sqrt{\eta^2\omega^8+\left(2\eta\xi-\frac{EI}{m}\right)\omega^4+\xi^2-\frac{K}{m}}$$

令　　$$A=2\eta\xi-\frac{EI}{m},B=\xi^2-\frac{K}{m}$$

则　　$$\beta=\sqrt{\left(\eta\omega^4+\frac{A}{2\eta}\right)^2+B-\left(\frac{A}{2\eta}\right)^2}=\sqrt{\psi}$$

令　　$$\psi=0$$

得：　$$\omega^4=-\frac{A}{2\eta^2}\pm\frac{1}{\eta}\sqrt{\left(\frac{A}{2\eta}\right)^2-B} \tag{5-18}$$

记　　$$\gamma_1=-\frac{A}{2\eta^2}-\frac{1}{\eta}\sqrt{\left(\frac{A}{2\eta}\right)^2-B},\gamma_2=-\frac{A}{2\eta^2}+\frac{1}{\eta}\sqrt{\left(\frac{A}{2\eta}\right)^2-B}$$

则式(5-18)的根为：

$$\omega = |\gamma_1|^{\frac{1}{4}}\left(\cos\frac{\varphi_1 + 2k\pi}{4} + j\sin\frac{\varphi_1 + 2k\pi}{4}\right)(k = 0,1,2,3) \tag{5-19a}$$

$$\omega = |\gamma_2|^{\frac{1}{4}}\left(\cos\frac{\varphi_2 + 2k\pi}{4} + j\sin\frac{\varphi_2 + 2k\pi}{4}\right)(k = 0,1,2,3) \tag{5-19b}$$

其中,φ_1、φ_2 分别为 γ_1、γ_2 的幅角主值。根据 ψ 是 ω 的连续偶函数及 $\lim\limits_{\omega\to\infty}\psi = +\infty$,消去 Green 函数中的虚单位后,黏弹性地基上黏弹性梁的动力响应解析解 $y(x,t)$ 被分为下列几种情况:

(1)$\gamma_1 > 0$,$\gamma_2 > 0$ 时,式(5-18)在$(0,+\infty)$上有两个实根 ω_1,ω_2,令:

$$U(\omega,\tau,x,t) = \frac{e^{-(\eta\omega^4+\xi)(t-\tau)}\sin\left[\sqrt{\frac{1}{m}(EI\omega^4 + K) - (\eta\omega^4 + \xi)^2}\,(t-\tau)\right]}{\sqrt{\frac{1}{m}(EI\omega^4 + K) - (\eta\omega^4 + \xi)^2}}\cos\omega(x - v\tau)$$

$$V(\omega,\tau,x,t) = \frac{e^{-(\eta\omega^4+\xi)(t-\tau)}\,\mathrm{sh}\left[\sqrt{(\eta\omega^4 + \xi)^2 - \frac{1}{m}(EI\omega^4 + K)}\,(t-\tau)\right]}{\sqrt{(\eta\omega^4 + \xi)^2 - \frac{1}{m}(EI\omega^4 + K)}}\cos\omega(x - v\tau)$$

则解析解为:

$$y(x,t) = \frac{P}{\pi m}\int_0^t\left[\int_{\omega_1}^{\omega_2}U(\omega,\tau,x,t)\,\mathrm{d}\omega + \int_0^{\omega_1}V(\omega,\tau,x,t)\,\mathrm{d}\omega + \int_{\omega_2}^{+\infty}V(\omega,\tau,x,t)\,\mathrm{d}\omega\right]\mathrm{d}\tau \tag{5-20}$$

(2)$\gamma_1 \leqslant 0$,$\gamma_2 > 0$,式(5-18)在$(0,+\infty]$上有一个实根 ω_0,则解析解为:

$$y(x,t) = \frac{P}{\pi m}\int_0^t\left[\int_0^{\omega_0}U(\omega,\tau,x,t)\,\mathrm{d}\omega + \int_{\omega_0}^{+\infty}V(\omega,\tau,x,t)\,\mathrm{d}\omega\right]\mathrm{d}\tau \tag{5-21}$$

(3)因 γ_1,γ_2 为实数时,$\gamma_1 \leqslant \gamma_2$,故当 $\gamma_2 \leqslant 0$ 或 γ_1,γ_2 为虚数时,式(5-18)在$(0,+\infty]$上无实根,则解析解为:

$$y(x,t) = \frac{P}{\pi m}\int_0^t\int_0^\infty V(\omega,\tau,x,t)\,\mathrm{d}\omega\,\mathrm{d}\tau \tag{5-22}$$

式(5-20)~式(5-22)为移动荷载作用下道路瞬态动力响应解。

5.2.3 稳态响应近似解推导

1)沥青路面稳态响应数学模型

由图 5-1,根据弹性理论和 D'Alembert 原理,沥青路面稳态响应数学模型,即挠度的控制方程仍为方程:

$$m\frac{\partial^2 y}{\partial t^2} + EI\frac{\partial^4 y}{\partial x^4} + C_s I\frac{\partial^5 y}{\partial x^4\partial t} + C\frac{\partial y}{\partial t} + Ky = F(x,t) \tag{5-23}$$

其中各系数含义与式(5-1)中的相同,其边界条件为:

$$\lim_{x\to\infty}\frac{\partial^n y(x,t)}{\partial x^n}=0\quad(n=0,1,2,3)\tag{5-24}$$

及

$$\lim_{t\to\infty}\frac{\partial^n y(x,t)}{\partial t^n}=0\quad(n=0,1)\tag{5-25}$$

2)沥青路面稳态响应近似解析解

对于稳态响应数学模型式(5-23)~式(5-25),若满足零初始条件式(5-2),则可通过求瞬态响应解析解的方法求得 Green 函数 $G(x,t,0,0)$,再由广义 Duhamel 积分得路面稳态响应解析解:

$$y(x,t)=\int_{-\infty}^{t}PG(x-v\tau,t-\tau;0,0)\mathrm{d}\tau$$

但这个零初始条件是难以满足的,于是定解问题式(5-23)~式(5-25)的 Green 函数难以求得。但因为黏弹性道路瞬态和稳态响应挠度的控制方程是一样的,只是定解条件不同,而有阻尼的振动,传递里程是有限的,尤其是沥青路面存在着严重的黏滞性,其动力响应衰减速度快,传递里程更短。所以必会存在 $H>0$,使 $x=0$ 处的加载对 $x>H$ 处无影响。令 $H_0=\inf\{H;x=0$ 处的加载在 $x>H$ 处无影响$\}$,则称 H_0 为沥青路面的瞬时荷载影响上限,称$[0,H_0]$为瞬时荷载影响区。所以梁上 $-\infty$ 处所加的同值运动荷载 P 对 $x=0$ 处的影响与梁上 $-H_0$ 处所加的同值运动荷载对 $x=0$ 处的影响几乎是一样的,我们近似视为相同。所以只要移动荷载离开瞬时荷载影响区$[0,H_0]$,梁的瞬态响应就进入稳态状态。所以沥青路面稳态响应近似解析解在 $x>H_0$ 时:

① $\gamma_1>0,\gamma_2>0$ 时,式(5-18)在$(0,+\infty]$上有两个实根 ω_1,ω_2。

令:
$$U(\omega,\tau,x,t)=\frac{e^{-(\eta\omega^4+\xi)(t-\tau)}\sin\left[\sqrt{\frac{1}{m}(EI\omega^4+K)-(\eta\omega^4+\xi)^2}\,(t-\tau)\right]}{\sqrt{\frac{1}{m}(EI\omega^4+K)-(\eta\omega^4+\xi)^2}}\cos\omega(x-v\tau)$$

$$V(\omega,\tau,x,t)=\frac{e^{-(\eta\omega^4+\xi)(t-\tau)}\,\mathrm{sh}\left[\sqrt{(\eta\omega^4+\xi)^2-\frac{1}{m}(EI\omega^4+K)}\,(t-\tau)\right]}{\sqrt{(\eta\omega^4+\xi)^2-\frac{1}{m}(EI\omega^4+K)}}\cos\omega(x-v\tau)$$

则:

$$y(x,t)=\frac{P}{\pi m}\int_0^t\left[\int_{\omega_1}^{\omega_2}U(\omega,\tau,x,t)\mathrm{d}\omega+\int_0^{\omega_1}V(\omega,\tau,x,t)\mathrm{d}\omega+\int_{\omega_2}^{+\infty}V(\omega,\tau,x,t)\mathrm{d}\omega\right]\mathrm{d}\tau\tag{5-26}$$

② $\gamma_1\leqslant 0,\gamma_2>0$,式(5-18)在$(0,+\infty]$上有一个实根 ω_0。

则:
$$y(x,t)=\frac{P}{\pi m}\int_0^t\left[\int_0^{\omega_0}U(\omega,\tau,x,t)\mathrm{d}\omega+\int_{\omega_0}^{+\infty}V(\omega,\tau,x,t)\mathrm{d}\omega\right]\mathrm{d}\tau\tag{5-27}$$

③因 γ_1、γ_2 为实数时，$\gamma_1 \leqslant \gamma_2$，故当 $\gamma_2 \leqslant 0$ 或 γ_1、γ_2 为虚数时，式(5-18)在$(0, +\infty]$上无实根。

则：

$$y(x,t) = \frac{P}{\pi m}\int_0^t\int_0^\infty V(\omega,\tau,x,t)\,\mathrm{d}\omega\,\mathrm{d}\tau \tag{5-28}$$

5.3 应用实例及说明

5.3.1 沥青路面瞬态响应随各主要参数的变化规律

这里采用 Cebon 所采用的数据[159]：$m = 353\text{Mg/m}$，$EI = 1.38\text{MNm}^2$，$K = 170\text{MN/m}^2$，$C = 1\text{MNs/m}^2$，$P = 49\text{kN}$。取 E = 1.5GPa，则 $I = 9.2 \times 10^{-4}\text{m}^2$。根据 Kelvin 模型，沥青面层黏性阻尼 C_s 的确定式为[44]：$C_s = TE$，其中，T 为达到总滞后应变 63.2% 所需要的时间，简称为滞后时间，它受温度影响很大。所以 C_s 可反映温度和材料性质对路面响应的影响。在实际计算时，可根据路面温度确定滞后时间，再根据对应温度下的弹性模量由 $C_s = TE$ 确定 C_s。

1)车辆速度对沥青路面动力响应的影响

由初始条件可知，$t = 0$ 时路面响应为零，为了求瞬态响应，这里取运动荷载由坐标原点开始运动，计算运动了 $t = 0.1\text{s}$ 时的动态响应。图 5-2 为滞后时间 $T = 5\text{s}$ 时不同运动速度下挠度随时间的变化，图 5-3 为挠度随位移的变化。由图可知，随着车辆速度的减小，路面动力响应在明显提高。这就是长大纵坡路段上坡段经常出现早期破坏和车辙的主要原因。因为在长大纵坡路段上坡段，载货汽车的行驶速度明显低于平面路段，从而导致路面动力响应的显著提高，加大了路面的疲劳损伤和车辙的形成。

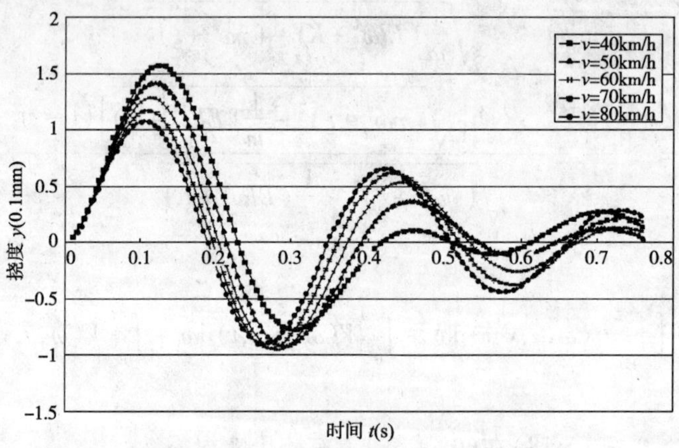

图 5-2 不同速度下挠度随时间的变化

($v = 40 \sim 80\text{km/h}$)

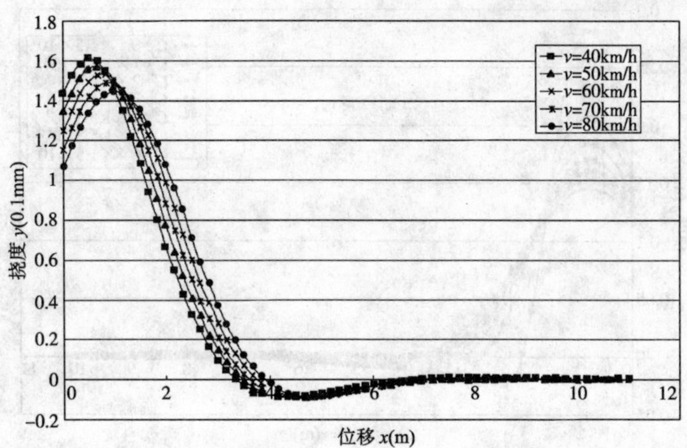

图 5-3　不同速度下挠度随位移的变化

（$v=40\sim80$km/h）

2）轴载对沥青路面动力响应的影响

公式中的 P 实际上反映了车辆轴载对路面作用的大小，这里轴载分别取 $P=49$kN、$2P$ 和 $3P$ 进行路面动力响应计算，计算结果见图 5-4、图 5-5。由图可知：

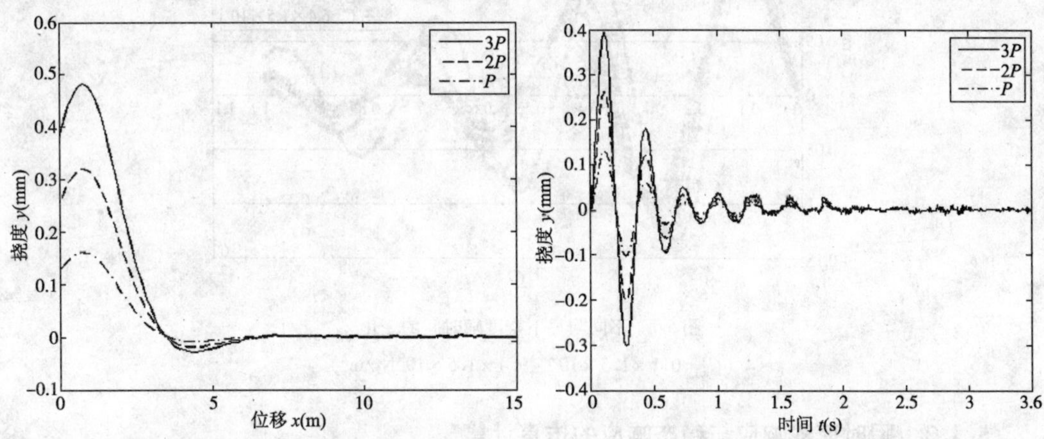

图 5-4　不同轴载时挠度随位移的变化　　图 5-5　不同轴载时挠度随时间的变化

当荷载增加时，动力响应按线性比例增加，而路面疲劳损伤则与路面动应变呈指数关系。因此，超载和重载是加快路面损伤的一个主要因素，高速公路应严格限制超载。

3）沥青面层黏性阻尼对路面动力响应的影响

这里取车辆速度为 $v=60$km/h，黏性阻尼 $C_s=0.1\times1.5\times10^9\sim6.4\times1.5\times10^9\text{Ns/m}^2$，沥青路面响应见图 5-6、图 5-7。由图可知，随着黏性阻尼的增加，路面动力响应在下降，而影响区有所增加。可见，增加沥青面层材料的黏性阻尼可减小路面的振动和损伤。

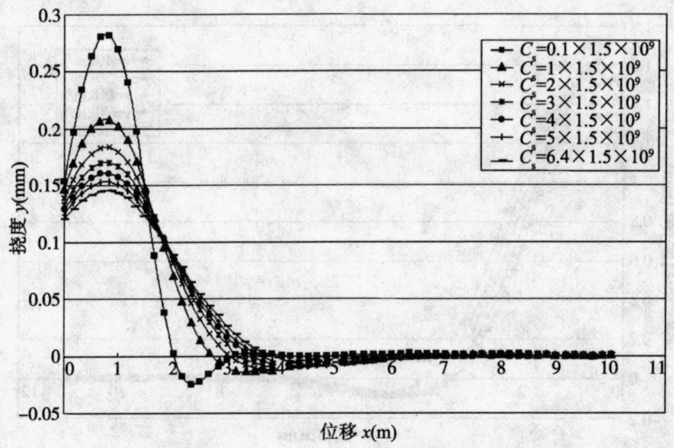

图 5-6　不同阻尼下挠度随位移的变化

（$C_s=0.1\times1.5\times10^9\sim6.4\times1.5\times10^9\mathrm{Ns/m^2}$）

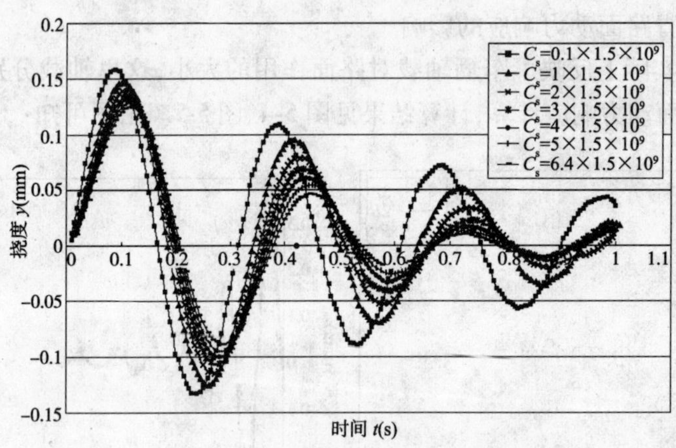

图 5-7　不同阻尼下挠度随时间的变化

（$C_s=0.1\times1.5\times10^9\sim6.4\times1.5\times10^9\mathrm{Ns/m^2}$）

5.3.2　瞬时荷载响应与稳态响应的仿真计算

1）瞬时荷载响应函数 $PG(x,t)$ 随时间 t 的变化规律

Green 函数 $G(x,t)$ 的加载是点源瞬时单位加载，但实际加载时荷载大小为 P，所以瞬时荷载响应函数应为 $PG(x,t)$，这里分别计算 $x=0\mathrm{m}$、$1\mathrm{m}$、$2\mathrm{m}$、$4\mathrm{m}$、$6\mathrm{m}$、$8\mathrm{m}$、$10\mathrm{m}$ 时 $PG(x,t)$ 随时间 t 的变化规律（图 5-8），在各点处的最大振动幅值见表 5-1。计算结果表明，沥青路面在 $x=0$ 处对瞬时荷载 P 的响应最大，但随 t 的增大而迅速减小，在 $x=8\mathrm{m}$ 处最大振幅仅为 0.001 2mm，实际中可将其视为零，即沥青路面的瞬时荷载影响区有限，而且可取瞬时荷载影响上限 $H_0=8\mathrm{m}$。

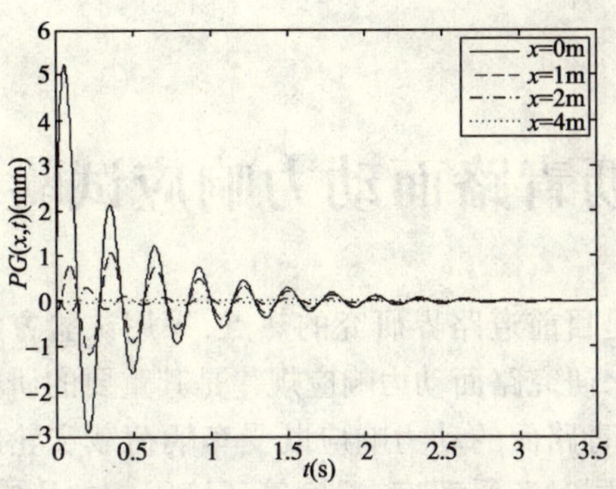

图 5-8　瞬时激扰在各 x 处 Green 函数随 t 的变化规律

$x=0,t=0$ 时的瞬时荷载 P 在各 x 处 Green 函数的最大幅值　　表 5-1

x(m)	0	1	2	4	6	8	10
max(PG)(mm)	5.2	1.1	3×10^{-1}	3.7×10^{-2}	6.8×10^{-3}	1.2×10^{-3}	2.2×10^{-4}

2)稳态响应计算与分析

因为瞬时荷载对 8m 以外几乎没有影响,故取 $H_0=8\text{m}$,当 $x>8\text{m}$ 时,式(5-26)~式(5-28)即为沥青路面稳态响应近似解析解。根据此解,依所给参数,取滞后时间 $T=5\text{s}$,速度 $v=60\text{km/h}$,对 $x=0\text{m}$、15m 和 20m 进行响应计算,图 5-9 为 3 个不同位置处挠度随时间的变化规律。由图 5-9 可以看出:①在运动荷载到达选定位置前 0.3s 时,选定位置处开始有响应,之前响应为零,说明荷载的瞬时影响区选为[0m,8m]是合理的,荷载对 8m 以外的点无影响;② 3 个位置处动力响应基本上是一种平移关系,说明只要离开瞬时荷载影响区[0m,8m],瞬态响应即为稳态响应,这时瞬态响应解析解即为稳态响应的近似解析解。

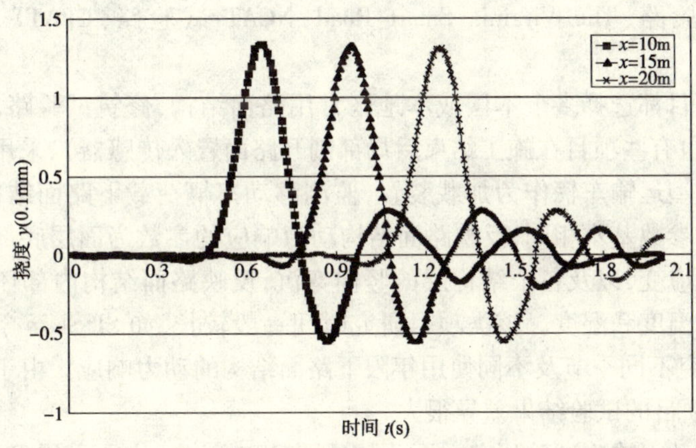

图 5-9　3 个位置处挠度随时间的变化规律

6 沥青路面动力响应试验研究

沥青路面动力响应是目前道路界研究的热点，采用试验方法，通过检测实际交通荷载下沥青路面动力响应来研究路面动力响应规律是其重要的研究手段之一。

实际交通荷载下，沥青路面的动力响应既受车辆荷载和轮胎参数的影响，还受路面结构及材料性能的影响，同时还受温度、湿度等环境因素的影响。虽然经过众多学者的不懈努力，已经建立了多个路面结构动力学模型，考虑了一些影响因素，但与实际路面结构的动力性能还有一定的差距。为了更好地研究路面结构的使用性能，为基于力学—经验设计法提供符合实际情况的寿命模型和参数，许多国家进行了大量的野外现场动力性能试验。

国际上进行路面结构行为研究的研究方法可分为两类。一类为通过对正在使用的道路进行跟踪调查，长期观测路面结构行为的变化，提出各种因素对路面使用性能影响的模型，比较有代表性的研究为 SHRP 研究计划中的 LTPP 研究计划。另一类为进行足尺加速加载试验 APT(Accelerated Pavement Test)，修建不同组成的路面结构，采用加速加载装置，在较短的时间内和一定的控制条件下，反复施加车轮荷载，研究路面使用性能的变化规律。受试验条件的限制，对路面结构行为的研究主要采用测量路表反映(如测量路表裂纹和车辙)和切开路面观测内部变化的方法进行。主要原因在于缺乏使用可靠的用于直接检测路面结构内部动力响应的传感器。采用置入传感器，检测车轮荷载下路面结构内部的动力响应，如应变和弯沉，是近十余年才广泛开展的。比较著名的研究项目有 Mn/Road 试验路、The Virginia Smart Road、NCAT 试验路、CPATT 试验路、HVS、SISSI 等。

各个研究项目都选择多个本国或本地区常用路面结构，修筑试验路，道路结构施工时埋入传感器(也有些项目在施工结束后局部刨开路面置入传感器)，采用加速加载设备或本地区典型重型运输车辆作为加载装置，监测移动车辆荷载下路面结构的动力响应。各个项目检测的参数基本相同，反映路面结构动力响应的参数为面层底部弯拉应变和路基顶部的竖向压应变，以及各个结构层的竖向弯沉，反映路面结构内部环境因素的参数有各个结构层的温度和湿度。该类项目研究时间一般较长，如 SISSI 至今已进行了 6 年的试验[76,77]，研究不同季节及不同使用年限下路面结构的动力响应。由于路面结构组成差异较大，各个项目的试验结果差异很大。

在路面结构动力响应试验研究方面，国内研究相对较少，主要采用 FWD 弯沉仪检测路表弯沉，评价路面结构的动刚度，进而推断各个结构层的动态性能，与国外的研究思想和研究手段存在较大差距。

对于道路结构动响应试验研究,目前的研究手段及研究结果都是间接评价道路动态性能,其评价的合理性和有效性值得商榷。本书作者采用动应变这一直接参数来研究高速重载车辆荷载下道路结构各个结构层的动态响应,但对于道路结构动应变检测设备,目前国内在该领域还是空白。国外研究采用的传感器非常昂贵。作者在深入分析道路结构施工工艺及结构动响应特点,借鉴国外成功经验的基础上,自行研究开发了一套用于道路结构动应变检测的传感器,并进行了室内试验研究和野外现场试验研究及足尺试验研究。

6.1 沥青路面高速公路动应变传感器设计

6.1.1 传感器设计中应考虑的问题

(1)传感器结构不能影响道路使用性能。由于道路结构属于层状体系,尤其是面层结构,结构层的厚度比较小。因此,传感器结构应该比较小,特别是路面厚度方向尺寸小。

(2)传感器灵敏度要高。根据美国和加拿大工作者研究成果分析,道路结构最大工作动应变为 90 ~ 120$\mu\varepsilon$[68-77](重载车辆下),应变值比较小,因此灵敏度系数要求比较高。

(3)传感器弹性元件刚度比较小。传感器放入道路中,跟随道路结构一起变形,属于强制变形。如果弹性元件刚度太大,增加检测位置的刚度,使得检测结果不准确。

(4)成活率高。根据道路动态检测试验经验知道,放入道路中的传感器成活率都非常低,主要是施工过程中大吨位压路机把传感器给压坏了,而且道路材料中粒料对传感器挤压也使得传感器发生严重破坏。

(5)抗干扰能力强。野外道路现场试验时,由于现场条件比较恶劣,影响因素比较多,因此要求传感器抗干扰能力强。主要干扰因素是温度。

(6)安装方便。如果在道路施工完成后安装传感器,可以提高传感器成活率。但是需要破坏道路结构,不但使得成本很高,而且对道路质量影响很大。因此,传感器应该在施工过程中安装。

(7)价格便宜。沥青路面动力响应影响因素繁多,结构层也较多,需要大量传感器研究路面结构动力响应规律。

(8)传感器能够耐高温。道路施工时,沥青混凝土温度常常达到 180℃以上,温度比较高。因此,要求传感器具有耐高温性能。

6.1.2 传感器设计

综合考虑以上约束条件。传感器结构如图 6-1 所示。

该应变传感器由尼龙棒、端杆、套管、端盖、应变片以及螺母组成。根据实测车辆轮迹参数,货车轮迹约 200mm × 260mm。为了能够检测到最大动应变值,传感器总体结构尺寸应小于轮迹尺寸。但考虑到道路结构的复杂性,如果传感器过小,只能检测某一点的应变值,数据离散性较大,也没有工程意义。综合考虑,传感器总体尺寸设计为100mm×150mm。实际使用时,把该传感器放置到检测位置,黏结在沥青混合料中。

图6-1 传感器

6.1.3 室内试验检验

为了检验所开发的传感器性能是否满足野外现场路面结构动态响应试验研究要求,进行了室内试验验证。

1)试样制作

参考沥青混合料车辙试验的试验规范,在HYCX-1型车辙试样成型机上制作沥青混凝土试样。试样尺寸为300mm×300mm×50mm,碾压线压力300N/cm,沥青混合料成型温度达到160℃。共制作4个试样。

制作试样时,先把传感器放置在试模中,调整位置,保证尼龙棒方向与试模一个边缘平行。在导线上套一根尼龙套管,既可防止热沥青料把导线烧坏,又可提高导线的抗剪切能力。

制作好的试块在室内放置1星期进行时效处理,然后进行静动态试验。

2)柔性体系动态响应试验

为了模拟沥青路面多层弹性体系结构,把两个试样上下叠放在一起。采用两种试验状态研究多层柔性体系的动态响应:第一种试验状态把试样放置在刚性地面上,如图6-2所示,用来模拟刚度无限大地基的路面结构;第二种试验状态把试样放置在弹性支座上,如图6-3所示,用来模拟刚度相对较小地基的路面结构。试验在室内进行,试验时室内温度为28℃,可以反映常温下沥青混凝土的力学状态。

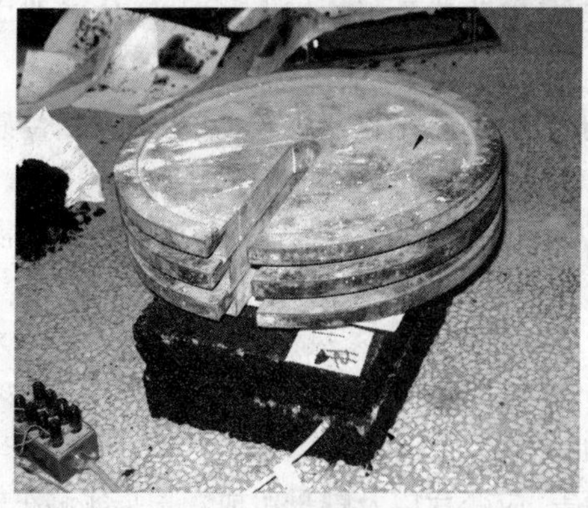

图6-2 刚性基础

图6-3 柔性基础

我国广泛采用半刚性基层沥青路面结构,基层采用水泥稳定材料,材料模量一般为 1 000 ~ 1 500MPa,可以用本试验中刚性基础结构的动力响应近似反映其力学状态。美国等发达国家高速公路沥青路面结构一般采用柔性基础或全厚式路面结构,基层刚度较小,可以用本试验中柔性基础结构的动力响应近似反映其力学状态。

试验中采用两种加载方案。第一种加载方案是把 60kg 标准砝码施加到试件上,数据采集结束后取下砝码,用来模拟阶跃荷载作用。数据采样频率为 512Hz,采样时间 128s。第二种加载方案是把 60kg 标准砝码施加到试件上,然后立即取下砝码,用来模拟脉冲荷载作用。数据采样频率为 1024Hz,采样时间 64s。

图 6-4 为刚性基础多层弹性体系阶跃荷载下动应变响应曲线。上层试样下表面最大应变 224με,30s 后基本稳定。下层试样下表面最大应变 126με,上升速度缓慢。上层的动态响应比下层大。

图 6-5 为柔性基础多层弹性体系阶跃荷载下动应变响应曲线。上层试样下表面最大应变 223με,38s 后基本稳定。下层试样下表面最大应变 288με。下层的动态响应比上层大。

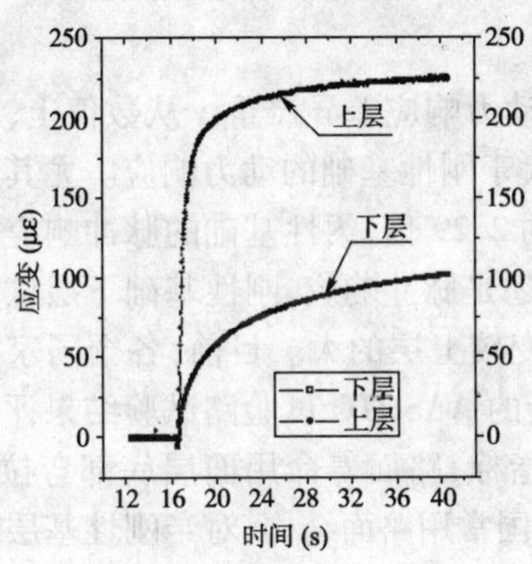

图 6-4 刚性基础阶跃荷载动响应

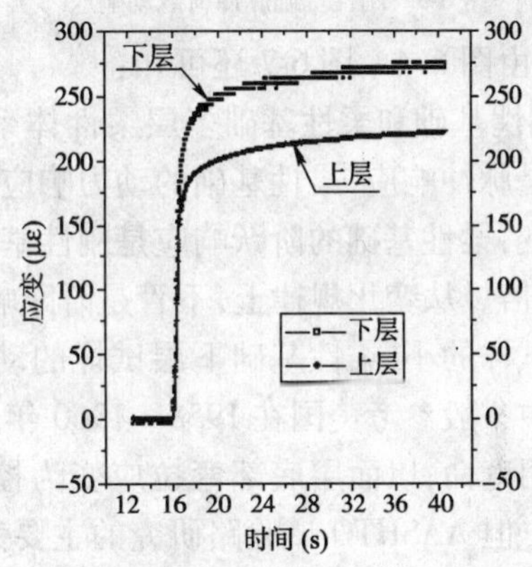

图 6-5 柔性基础阶跃荷载动响应

由图 6-4 和图 6-5 可知,从动应变数值方面分析,基础刚度对上层影响不大,对下层影响较大,刚性基础的动态响应远小于柔性基础的动态响应。由此可知,柔性路面基层及稳定层刚度对下面层寿命影响较大。

同时,由图 6-4 和图 6-5 还可知,四条曲线全部是上升曲线,没有发生周期振荡现象,说明沥青混凝土试样处于过阻尼状态,阻尼比大于 0.7。

图 6-6 为刚性基础多层弹性体系脉冲荷载下动应变响应曲线。上层试样下表面最大应变 79με,下层试样下表面最大应变 25με。上层的动态响应明显比下层大。

图 6-7 为柔性基础多层弹性体系脉冲荷载下动应变响应曲线。上层试样下表面最大应变 124με,下层试样下表面最大应变 182με。下层的动态响应比上层大。

同时，由图 6-6 和图 6-7 可知，柔性基础沥青混凝土弹性体系在脉冲荷载下的动态响应远比刚性基础的大。而且，对于柔性基础，上层动响应比下层小约 32%。而对于刚性基础，下层响应却比上层小 68%。因此，柔性路面路基及基层刚度严重影响面层脉冲荷载下的动态响应数值大小及变化规律。刚度越大，面层动响应越小，下面层比上面层减小得更快。实际道路路基及基层刚度是决定面层寿命的重要因素。

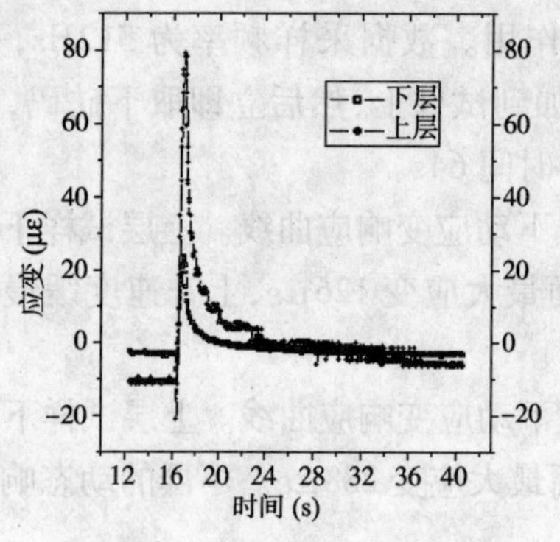

图 6-6　刚性基础脉冲荷载动响应

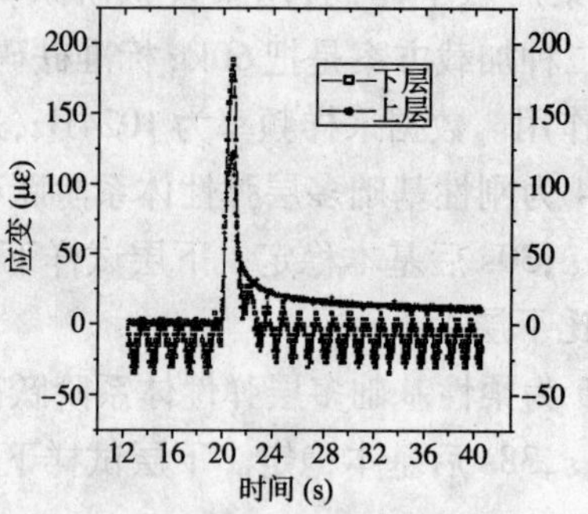

图 6-7　柔性基础脉冲荷载动响应

另外，由图 6-4 ~ 图 6-7 还可知：

(1)刚性基础和柔性基础多层柔性体系的动力响应差异严重。从数值上，不管是阶跃响应还是脉冲响应，柔性基础的动力响应均大于刚性基础的动力响应。尤其是下层试样的动应变，柔性基础的阶跃响应是刚性基础的 2.29 倍，柔性基础的脉冲响应是刚性基础的 7.28 倍。从变化规律上，不管是阶跃响应还是脉冲响应，刚性基础下层试样的动应变较上层试样的小，柔性基础下层试样的动应变较上层的大。目前，各个国家沥青路面设计规范中一般参考美国在 1958 ~ 1960 年进行的 AASHTO 试验路试验结果评价沥青路面结构使用寿命，以面层底部弯拉应变为控制指标，路面寿命用面层底部弯拉应变的 4 次方反应。但 AASHTO 试验路研究的主要为美国常用路面结构，对半刚性基层结构研究得较少。而从本文试验结果可知，如果采用 AASHTO 路面寿命评价方法，半刚性基层沥青路面结构的使用寿命比柔性基层结构的使用寿命长得多。而实践证明，我国采用的半刚性基层沥青路面使用寿命严重不足，有些路段在通车 1 ~ 2 年就出现严重的结构性破坏[2-5]，与国外路面结构使用寿命差异较大。因此，AASHTO 试验路试验结果不能反映我国路面结构的力学规律，不能简单地借用国外研究结果推断我国路面结构的力学性能，应深入研究我国的路面结构，为我国路面结构设计和养护提供理论依据。

(2)对于阶跃响应，四条曲线全部是上升曲线，没有发生周期振荡现象，说明沥青混凝土试样阻尼较大，处于过阻尼状态。阻尼对路面结构动力响应产生重要的影响，施加在路面结构上的荷载为瞬时荷载，阻尼不仅能使路面结构的动力响应滞后于车辆荷载，而且对其动力响应数值大小产生重要影响。进行沥青路面结构设计或结构强度分析时，应考虑到阻尼对其结构力学性能的影响。

(3)比较脉冲荷载下的动力响应和阶跃荷载下的动力响应,脉冲荷载下层状体系的动力响应明显比阶跃荷载下的小。尤其是对于刚性基础结构,上层阶跃荷载响应是脉冲响应的2.84倍,下层阶跃响应是脉冲响应的5.04倍。主要原因在于沥青混凝土试样阻尼较大,处于过阻尼状态,这符合黏弹性力学规律。阶跃信号下的稳态响应可认为是静态荷载下的响应,脉冲信号下的动力响应反映了瞬态冲击荷载作用下的力学规律。实际交通荷载下,如果考察某一确定位置的路面结构动力响应,可以将车辆对路面的作用近似认为是一瞬态冲击荷载。由此可知,静态荷载设计模式无法反映实际交通荷载下路面结构的力学状态,进行沥青路面动力响应分析和动态设计时,应充分考虑阻尼的作用。另外,可以推测,车辆速度对路面结构动力响应有严重影响,车辆速度越低,脉冲宽度越大,路面结构动力响应越大。

(4)由上述分析结果可知,静态荷载下沥青路面结构的力学响应比动态荷载下的力学响应大,但实际道路结构设计时均采用静态设计模式,而现有的路面结构出现严重的、普遍的使用寿命不足现象,原因之一在于路面结构的静态破坏模式与动态破坏模式具有严重的差异。

(5)两种基础的上层试样的动力响应差异相对较小,下层试样的动力响应差异相对较大。脉冲荷载下,柔性基础上层试样的动力响应是刚性基础的1.57倍,柔性基础下层试样的动力响应是刚性基础的7.28倍。说明基层和路基的刚度对沥青路面动力响应有着严重的影响,如果以面层底部弯拉应变为衡量寿命的评价指标,增加基层和路基的刚度,可以延长路面结构使用寿命。

(6)所设计的传感器能够承受压路机强大的碾压及沥青混合料的剪切作用,能够承受实际施工时的高温作用。制作试样时,HYCX-1型车辙试样成型机的碾压荷载与实际施工时的碾压荷载是相同的,成型后的试样的压实度与实际道路的压实度也是相当的。沥青混合料的温度与实际道路施工时的温度相差不多。

(7)该传感器的传递特性能够适应路面结构动力响应试验要求。不管是冲击荷载动力响应还是阶跃荷载动力响应,不管是刚性基础试样响应还是柔性基础试样响应,其响应规律与力学规律吻合。

6.1.4 野外试验检验

所研究开发的传感器在西宝高速公路大修工程中进行应用。在该试验段中选择3个断面,共布置76个传感器,成活率达73%。图6-8为传感器埋设现场。传感器埋设时,不影响道路施工正常作业,保证检测点结构性能能够体现整个道路性能。

图6-8 传感器埋设现场

为节约篇幅,这里仅以上面层一个测试点为

例介绍。该测点在双后桥轴重为14t车辆、车速为70km/h时的动态响应如图6-9所示。

从图6-9可知,该传感器比较灵敏,抗噪声能力强,可满足野外道路结构动态响应检测要求。同时可以看出,车轮经过路面时,在沥青层底部不仅产生拉应变,同时产生压应变,这与国外研究结果相一致。对于动态设计,应以应变变化范围为控制指标。

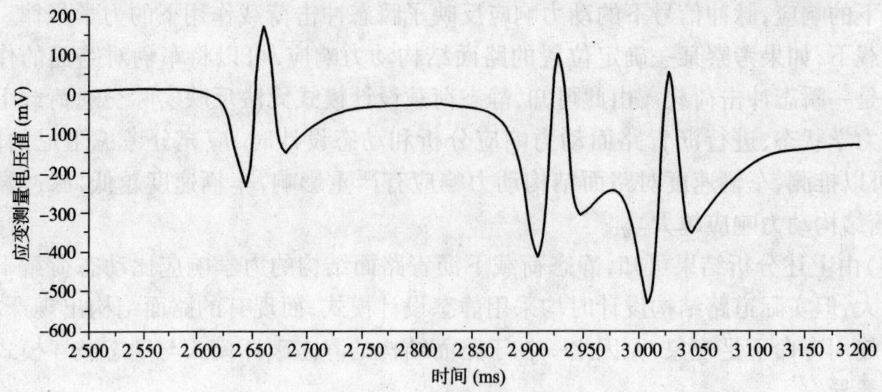

图6-9 路面动态响应

6.2 常温状态下,沥青路面动力响应野外现场试验研究

6.2.1 试验路简介

该试验路为西宝高速公路工程的一部分。西宝高速公路是我国"两纵两横"公路主干线G045(连云港至霍尔果斯)的重要一段,国家"八五"计划重要项目。1991年开始分阶段施工,1996年全线通车。因长期服役出现各种不同程度的病害,无法满足交通需要,于2006年对西宝高速公路西安至宝鸡方向西兴段和蔡宝段进行路面大修。

结合该大修工程,选择K180工程段进行试验研究。试验段大修内容包括基层和面层,基层长度约600m,面层与相邻标段结合,长约6km。整修后道路基层为40cm厚度水泥稳定碎石结构。面层为4556结构,即表面层4cm,上中面层5cm,下中面层5cm,下面层6cm。上面层和上中面层均采用改性沥青,改性剂为SBS,上面层掺加5%的改性剂,上中面层掺加3%的改性剂;上面层采用4cm AC-13C结构,中面层分上中面层和下中面层两层,均采用5cm AC-20C结构,下面层采用6cm AC-25C结构。

6.2.2 试验研究方法

研究路面结构动力响应,传统的方法是采用落锤弯沉仪(FWD)作为加载装备,通过检测路表弯沉,评价路面结构的动力性能。该方法比较简单,易于操作。但该方法只能用来评价路面结构的总体刚度,无法反映路面结构内部反应,更无法反映应力应变状态。

另外,该方法对路面结构施加冲击荷载,该荷载与车辆对路面作用的荷载有较大差异。

为了研究实际车辆荷载下路面结构的动力响应,作者自行研究开发用于检测路面结构内部动力响应的应变式传感器,路面结构施工时埋设于道路结构中。采用实际重型运输车辆作为加载装置,研究车辆轴重、速度等参数对路面结构动力响应的影响。

1)传感器布置

如前所述,选择的试验段工程面层为4层,属4556结构。基层为20cm水泥稳定土结构。

为了验证路面结构动态响应的重复性,选择3个断面进行检测,2个断面之间相距12m。在各个结构层层底布置应变传感器,可以获得层底的弯拉动应变。如图6-10所示,传感器有的沿车辆行驶方向布置,有的垂直车辆行驶方向布置,分别检测纵向应变和横向应变。目前,常用载货汽车单个轮胎轮迹宽为200~260mm,双排轮胎轮迹宽约450mm。为保证试验车车轮能够压上传感器,传感器横向(垂直车辆行驶方向)间距为200mm。同时,为研究轮迹下路面动应变横向分布规律,在纵向相距400mm轮迹中间位置再埋设一个传感器。整个试验路共布置76个传感器。

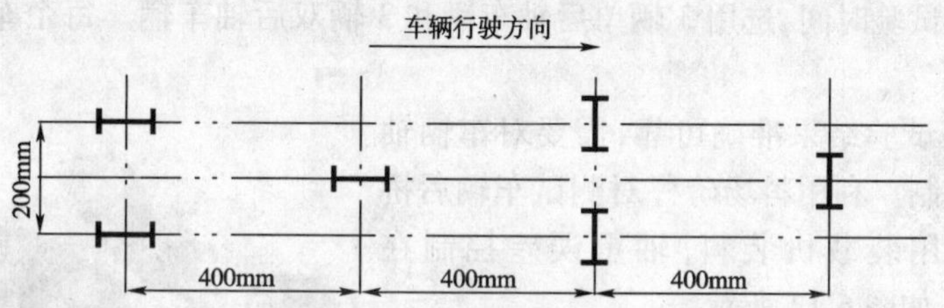

图6-10 传感器布点图

为保证传感器位置的材料性质与其他位置的一致,检测结果能够反映道路结构实际力学行为,作者选择在施工过程中埋设传感器,传感器上不作特殊保护,如图6-11所示。面层施工时,运料车的轮胎和摊铺机的履带容易黏结导线,拉动传感器,因此,运料车到来前在轮迹相应位置摊铺些沥青混合料,如图6-12所示。

图6-11 传感器布置

图6-12 传感器埋设

2)试验车型选择及轴重设置

对目前交通状况进行调查研究(研究内容主要有车辆组成、轴重、车速和轮胎类型),选择2~3种目前国内主要交通车型进行试验研究。

目前,高速公路上行驶的车辆主要分为:小型货车、中型货车、大型货车、小型客车、大型客车、拖挂车6类。由于小型货车和小型客车轴重比较小,对道路损坏比较小,试验中不选择。中型货车、大型客车和拖挂车在交通组成中占有比例比较小,也不选择。因此,试验中选用典型的大型货车作为加载设备。

我国目前应用较多的大型货车有解放、红岩、黄河、东风和斯太尔。考虑到同种吨位车辆的轴距、轮胎和悬架参数差异不大,选择以上五种车辆中任意一种均可以。另外,大型货车又有单后轴和双后轴之别,这些参数对道路动态响应影响很大。因此,试验中选择单后轴和双后轴两种车型进行研究,并不断改变轴重和速度,分析这些参数对道路结构动态响应的影响规律。

对于单后轴车辆,轴重选择6t、8t、10t、14t、17t、20t 6个轴载等级进行检测。

对于双后轴车辆,轴重选择14t、16t、17t、20t、26t、34t 6个轴载等级进行检测。

为了节约试验时间,选用3辆单后轴车辆和3辆双后轴车辆。每个车辆做3个轴重等级的试验。

为了确保试验结果准确可靠,需要对车辆轴重进行严格控制。利用料场磅秤对测试车辆后桥进行称重,采用装载机装料,轴重误差控制在100kg范围内,如图6-13所示。

图6-13 称重

3)车速控制

为了研究车速与道路动响应之间的关系,试验中不断变换车速。对于单后轴车辆,轴重小于10t(不包括10t)时,车速选择静止、40km/h、60km/h、70km/h、80km/h、90km/h、100km/h、110km/h 8个车速进行试验研究;轴重大于10t(包括10t)时,车速选择静止、20km/h、30km/h、40km/h、50km/h、60km/h、70km/h和80km/h 8个车速进行试验研究。对于双后轴车辆,轴重小于17t(不包括17t)时,车速选择静止、20km/h、30km/h、40km/h、50km/h、60km/h、70km/h和80km/h 8个车速进行试验研究;轴重大于17t(包括17t)时,车速选择静止、20km/h、30km/h、40km/h、45km/h、50km/h、55km/h和60km/h 8个车速进行试验研究。

4)温度检测

考虑到温度对道路材料性能影响严重,但又没有条件研究多种温度下道路结构动态响应规律,本书只研究常温下道路结构动态性能。利用温度传感器检测路表温度,每一次检测道路结构动应变时都要检测路表温度,试验时路表温度稳定在24℃。

5）试验仪器及数据采集

本次试验中，采用北戴河实用电子技术研究所生产的 SDY 2102 应变采集系统和华东电子仪器厂生产的 YD-15 型应变采集系统，数据采集如图 5-14 所示，仪器采样频率在 2 000Hz 以上。

图 6-14　数据采集

本试验于 2006 年 9 月 17 ~ 18 日进行，试验时为阴天，采用温度计检测路表温度，整个试验过程路表温度基本稳定在 24℃。

试验时控制右侧车轮碾压传感器，同一个工况下进行 4 次重复试验。考虑到轮迹相对传感器位置的偏移而对测试结果产生严重影响，选择动应变最大值评价该工况下路面结构的动力响应。

6.2.3　试验结果及结果分析

共进行了 3 天野外现场试验，车辆行驶 288 次，得到大量数据。下文将以图表形式给出。

1）速度对路面结构动力响应的影响

因试验数据量过大，这里只给出单后桥轴载为 100kN，速度为 5km/h 和 70km/h 时，面层底部纵向弯拉应变和横向弯拉应变的应变时间历程曲线，如图 5-15 和图 5-16 所示；双后桥轴载为 170kN，速度为 5km/h 和 60km/h 时，面层底部纵向弯拉应变和横向弯拉应变的应变时间历程曲线，如图 6-17 和图 6-18 所示。另外，为讨论方便，以列表形式给出单后桥轴载为 100kN 时，各个速度下的面层底部最大纵向和横向动应变。

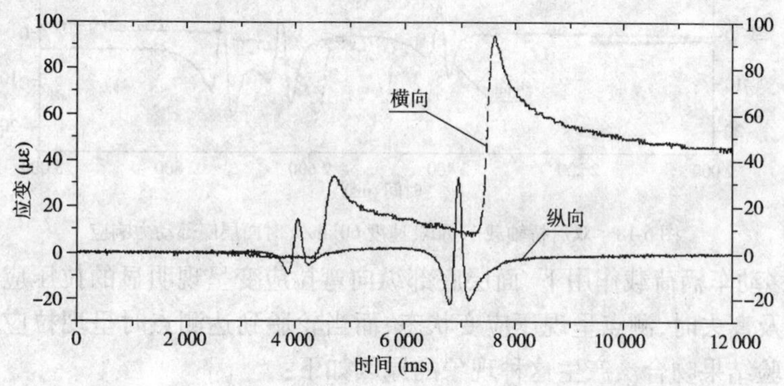

图 6-15　单后桥轴载 100kN，速度 5km/h 时面层底部动力响应

由图 6-15 ~ 图 6-18 可知：

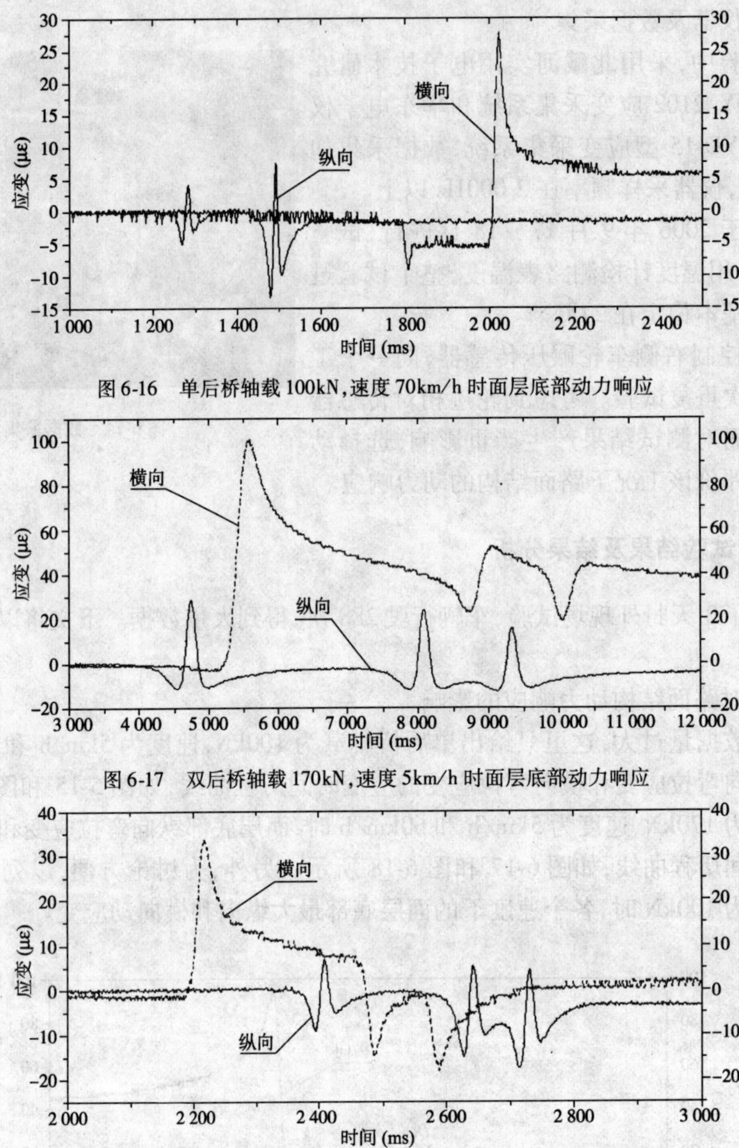

图 6-16　单后桥轴载 100kN，速度 70km/h 时面层底部动力响应

图 6-17　双后桥轴载 170kN，速度 5km/h 时面层底部动力响应

图 6-18　双后桥轴载 170kN，速度 60km/h 时面层底部动力响应

(1)在移动车辆荷载作用下，面层底部纵向弯拉应变呈现明显的拉压应变交替状态。当轮胎到来及离去时，测点呈现压应变状态，而当轮胎到达测点时呈现拉应变状态，与国际上相关试验结果吻合。产生这种现象的原因如下：

在垂向车轮荷载作用下，在纵向，对于路表，轮胎下面的沥青混合料承受压应变 ε_c 作用，两侧沥青混合料承受拉应变 ε_t 作用。而对于面层底部，轮胎下面的沥青混合料承受拉应变 ε_t 作用，两侧沥青混合料承受压应变 ε_c 作用。对于某一固定的位于面层底部的观测

点 P,假设在 $t-1$ 时刻车轮即将到达 P 点,则该点表现为压应变状态;t 时刻车轮到达 P 点正上方,则该点表现为拉应变状态,如图 6-19a)所示;$t+1$ 时刻车轮离开 P 点正上方,则该点又表现为压应变状态,如图 6-19b)所示。因此,移动车辆荷载下,面层底部纵向弯拉应变呈现拉压应变交替状态。所以,在进行疲劳寿命分析时,应同时考虑拉压应变的作用。

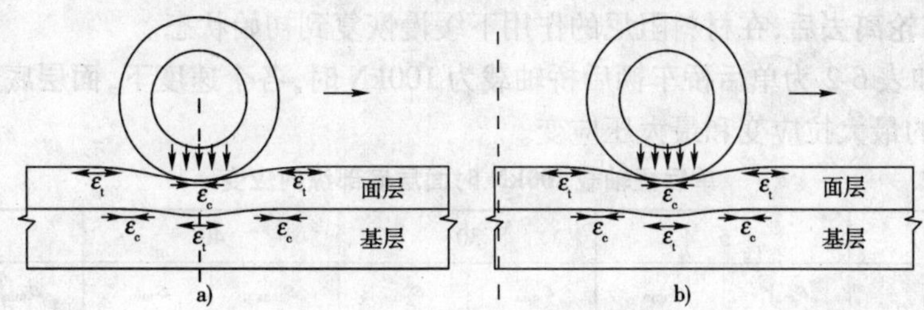

图 6-19 移动荷载下纵向力学响应

ε_t-拉应变作用;ε_c-压应变作用

(2)面层底部纵向弯拉应变,对于单后桥车辆,不管是低速状态还是高速状态,该试验温度下,后轮到来时,前轮产生的应变基本恢复到初始状态,后桥产生的应变比前桥大;而对于双后桥车辆,在高速状态,两个后桥明显发生干涉现象,主要原因在于两个车轮相距太近,沥青混凝土的黏滞性使得前一个车轮产生的应变还没有恢复到初始状态时,后一个车轮已经到来。另外,不管是单后桥车辆还是双后桥车辆,不管是低速状态还是高速状态,车轮到来时产生的压应变比车轮离去时产生的压应变大,这与国际上相关试验结果吻合。

(3)对于面层底部横向弯拉动应变,车轮到来时,有时产生拉应变,有时产生压应变,应变状态比较复杂。这是因为车辆对路面的作用非常复杂,即使在平坦路段上,轮胎对路面的作用不仅有垂向作用,还有沿车辆行驶方向和垂直车辆行驶方向的水平作用。同时,3 个方向的作用也有复杂的分布。本试验中车辆后桥均为双排轮胎,有关文献报道了在双排轮胎作用下路表横向应变分布规律,如图 6-20 所示。胎肩、胎冠及两个轮胎之间应变状态是不相同的,而在车辆行驶过程中轮迹相对于传感器位置难以保证相同,使得不同车次产生不同的试验结果,如果要完整测试横向动应变,应在轮迹下横向布置多个应变传感器。

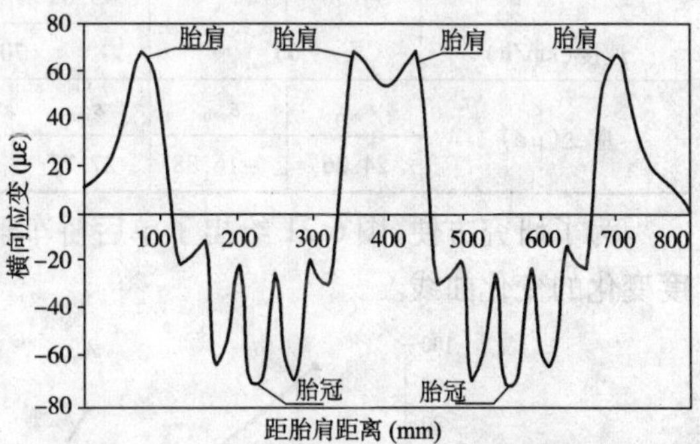

图 6-20 路表横向应变分布[137]

(4)该试验温度下,车轮离去时,面层底部横向弯拉应变缓慢恢复,沥青混合料表现出明显的黏滞性。

(5)相同轴重和速度下,面层底部纵向弯拉应变小于横向弯拉应变。

沥青混凝土的阻尼不仅对路面结构横向动力响应产生作用,而且对纵向动力响应也产生作用。但对于纵向动应变,由前述分析知道,移动车辆荷载强制性使面层底部产生拉压应变交变状态,消弱了阻尼对其变化趋势的影响。而对于横向动应变,当车轮相对传感器的位置确定后,面层底部横向动应变的状态是确定的,车轮到来时,横向动应变达到最大值,车轮离去后,在材料阻尼的作用下缓慢恢复到初始状态。

表 6-1 和表 6-2 为单后桥车辆后桥轴载为 100kN 时,各个速度下,面层底部纵向应变和横向应变的最大拉应变和最大压应变。

单后桥轴载 100kN 时面层底部纵向应变　　表 6-1

速度(km/h)	5		30		40		50	
应变(με)	ε_{max}	ε_{min}	ε_{max}	ε_{min}	ε_{max}	ε_{min}	ε_{max}	ε_{min}
	33.15	-24.49	19.52	-17.09	15.05	-15.06	13.75	-14.43
速度(km/h)	60		70		80			
应变(με)	ε_{max}	ε_{min}	ε_{max}	ε_{min}	ε_{max}	ε_{min}	—	
	12.33	-14.6	9.54	-14.42	8.85	-13.73		

注:ε_{max}——最大拉应变,下同; ε_{min}——最大压应变,下同。

单后桥轴载 100kN 时面层底部横向应变　　表 6-2

速度(km/h)	5		30		40		50	
应变(με)	ε_{max}	ε_{min}	ε_{max}	ε_{min}	ε_{max}	ε_{min}	ε_{max}	ε_{min}
	94.56	—	45.08	-39.02	32.06	-9.19	28.65	-7.35
速度(km/h)	60		70		80			
应变(με)	ε_{max}	ε_{min}	ε_{max}	ε_{min}	ε_{max}	ε_{min}	—	
	24.26	-16.88	27.77	-8.75	29.86	-7.52		

为了研究方便,图 6-21 给出了单后桥车辆后桥轴载为 100kN 时,面层底部应变随速度变化的变化曲线。

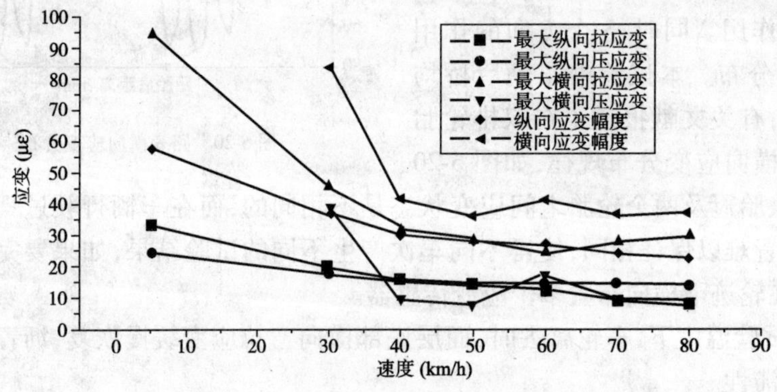

图 6-21　应变随速度变化曲线(轴重为 100kN)

图中应变幅度 $\Delta\varepsilon$ 为最大拉应变 ε_{max} 与最大压应变 ε_{min} 之差，即：

$$\Delta\varepsilon = \varepsilon_{max} - \varepsilon_{min}$$

对于5km/h速度下的横向应变，只呈现拉应变状态，没有压应变状态，因此该速度下没有最大横向压应变和横向应变幅度数值。

由表6-1、表6-2和图6-21可以得到如下结论：

(1)各种速度下，面层底部横向弯拉应变和应变变化范围均大于纵向拉应变和应变变化范围。

(2)随着速度的提高，不管是横向弯拉应变还是纵向弯拉应变，各个应变分量都基本呈下降趋势，70km/h下横向最大拉应变只有5km/h的29.4%，纵向最大拉应变只有28.8%。但速度超过40km/h时，各个应变分量变化明显减小。

(3)如果认为5km/h速度下的试验结果能够近似体现静态车辆荷载下路面结构的应力应变状态，则实际交通荷载下的应力应变状态与静荷载下的状态差异非常大，静荷载设计模式无法反映实际交通状况。

(4)对于纵向应变，速度大于40km/h时，最大拉应变随着速度增加而减小，最大压应变基本保持不变，最大压应变超过最大拉应变。众所周知，静态荷载下，沥青混合料的抗拉强度远小于抗压强度，因此静态设计时只关注最大拉应变大小。但沥青混合料是由“沥青胶泥+集料”组成的，当沥青混合料承受交变应变状态反复作用时，沥青胶泥和集料之间的黏结力受到破坏，使得抗拉强度大幅度下降，因此，沥青路面动态设计时，不但要考虑面层底部拉应变的作用，而且要考虑压应变的作用，疲劳寿命试验时应考虑应变比(即最大压应变与最大拉应变之比)。图6-22给出了应变比随速度变化的变化曲线。正常交通速度下(60~80km/h)，纵向应变比为-1.55~-1.18，横向应变比为-0.31~-0.25。

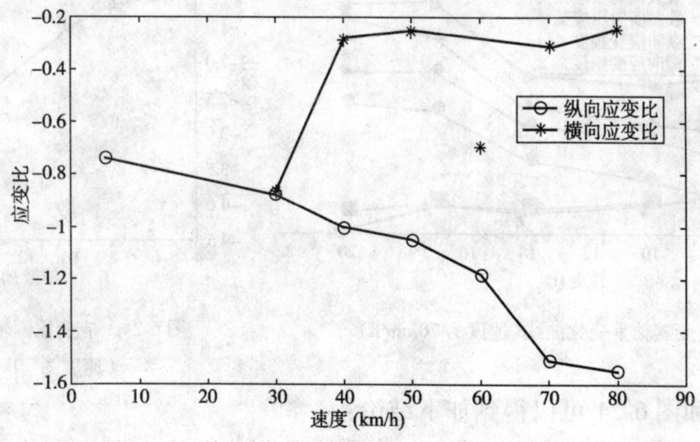

图6-22 应变比随速度变化的变化曲线

2）轴重对路面结构动力响应的影响

同样，因试验数据量过大，这里只给出车辆速度为70km/h时，单后桥各个轴重等级下，路面结构面层底部纵向和横向动应变响应。表6-3和表6-4分别给出速度为70km/h时面层底部纵向动应变和横向动应变。

速度为70km/h时面层底部纵向应变 表6-3

轴重（kN）	60		80		100	
应变（με）	ε_{max}	ε_{min}	ε_{max}	ε_{min}	ε_{max}	ε_{min}
	10.41	-11.09	9.63	-11.51	9.54	-14.42
轴重（kN）	140		170		200	
应变（με）	ε_{max}	ε_{min}	ε_{max}	ε_{min}	ε_{max}	ε_{min}
	7.86	-19.31	9.01	-30.24	7.38	-31.88

速度为70km/h时面层底部横向应变 表6-4

轴重（kN）	60		80		100	
应变（με）	ε_{max}	ε_{min}	ε_{max}	ε_{min}	ε_{max}	ε_{min}
	18.67	-3.90	6.46	-11.18	27.77	-8.75
轴重（kN）	140		170		200	
应变（με）	ε_{max}	ε_{min}	ε_{max}	ε_{min}	ε_{max}	ε_{min}
	31.65	-6.94	47.20	-8.47	51.62	-3.27

图6-23为车辆速度为70km/h时，面层底部应变随轴重的变化规律，图6-24为相应应变比。

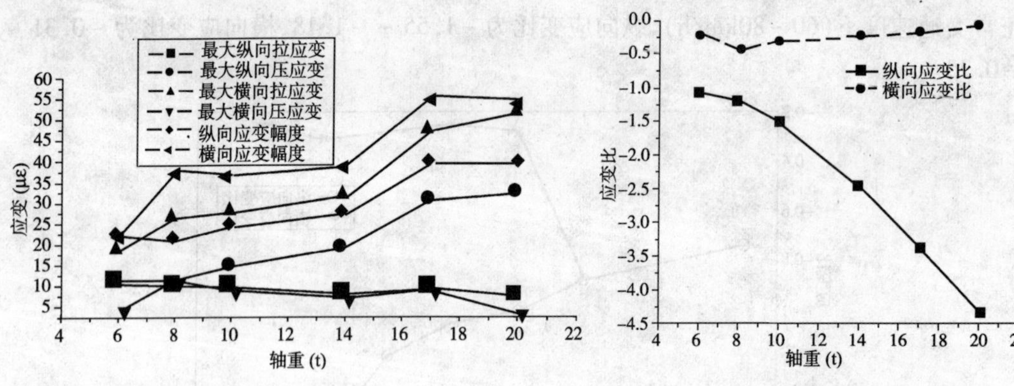

图6-23 应变随轴重变化曲线（速度为70km/h）

图6-24 应变比随轴重变化曲线（速度为70km/h）

由图6-23和图6-24可以得到如下结论：

（1）在各种轴重下，最大横向拉应变和应变变化范围均大于纵向拉应变和应变变化范围。

(2)最大横向拉应变和最大纵向压应变随着轴重的增加而增大,最大纵向拉应变和最大横向压应变随着轴重增加反而略有减小。

(3)对于横向应变,应变比比较小,而且随着轴重增加略有减小;对于纵向应变,应变比随着轴重增加迅速增加。轴重从60kN增加到200kN,面层底部横向弯拉应变应变比范围为 -0.42 ~ -0.06,纵向应变比范围为 -4.32 ~ -1.07。

(4)在该试验温度下,沥青混凝土路面体系的动力响应与轴重近似呈线性关系,可以用线黏弹性体系理论研究柔性路面结构的动力性能。

(5)对于目前广泛研究的永久性路面结构,Monismith 建议 HMA 层底的弯拉应变不应高于60με,Von Quintus 认为 HMA 层底的弯拉应变一般不应高于65με[2]。而本文选择的试验路在轴重达到200kN,面层底部最大拉应变仅51.62με。主要因为该试验路为半刚性路面结构,基层及整体刚度较大。因此,进行半刚性基层沥青路面结构设计时,面层底部弯拉应变不适宜作为主要控制指标,与理论分析结果相吻合。

6.3 低温状态下,沥青路面动力响应野外现场试验研究

6.3.1 试验路简介

该试验路为武威过境高速公路中的一部分。武威过境高速公路是我国"两纵两横"公路主干线(连云港至霍尔果斯)的重要一段,双向4车道沥青路面结构。在该项目中修建6km试验段,宽12m,按照BZZ-100设计标准该路段设计寿命1 000万轴次。2006年10月份完工,作者于2006年12月5~12日在该试验段进行动力性能试验研究。

试验段面层厚度为12cm,分为两层。上面层厚度为5cm,采用改性Sup-16材料;下面层厚度为7cm,采用基质Sup-25材料。基层厚度为50cm,分3层施工,厚度分别为17cm、16cm和17cm,采用水泥稳定砂砾材料。土基设计强度要求弹性模量大于100MPa。面层与基层之间采用乳化沥青稀浆封层,采用稀浆封层机施工。

6.3.2 试验简介

和西宝线试验相同,为了保证试验效果,在道路施工过程中埋入传感器。每一结构层施工后,在该结构层上面布置动应变传感器,用来检测上一结构层层底的动力响应。上面层、下面层及基层的3层下部均布置了传感器,共布置142个传感器。传感器布置方法同西宝线试验。

本次试验中采用交通运输中常用重型运输车辆作为加载装置。试验中选择单后桥、双后桥、半挂双后桥和多轴半挂车4种车型进行研究。轴型示意图如图6-25~图6-28所示。各个试验车的前桥均为单排轮胎,其他各桥为双排轮胎。

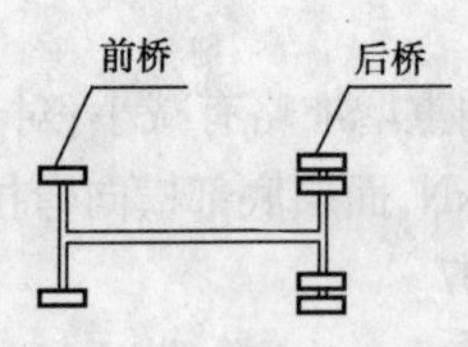

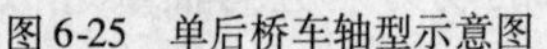
图 6-25　单后桥车轴型示意图

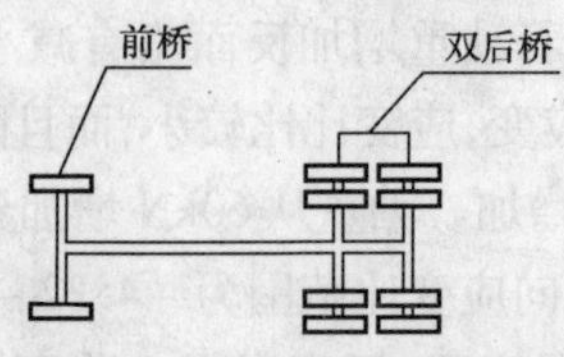

图 6-26　双后桥车轴型示意图

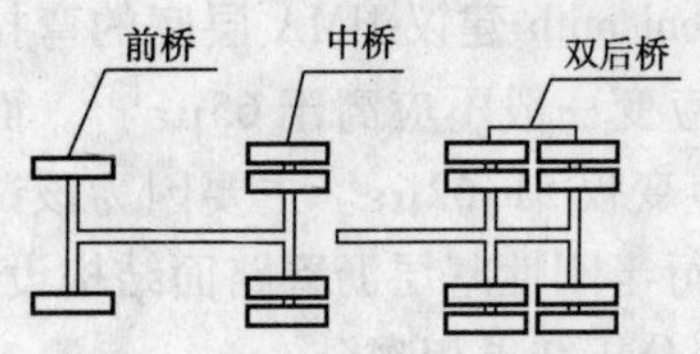

图 6-27　半挂双后桥车轴型示意图

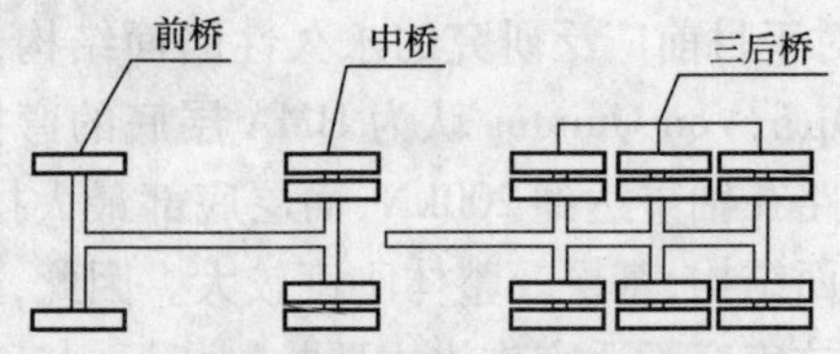

图 6-28　多轴半挂车轴型示意图

对于单后桥车辆，设置 3 个轴重等级，实际试验后桥轴重分别为 79.8kN、108kN 和 133.8kN；对于双后桥车辆，设置 3 个轴重等级，实际试验后桥轴重分别为 119.5kN、146.5kN和 201.4kN；对于半挂双后桥车辆，设置 2 个轴重等级，实际试验后桥轴重分别为118.3kN和 176.3kN；对于多轴半挂车车辆，设置 2 个轴重等级，实际试验后桥轴重分别为 219kN 和 302kN。这些轴重等级既包括超载工况，如单桥轴重 133.8kN、双桥轴重 201.4kN、三桥轴重 302kN；也包括额定荷载工况，如单桥轴重 108kN、双后桥轴重 176.3kN；还包括欠载工况，如单桥轴重 79.8kN。

装载时，对车厢进行均匀加载，使得其他车桥的轴重也具有代表性。将车辆后桥放置在磅秤上，控制后桥轴重，装载完毕后称量其他各桥的轴重，如图 6-29 所示。

图 6-29　装载现场照片

不断变换车辆速度，研究车辆速度对路面结构动力响应的影响。各个轴重等级下进行 5km/h、40km/h、50km/h、60km/h 和 75km/h 5 个速度等级的动力响应试验。既包括常用运行速度：50 ~ 60km/h；又包括反映接近静载工况的速度：5km/h；还包括极限速度：75km/h。采用雷达测试仪测试车辆经过传感器位置时的速度，测试精度为 1km/h。

如前所述，考虑到轮迹相对传感器位置的偏移而对测试结果产生严重影响，试验中一个工况下反复进行 4 次试验，取应变最大值评价路面结构动力响应。

试验时路表温度在 -10 ~ -2℃ 范围内，因此，本次试验结果反映低温状态下半刚性基层沥青路面的动力响应规律。

6.3.3 速度对路面结构动力响应的影响

这里以面层底部纵向和横向弯拉应变作为评价指标，分析不同速度下，后桥轴重为108kN的单后桥车辆作用下的动力响应，研究车辆速度对路面结构动力响应的影响。

虽然试验设计时每个轴重下进行5个速度等级的试验，试验中，车辆由驾驶员控制，实际车辆速度与设计速度有所差异，这里以雷达测速仪测得的速度为准。

图6-30～图6-34给出各个速度下，路面结构的面层底部纵向弯拉应变和横向弯拉应变。为便于分析，表6-5和表6-6给出各个速度下的纵向弯拉应变极值和横向弯拉应变极值。

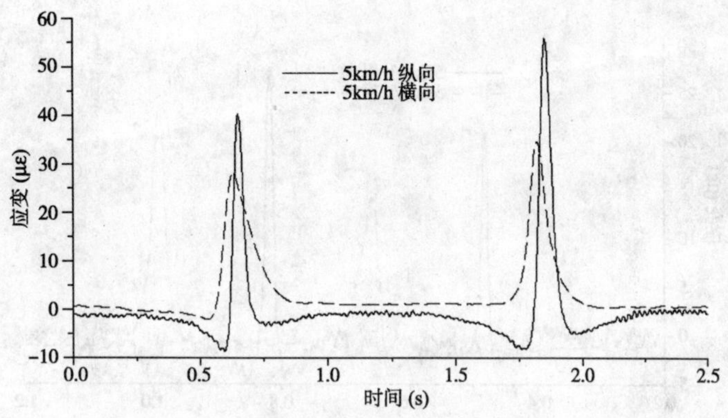

图6-30 5km/h速度面层底部动力响应

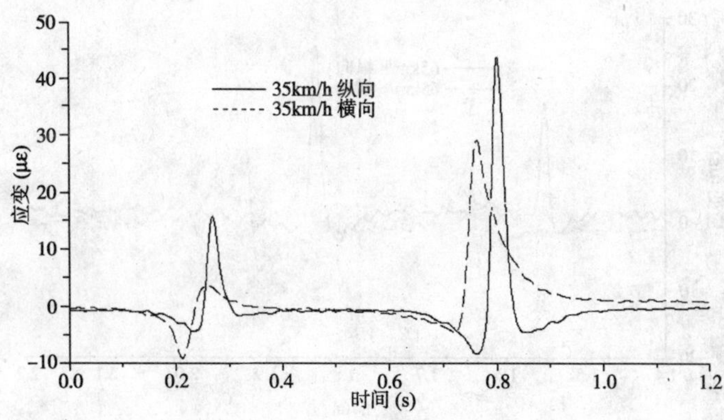

图6-31 35km/h速度面层底部动力响应

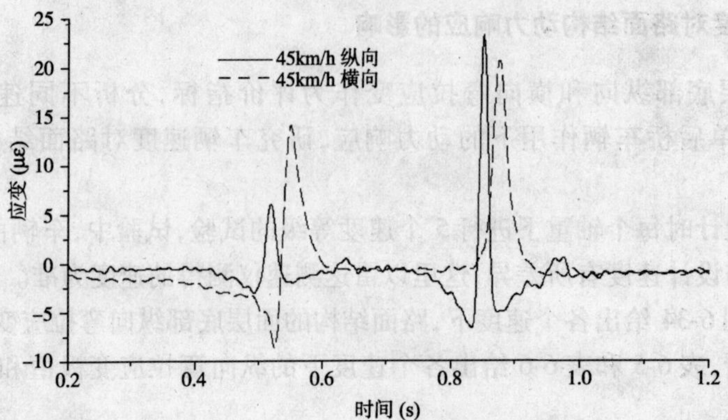

图 6-32　45km/h 速度面层底部动力响应

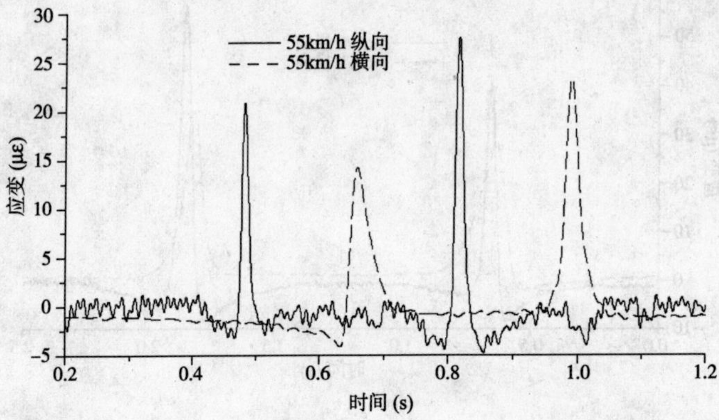

图 6-33　55km/h 速度面层底部动力响应

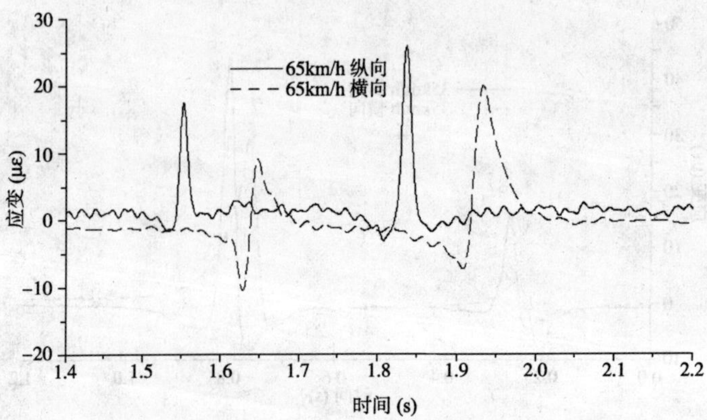

图 6-34　65km/h 速度面层底部动力响应

各个速度下面层底部纵向弯拉应变　　表 6-5

速度(km/h)	5		35		45		55		65	
应变(με)	ε_{max}	ε_{min}	ε_{max}	ε_{min}	ε_{max}	ε_{min}	ε_{max}	ε_{min}	ε_{max}	ε_{min}
	55.9	−8.4	43.8	−14.4	23.3	−15.6	27.5	−11.0	25.9	−12.3
应变比	−0.15		−0.33		−0.67		−0.4		−0.47	

各个速度下面层底部横向弯拉应变　　表 6-6

速度(km/h)	5		35		45		55		65	
应变(με)	ε_{max}	ε_{min}	ε_{max}	ε_{min}	ε_{max}	ε_{min}	ε_{max}	ε_{min}	ε_{max}	ε_{min}
	34.6	−2.7	29.3	−9.3	20.6	−7.6	23.2	−4.4	19.9	−7.3
应变比	−0.08		−0.32		−0.37		−0.19		−0.36	

由图 6-30 ~ 图 6-34 及表 6-5 和表 6-6 可知：

(1)对于面层底部纵向弯拉应变，呈现拉压应变交替状态，车轮到来和离去时，呈现压应变状态，车轮到达时，呈现拉应变状态。这和常温下试验结果一致，也符合力学规律。

(2)横向应变比较复杂，同一个车轮作用下，有时有压应变，有时没有压应变，这和车轮相对传感器的位置有关。

(3)比较该试验得到的面层底部横向弯拉应变曲线和常温下得到的面层底部横向弯拉应变曲线，可以发现，车轮离去时，低温下应变曲线下降速度明显较快。主要原因在于低温状态下沥青混凝土的黏度很小，材料力学性质主要表现为弹性，动力荷载下的响应迟滞性明显减小。

(4)比较表 6-5 和表 6-6 与表 6-1 和表 6-2，可以发现，低温状态下，面层底部的纵向弯拉应变大于横向弯拉应变，常温状态则相反。作者认为，主要原因在于阻尼的影响。如前所述，移动车轮荷载下，面层底部纵向强制性地发生交变应变，常温状态下，材料阻尼较大，材料的流动性也大，车轮到来时，产生较大的压应变，车轮到达时，虽然也产生了拉应变，但在较大的阻尼和压应变条件下，产生的拉应变相对减小。

(5)目前，我国的路面结构设计中采用双圆均布垂直荷载下的弹性层状连续体系理论进行计算，考虑到双圆的相互影响，沿车辆行驶方向的力学响应应小于垂直方向的响应。但试验结果发现，低温状态下实际车辆荷载下的路面结构纵向动力响应大于横向动力响应。因此，即使在环境温度为 −10 ~ −2℃ 的低温状态下，静态设计模式也无法反映实际交通状态下的力学规律。

(6)如前所述，5km/h 速度下的动力响应近似反映静载下路面结构的力学行为，实际交通运输中，重型车辆运输速度为 50 ~ 70km/h。55km/h 速度下的面层底部纵向弯拉应变是 5km/h 下的 49.2%；55km/h 速度下的面层底部横向弯拉应变是 5km/h 下的 67.1%。因此，实际交通运输状态下路面结构的动力响应较静态荷载下的小。

(7)不管是面层底部纵向弯拉应变，还是横向弯拉应变，移动车辆荷载下均含有拉应变和压应变。如前分析，路面结构动态设计时，既应考虑拉应变的作用，又应考虑压应变的作用。进行疲劳寿命试验时,应进行一定应变比下的疲劳寿命试验,低温状态下,35 ~ 65km/h 车辆速度时,面层底部纵向弯拉应变的应变比范围为 -0.67 ~ -0.33,横向弯拉应变的应变比范围为 -0.37 ~ -0.19。

(8)车辆速度对路面结构动力响应具有一定的影响。低速状态下影响尤为严重,高速状态下影响较小。速度从 5km/h 增加到 45km/h,面层底部纵向弯拉应变减小 32.6με,减小了 58.3%;横向弯拉应变减小 14με,减小了 40.5%。而对于 45km/h、55km/h 和 65km/h 3 个速度等级,面层底部纵向弯拉应变和横向弯拉应变变化很小。

6.3.4 轴重对路面结构动力响应的影响

这里以车辆速度为 55km/h 单后桥车辆作用下的面层底部弯拉应变为基础,分析轴重对路面结构动力响应的影响。图 6-35 ~ 图 6-37 为 3 个单后桥车辆作用下,面层底部的纵向弯拉应变和横向弯拉应变时间历程曲线。为便于分析,表 6-7 和表 6-8 给出各个轴重下,面层底部纵向和横向的最大拉应变和最大压应变。

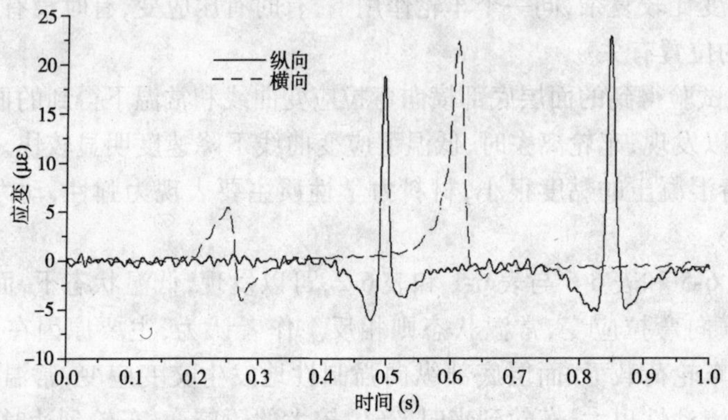

图 6-35 79.8kN 轴重面层底部弯拉应变(v = 55km/h)

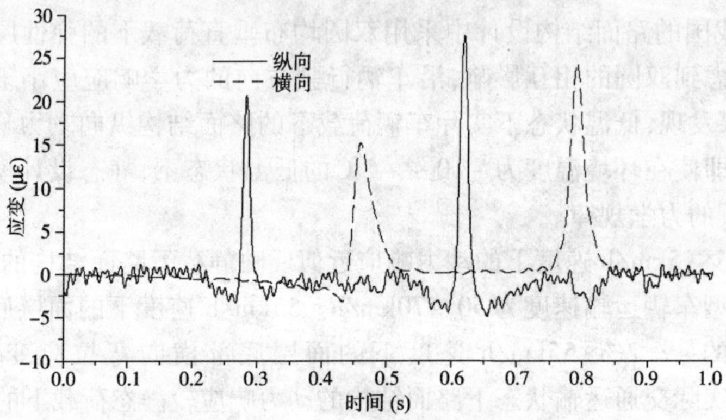

图 6-36 108kN 轴重面层底部弯拉应变(v = 55km/h)

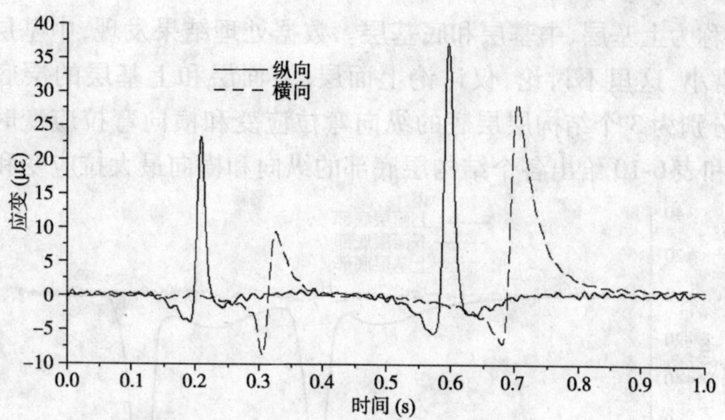

图 6-37 133.8kN 轴重面层底部弯拉应变(v = 55km/h)

面层底部纵向弯拉应变

表 6-7

后桥轴载(kN)	79.8		108.0		133.8	
应变(με)	ε_{max}	ε_{min}	ε_{max}	ε_{min}	ε_{max}	ε_{min}
	22.8	-14.2	27.5	-11.0	37.3	-14.7
应变比	-0.62		-0.40		-0.39	

面层底部横向弯拉应变

表 6-8

后桥轴载(kN)	79.8		108.0		133.8	
应变(με)	ε_{max}	ε_{min}	ε_{max}	ε_{min}	ε_{max}	ε_{min}
	21.3	-3.4	23.2	-4.4	26.4	-9.1
应变比	-0.16		-0.19		-0.34	

由图 6-35 ~ 图 6-37 及表 6-7 和表 6-8 可知:

(1)面层底部最大纵向拉应变和最大横向拉应变均随着轴重的增加而增加,这符合力学规律。

(2)不管是纵向弯拉应变还是横向弯拉应变,最大拉应变均较小。轴重达到 133.8kN 时,面层底部最大纵向拉应变为 37.3με,面层底部最大横向拉应变为 26.4με。均小于 Monismith 提出的永久性路面设计许用值[2]。因此,进行半刚性路面结构设计时,面层底部弯拉应变不应是主要控制指标。这与理论分析结果和常温下试验结果相吻合。

(3)3 个轴重等级下,面层底部纵向弯拉应变的应变比范围为 -0.62 ~ -0.39,面层底部横向弯拉应变的应变比范围为 -0.34 ~ -0.16。

6.3.5 不同结构层的动力响应

这里以速度为 55km/h,后桥轴重为 108kN 的单后桥车辆作用下各个结构层层底弯拉应变为基础,分析不同结构层的动力响应特点。如前所述,本次试验的试验路采用半刚性基层结构,由于基层厚度较大,分 3 次进行施工,施工过程中均布置传感器。为描述方便,这里分别称为上基层、中基层和底基层。数据处理结果发现,中基层和底基层层底的弯拉应变非常小,这里不讨论,仅讨论上面层、下面层和上基层的层底弯拉应变。图6-38和图6-39分别为3个结构层层底的纵向弯拉应变和横向弯拉应变时间历程。为研究方便,表6-9和表6-10给出各个结构层底部的纵向和横向最大拉应变和最大压应变。

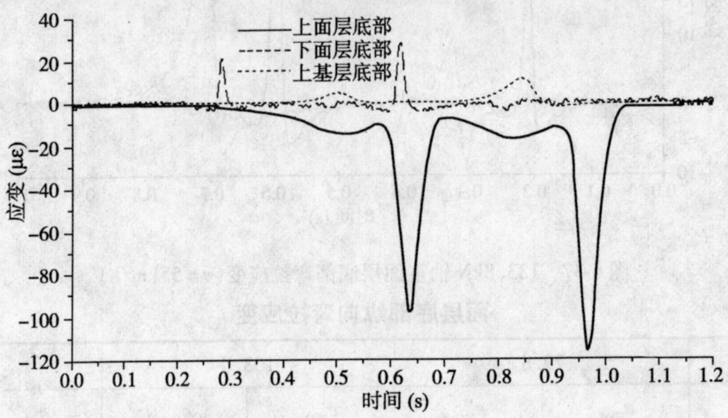

图6-38　纵向弯拉应变(v=55km/h)

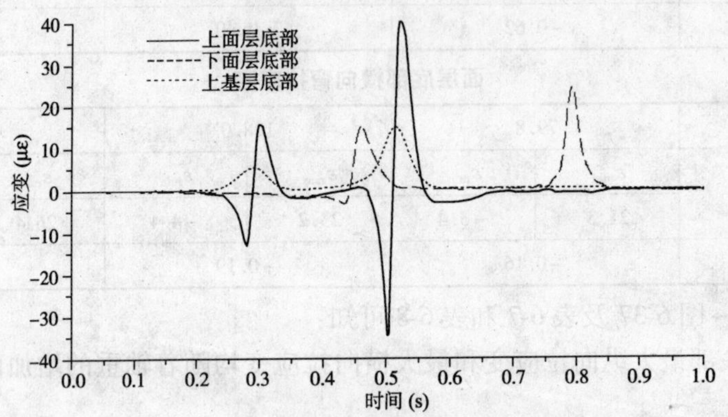

图6-39　横向弯拉应变(v=55km/h)

各个结构层层底纵向弯拉应变　表6-9

结构层	上面层		下面层		上基层	
应变(με)	ε_{max}	ε_{min}	ε_{max}	ε_{min}	ε_{max}	ε_{min}
	—	-115.3	27.5	-11.0	11.1	—

各个结构层层底横向弯拉应变　表6-10

结构层	上面层		下面层		上基层	
应变(με)	ε_{max}	ε_{min}	ε_{max}	ε_{min}	ε_{max}	ε_{min}
	40.0	-34.7	23.2	-4.4	15.0	—

由图6-38和图6-39及表6-9和表6-10可知:

(1)移动车辆荷载下,上面层底部的纵向动应变表现为压应变,最大压应变为115.3με,压应变值很大。上面层底部的横向弯拉应变既有拉应变又有压应变,这与轮胎对地面复杂的压力分布以及轮胎相对于传感器的位置有关。

(2)上面层底部的横向弯拉应变的拉应变与压应变均比下面层和基层底部的大。试验中没有检测路表的弯拉应变,但可以推断,一定范围内,距路表越近,面层内部的拉应变越大。在交通荷载反复作用下,路表容易出现疲劳开裂,裂纹从上向下扩展,形成自上而下(top-down)的裂纹,这与路况调查中发现的道路结构破坏规律吻合。

(3)上基层底部的横向弯拉应变和纵向弯拉应变都表现为拉应变,没有出现压应变。最大纵向拉应变为11.1με,最大横向拉应变为15.0με,与面层底部的弯拉应变相比,上基层底部的弯拉应变较小。半刚性基层常常采用水泥稳定材料或石灰稳定材料,均属于脆性材料,抗拉强度较低,不可避免地产生收缩裂缝。当基层产生一定的裂缝以后,其抗拉强度就会大幅下降,在较小的拉应变作用下,会加速向上发展,形成结构性开裂。因此,应注意基层底部弯拉应变指标的研究。

(4)各个结构层的纵向弯拉应变时间历程均近似为脉冲响应,动力响应位置越低,脉冲宽度越大,这符合力学规律。

6.4 沥青路面动力响应足尺试验研究

6.4.1 足尺路面加速加载试验简介

通过修建足尺试验路并进行路面加速加载试验(Accelerated Pavement Test,APT)是目前国际上对路面结构设计理念和设计效果进行评价的主要手段之一。采用路面加速加载试验的根本原因是,通过室内试验确定的材料设计参数、力学性能指标是路面结构设计的主要依据,但是,室内试验由于受试验设备、试验条件的约束和影响,使得室内设计结果与路面结构在实际的交通荷载和环境条件作用下的使用性能之间存在巨大的差距,因此,如何准确、有效评价室内材料设计和试验结果成为必然。路面加速加载试验方法是一种投入较高但获益也较高的对路面材料性能以及路面结构使用性能进行评价的途径。国外很多国家通过足尺路面加速加载试验对路面结构设计结果进行评价,进而完善和改进路面结构设计结果。

加速加载路面试验包括对选定轴载作用下路面反映和性能的测量,通过短时间内,采用可控制轴载的快速加载,加速路面损坏,了解路面的长期使用性能。

6.4.2 足尺路面加速加载试验设备简介

本课题采用的加速加载试验设备为交通部公路科学研究院的世界先进的设备如图6-40所示。通过可控制的较重轴载在短时间内对足尺路面进行加速加载,较室内试验更真实、更接近自然环境条件,模拟较长时间内实际交通荷载对路面结构的破坏作用,其可移动性能满足不同自然气候条件和区域的试验研究工作。

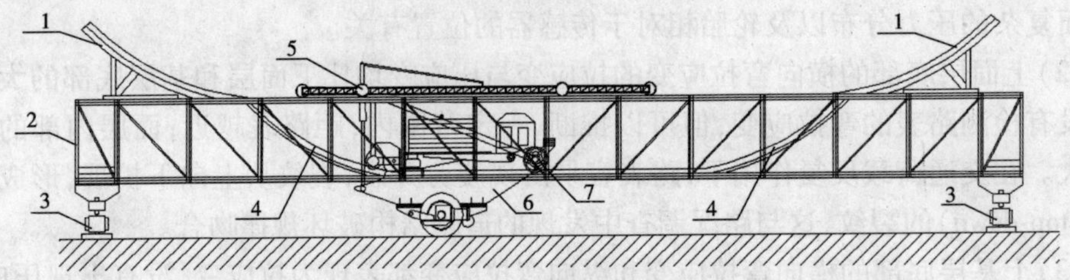

图 6-40 加速加载试验仪主结构图

1-副弧形导轨;2-主机架;3-底基座;4-主弧形导轨;5-副牵引轮;6-行走部分;7-主牵引轮

如图 6-40 所示,该设备设备总长 26.3m,总宽度 4.0m,总高度 5.7m,总质量约 45t,其中可碾压路面长度 12m。此设备主要工作原理是行走部分 6 上的电机驱动轮胎转动从而使行走部分沿预定轨迹行驶。副弧形轨道 1 和主弧型轨道 4 固结在主机架 2 上,通过牵引轮 5 和 7 横向约束行走部分 6,使得轮胎只能沿机架纵向且在机架中部运动。同时,在主、副牵引轮的引导下,行走部分 6 沿副弧形轨道 1 和主弧型轨道 4 组成的轨道运动,通过动能和势能的不断转换实现往复运动,轮胎与地面摩擦能量损失由驱动电机补充。

其中,行走部分 6 是该设备的关键机构(图 6-41),通过势能与动能的转换以及驱动电机的驱动作用,实现循环加载作业。

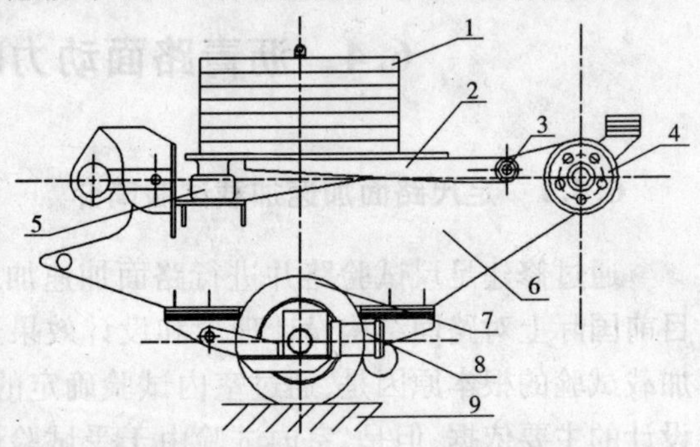

图 6-41 加速加载试验仪行走部分结构图

1-配重板;2-配重板支架;3-铰接点;4-主引导轮;5-气囊;6-车轴支架;7-轮胎;8-电动机;9-路面

其中,行走部分是一典型的 1/4 车辆模型,通过配重板来改变试验过程中的轴载,配重支架与车轴支架一边通过铰接连接,另一边通过两个气囊弹簧连接。这种设计,一方面,可以缓解由于设备工作和路面不平度所造成的冲击和振动,另一方面,气囊也是对车辆后桥弹簧板减振器的一个很好的模拟;行走部分配有两个 11kW 的电动机,为设备的运行提供动力,电动机的速度可以通过变频器来调节,从而改变行走部分的行驶速度;在工作过程中,设备解除掉行走部分沿重力方向的所有约束,这样使得行走部分在重力的作用下通过轮胎(双轮)与地面接触,使行走部分的全部荷载通过轮胎传递给了路面,很好地模拟出了大型货车在行走时对路面的影响。

6.4.3 足尺路面结构试验路

为了深入沥青路面动力响应规律,对比分析不同路面结构动力响应特点,在甘肃省古永高速公路武威南服务区足尺沥青路面结构加速加载试验场进行试验研究。试验路长 50m，宽 50m，设置 4 种不同的结构形式，每种结构长 15m，宽 3m，如图 6-42 所示。

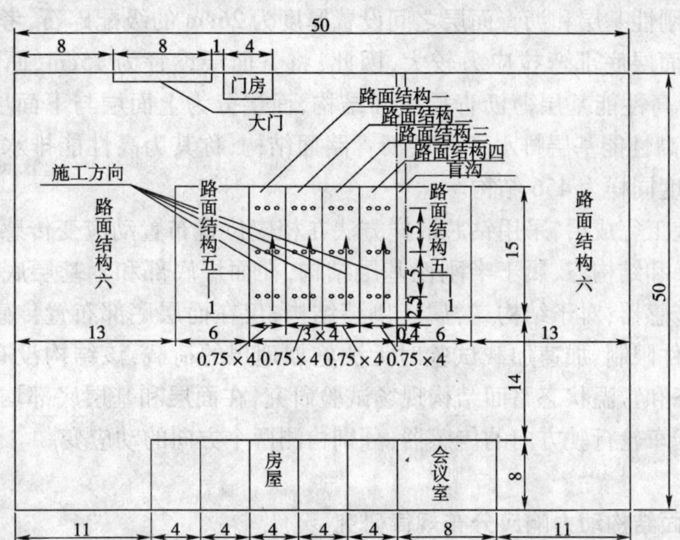

图 6-42　试验场平面图（尺寸单位：m）

根据路面结构使用性能调查和路面结构力学分析结果，结合甘肃省的自然条件、筑路材料的特点，设计了 4 种路面结构，见表 6-11。

加速加载试验结构　　表 6-11

试验段编号	1	2	3	4
长度	3m	3m	3m	3m
路面结构组合（cm）	AC-16　90 号（4cm） AC-20　90 号（5cm） AC-25　90 号（6cm） 封层（0.7cm） 水泥稳定砂砾（13cm） 水泥稳定砂砾（21.4cm） 水泥稳定砂砾（14.2cm）	AC-16　90 号（4cm） AC-20　90 号（6cm） ATB-25 70 号（15cm） 封层（0.7cm） 级配碎石 2% 水泥（26.1cm） 水泥稳定砂砾（12.3cm）	改性 Sup-16（5cm） 基质 Sup-25 70 号（7cm） 封层（0.7cm） 高性能水泥稳定砂砾（23cm） 高性能水泥稳定砂砾（11.5cm） 高性能水泥稳定砂砾（19.6cm） 水泥稳定砂砾（12cm）	改性 Sup-16（4cm） 基质 Sup-20 70 号（5cm） OGDM-19 70 号（6cm） 封层（0.7cm） 高性能水泥稳定砂砾（20.6cm） 高性能水泥稳定砂砾（14cm） 高性能水泥稳定砂砾（13cm） 高模量水泥稳定砂砾（13.6cm）

结构1为甘肃省现阶段常用的半刚性基层沥青路面结构,面层为456结构;结构2为倒装结构,在半刚性基层和沥青面层之间设置厚度为26cm的级配碎石,考虑到级配碎石模量相对较小,面层底部弯拉应力较大,因此,将下面层设置为15cm,面层总厚度达到25cm;结构3为高性能基层薄沥青层路面结构,面层分为上面层与下面层,面层厚度仅12cm;结构4为高性能基层排水下面层沥青路面结构,称其为高性能排水抗裂型沥青路面结构,面层厚度同样为456结构。

路面结构施工完成后,采用钻芯取样方法在相应位置布置动应变传感器和温度传感器。对于结构一和结构三,属于半刚性基层结构,在面层底部和上基层底部布置动应变传感器和温度传感器;对于结构二,属于倒装结构,仅在面层底部布置传感器;对于结构四,由于试验条件限制,加速加载试验时无法施加理想的荷载,该结构没有布置传感器。类似于低温状态和常温状态路面结构现场试验研究,在面层和基层底部均布置沿车轮行驶方向和垂直于车轮行驶方向的传感器,分别检测两个方向的动应变。

6.4.4 路面结构动力响应分布规律研究

由路面结构动力响应野外现场试验知道,轮胎相对传感器的位置对路面结构动力响应试验结果影响显著。为了研究轮胎相对传感器的位置对路面结构动力响应的影响规律,作者进行加速加载试验时不断移动加速加载设备的主机架,检测轮胎处于不同位置时面层和基层底部路面结构的横向动力响应与纵向动力响应。

如图6-43所示,加速加载试验时采用双排轮胎,左右轮胎均为12R22.5型重型载重轮胎。胎冠22.5cm,两个轮胎胎冠间距为14cm。初始位置(亦称为0位置)时,传感器位于轮胎中间位置。加速加载设备的行走部分在电机驱动下往复运动,如前所述,加速加载设备利用机架结构特点将行走部分的动能和势能相互转化,实现循环加载。运行平稳后,即运行速度稳定后,开始采集数据,连续采集6个加载周期,评价试验结果的稳定性。

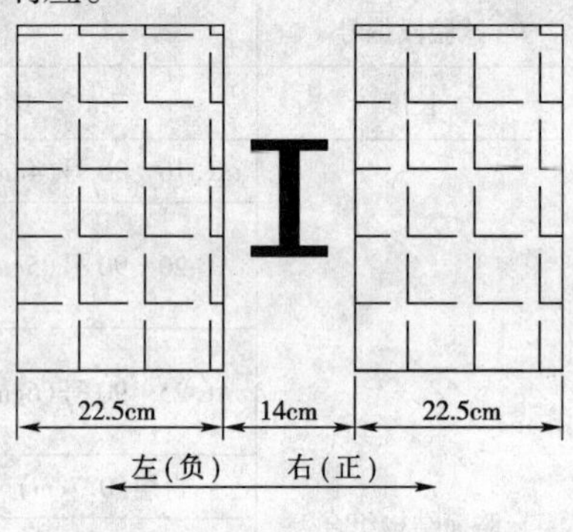

图6-43 传感器位置示意图

试验中不断移动机架,即不断改变轮胎轮迹位置,研究轮胎相对传感器位置对测试结果的影响,即研究路面结构动力响应空间分布规律。如图6-43所示,轮胎相对传感器向左移动时,相对位置记为负(-),向右移动时记为正(+)。每次移动50mm,移动范围为-400~400mm。由图6-43可知,轮胎相对传感器偏移为0、50mm和-50mm的3个位置,传感器处于两个轮胎中间,没有轮胎压在传感器上方;轮胎相对传感器偏移为-100mm、-150mm、-200mm和-250mm的4个位置,右边轮胎处于传感器上方;轮胎相对传感器偏移为-300mm时,理论上讲,传感器位于轮胎外侧5mm,考虑实际操作的复杂性,可以认为传感器位于轮胎胎肩位置;轮胎相对传感器偏移为100mm、150mm、200mm和250mm的4个位置,左边轮胎处于传感器上方,同样,轮胎相对传感器偏移为300mm时,可以认为传感器位于轮胎胎肩位置;轮胎相对传感器偏移为-350mm、-400mm、350mm和400mm的4个位置,轮胎偏离了传感器,传感器上没有轮胎作用。

试验过程中,不断变化轴重和温度,即检测不同温度和轴重下各个位置的动力响应,获得大量数据。这里以常温状态下,轴重为100kN的标准荷载时,路面结构结构3的动力响应为依据,分析传感器相对轮胎位置对动力响应试验结果的影响规律。

图6-44和图6-45分别给出不同偏移量下,面层底部最大纵向拉应变和最大纵向压应变。

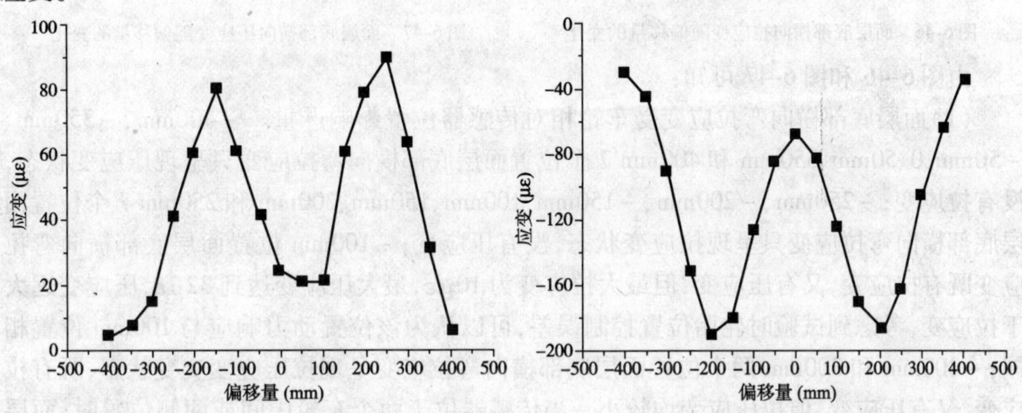

图6-44 面层底部纵向拉应变随偏移量的变化　　图6-45 面层底部纵向压应变随偏移量的变化

由图6-44和图6-45可知:

(1)各个位置下沥青路面纵向弯拉应变的动力响应规律基本相同,既有拉应变,又有压应变,呈拉压应变交变状态。车轮到来时,面层底部纵向弯拉应变呈现压应变状态,车轮到达时,呈现拉应变状态。这与试验路上试验结果相同。

(2)轮胎相对传感器的位置对动力响应数值大小影响严重,-100mm、-150mm、-200mm、150mm、200mm、250mm和300mm 7个位置动力响应较大,-150mm和250mm两个位置拉应变达到最大值,-200mm和200mm两个位置压应变达到最大值,-400mm和400mm两个位置动力响应最小,基本没有拉应变。总体来讲,移动车辆荷载下,该路面结构面层底部纵向弯拉应变表现为压应变远大于拉应变。

(3)拉应变随偏移量变化曲线呈M形,压应变随偏移量变化曲线呈W形。因此,传感器位于两个车轮中间或两侧位置时,面层底部纵向弯拉应变较小,传感器位于车轮下方时,面层底部纵向弯拉应变较大,这符合力学规律。

图6-46和图6-47分别给出不同偏移量下,面层底部最大横向拉应变和最大横向压应变。

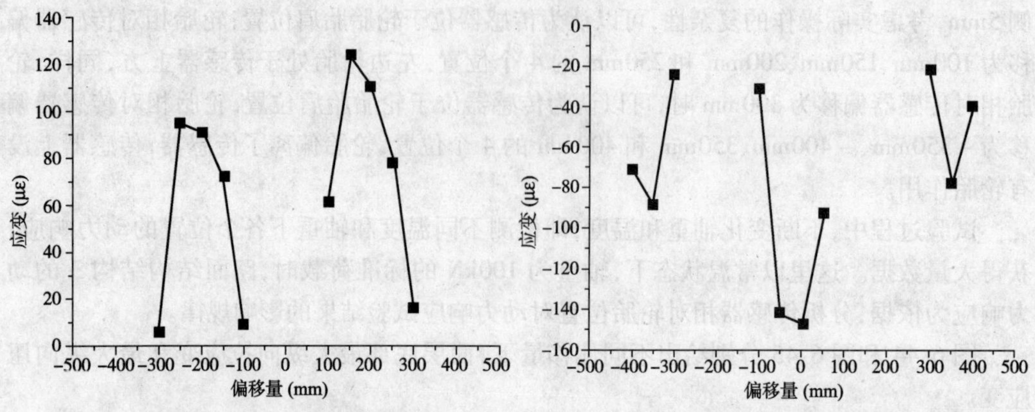

图 6-46　面层底部横向拉应变随偏移量的变化　　图 6-47　面层底部横向压应变随偏移量的变化

由图 6-46 和图 6-47 可知：

(1)面层底部横向弯拉应变受车轮相对传感器位置影响严重。-400mm、-350mm、-50mm、0、50mm、350mm 和 400mm 7 个位置面层底部横向弯拉应变只呈现压应变状态，没有拉应变；-250mm、-200mm、-150mm、100mm、150mm、200mm 和 250mm 7 个位置面层底部横向弯拉应变只呈现拉应变状态，没有压应变；-100mm 位置面层底部横向弯拉应变既有拉应变，又有压应变，但最大拉应变为 10με，最大压应变达到 32με，压应变远大于拉应变，考虑到试验时轮胎位置控制误差，可以认为该位置动力响应与 100mm 位置相同；-300mm 和 300mm 两个位置面层底部横向弯拉应变呈现拉压应变交变状态，既有拉应变，又有压应变，但拉压应变均较小。当传感器位于两个车轮中间或两侧位置时，面层底部横向弯拉应变呈现压应变状态；传感器位于车轮下方时，面层底部横向弯拉应变呈现拉应变状态；传感器位于轮胎胎肩位置时，面层底部横向弯拉应变既有拉应变，又有压应变，呈现拉压应变交变状态，但应变量较小。有效解释了沥青路面动力响应野外现场试验时发现的面层底部横向应变试验结果严重差异的原因。

(2)-250mm、-200mm、-150mm、150mm、200mm、250mm 6 个位置横向拉应变较大，-50mm、0、50mm 3 个位置横向压应变较大，这符合力学规律。

由图 6-44 ~ 图 6-47 可知，-250 ~ -150mm 和 150 ~ 250mm 等位置，面层底部纵向拉应变和横向拉应变试验结果均达到最大值，0mm 位置，面层底部横向压应变试验结果达到最大值。也就是说，胎冠下部，面层底部纵向拉应变和横向拉应变最大；轮胎中部，面层底部横向压应变最大。该试验结果为路面结构强度校核提供依据。

6.4.5　轴重对路面结构动力响应影响研究

这里以常温状态下车辆速度为 20km/h 时面层底部弯拉应变为基础，分析轴重对路面结构动力响应的影响。

由前面分析知道，轮胎胎冠下方，面层底部纵向弯拉应变和横向弯拉应变最大。因此,这里只给出每个轴重等级下,面层底部的最大纵向拉应变响应时间历程和最大横向拉应变时间历程。

试验时,采用砝码作为配重,不断改变轴重。限于试验条件,试验中共进行了100kN、120kN、140kN和160kN 4个轴重等级下的动力响应试验。图6-48和图6-49为4个轴重等级下,结构3面层底部纵向弯拉应变随轴重变化。

由图6-48和图6-49可知:

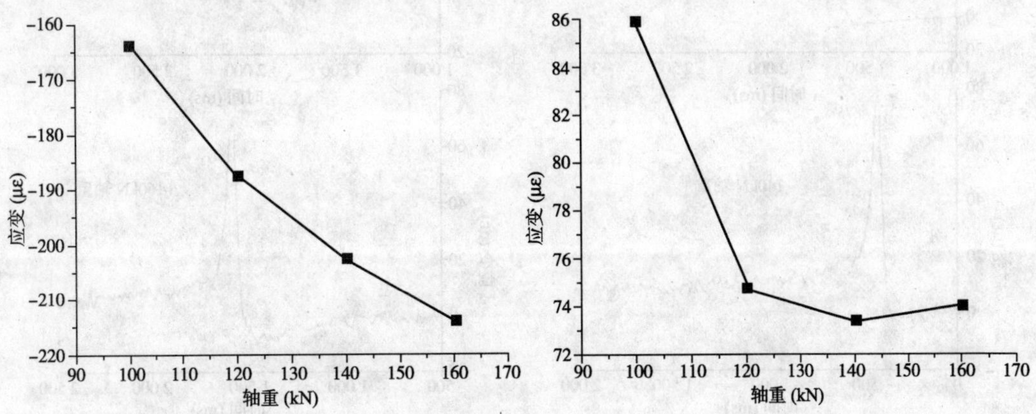

图6-48　面层底部纵向压应变随轴重变化　　图6-49　面层底部纵向拉应变随轴重变化

(1)各个轴重等级下,车轮到来时,面层底部纵向弯拉应变呈现压应变状态,而且压应变较大,轴重为160kN时,最大压应变达到 $-212\mu\varepsilon$。随着轴重的增加,最大压应变增加。

(2)各个轴重等级下,车轮到达时,面层底部纵向弯拉应变呈现拉应变状态,相对车轮到来时产生的压应变,拉应变相对较小,轴重为160kN时,最大拉应变为 $95\mu\varepsilon$,仅为压应变的44.8%。另外,不同轴重下,最大拉应变差异较小,相差仅 $12\mu\varepsilon$。4个轴重等级下,轴重为100kN时,拉应变最大,轴重较大时的拉应变反而较小,这与理论分析结果基本规律吻合。

(3)与沥青路面动力响应野外现场试验结果比较,不仅动力响应数值大小有所差异,加速加载试验结果明显大于野外现场试验结果,而且也有规律性差异。野外现场试验的结果显示,车轮到来和离去时,面层底部纵向产生压应变,车轮到达时,面层底部纵向产生拉应变,而加速加载试验的试验结果发现,车轮离去时产生的压应变较车轮到来时产生的压应变明显较小。

图6-50给出4个轴重等级下,结构3面层底部横向弯拉应变时间历程。

由图6-50可知:

(1)面层底部横向弯拉应变呈现单向应变状态。

(2)车轮到来时,面层底部横向拉应变动力响应时间历程曲线迅速升高。说明移动

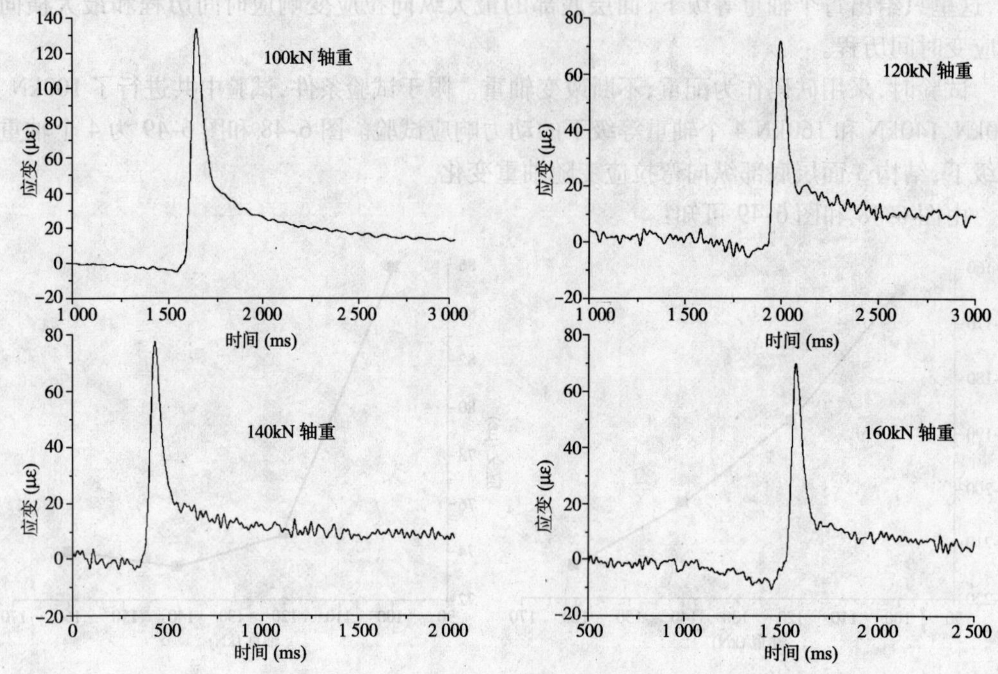

图 6-50 结构 3 面层底部横向弯拉应变随轴重变化

状态下，车轮对路面作用的横向动应变比较集中，影响范围较小。

(3)车轮离去后，面层底部横向弯拉应变缓慢恢复，产生较大的残余应变，即车轮作用下路面残存一定的塑性变形。因此，移动车辆荷载下，面层底部横向弯拉应变对路面结构破坏性较强，进行路面结构设计时应充分考虑该塑性变形。

(4)和面层底部纵向弯拉应变类似，100kN 轴重下，面层底部横向弯拉应变最大，其他 3 个轴重等级虽然轴重较大，但动力响应反而减小，这与沥青混合料复杂的非线性特性有关。

6.4.6 温度对路面结构动力响应影响研究

试验中，采用红外线加热装置对试验路段加热，测试不同温度下路面结构的动力响应，研究温度对路面结构动力响应的影响。

试验中设置常温、30℃、40℃和 50℃ 4 个温度等级。路表、面层底部以及上基层底部均布置温度传感器，分别用来检测各个位置的温度。采用红外加热装置对路面结构进行加热，以面层底部温度作为控制指标，面层底部温度加热到设定温度后，保温 3h 后进行动力响应试验。常温试验状态是未加热，早晨 6 点钟进行试验，试验时大气温度为 19.1℃，面层底部温度为 24.4℃。

下面以 100kN 轴重下结构 3 面层底部纵向弯拉应变和横向弯拉应变为基础，分析温度对路面结构动力响应的影响。

图6-51和图6-52为面层底部纵向弯拉应变的最大压应变和最大拉应变随温度变化。

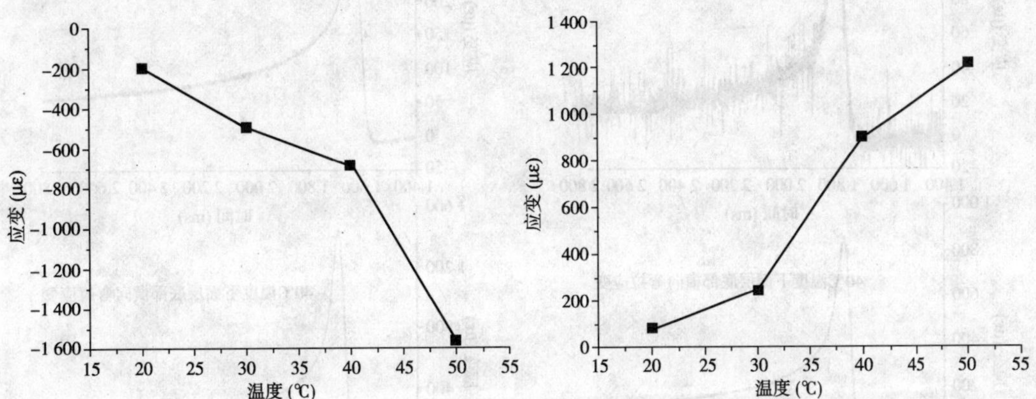

图6-51 面层底部纵向压应变随温度变化

图6-52 面层底部纵向拉应变随温度变化

结合各个温度下动力响应时间历程曲线,得出如下结论:

(1)各个温度下,面层底部纵向弯拉应变的应变历程曲线近似。移动车辆荷载下,面层底部纵向弯拉应变呈现拉压应变交变状态,车轮到来时,呈现压应变状态,车轮到达时,呈现拉应变状态。

(2)车轮离去时,各个温度下,面层底部纵向弯拉应变迅速地恢复到初始状态,没有残余塑性变形。作者分析认为,产生该现象的主要原因在于车轮离去时轮胎对地面施加了强制性挤压作用。

(3)不管是压应变还是拉应变,随着温度的升高,面层底部纵向弯拉应变迅速升高。30℃下,面层底部纵向压应变是常温状态下的2.6倍,面层底部纵向拉应变是常温状态下的2.9倍;40℃下,面层底部纵向压应变是常温状态下的2.9倍,面层底部纵向拉应变是常温状态下的11.1倍;50℃下,面层底部纵向压应变是常温状态下的8.2倍,面层底部纵向拉应变是常温状态下的15.3倍。

图6-53给出各个温度下面层底部横向弯拉应变的应变时间历程曲线。

由图6-53可知:

(1)各个温度下,面层底部横向弯拉应变的应变历程曲线近似,均呈现单向应变状态。

(2)移动车轮荷载作用下,车轮通过后,面层底部横向有较大的残余塑性应变。常温状态下,残余塑性应变14.6με;30℃温度下,残余塑性应变53.4με;40℃温度下,残余塑性应变121.6με;50℃温度下,残余塑性应变181.7με。相同荷载条件下,随着温度的提高,残余塑性应变显著提高,因此,高温状态下易于形成车辙等由塑性变形累计而形成的破坏。

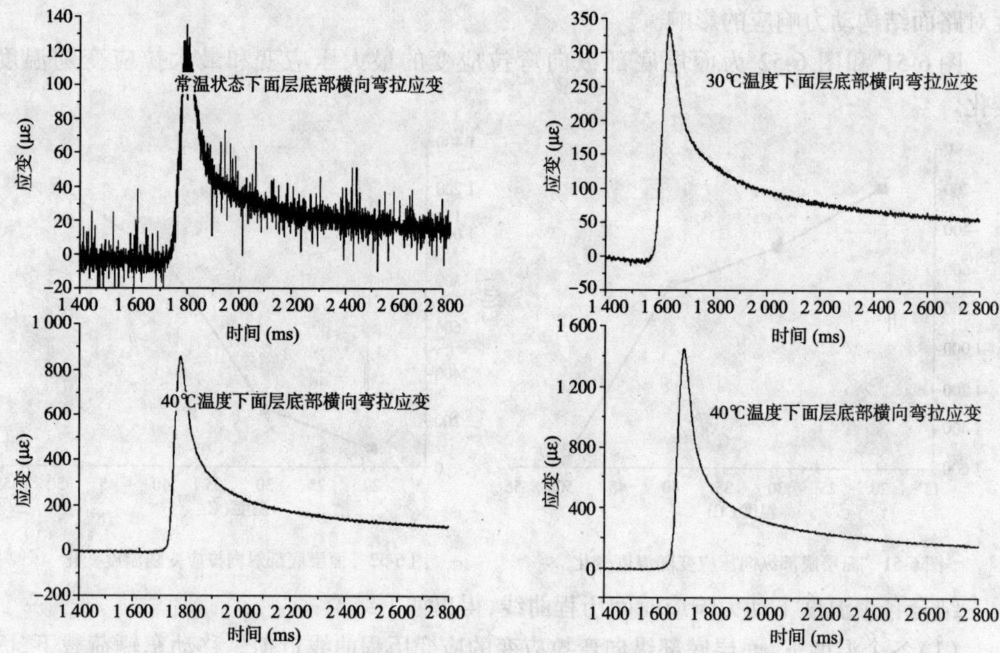

图 6-53　结构 3 面层底部横向弯拉应变时间历程

(3)随着温度的提高,面层底部最大横向拉应变迅速升高。30℃下,面层底部横向拉应变是常温状态下的 2.8 倍;40℃下,面层底部横向拉应变是常温状态下的 7 倍;50℃下,面层底部横向拉应变是常温状态下的 11.7 倍。

7 移动车辆荷载下沥青路面疲劳寿命研究

沥青路面疲劳性能是指其在特定的荷载环境与气候环境条件下抵抗重复荷载作用而不产生破裂的能力。由于重复荷载作用的疲劳损坏是沥青混凝土路面最重要的破坏形式之一,研究沥青路面在特定的交通与环境条件下的疲劳性能非常重要,这项工作一直受到各国道路工作者的重视。为了保证沥青路面具有良好的使用性和耐久性,世界上许多国家沥青路面设计方法均以路面疲劳特性作为基本的设计原则。

由于实际沥青路面疲劳性能影响因素众多,直接建立各影响因素与现场路面的疲劳关系式非常困难。因而,目前几乎所有国内外研究机构均采用先通过室内试件疲劳加速加载试验建立室内沥青混合料疲劳寿命预估模型,而后再将室内疲劳寿命模型通过各种现场修正,建立考虑各种影响因素的疲劳寿命预估模型。

受研究时间和研究经费限制,在现有疲劳寿命研究基础上,采用现有疲劳寿命评估方法,依据典型路段车辆组成调查结果,结合 ALF 试验场试验结果,建立合理的荷载谱,在前述移动车辆荷载下沥青路面动力响应研究基础上,对比研究静态荷载下和动态荷载下沥青路面的疲劳寿命。

7.1 疲劳寿命预估方法

在国内外众多学者的不懈努力下,经过数十年的发展,车辆荷载作用下沥青路面疲劳行为研究取得了长足的进步,出现了以 SHRP 模型、AI 模型、SHELL 模型、TRRL 模型和同济模型等为代表的沥青路面抗疲劳设计理论与方法,促进了高等级道路抗疲劳设计技术水平的进步。但由于其组成和性质差异,采用的试验仪器和方法、道路结构、施工、环境和运营条件等的不同,很难得到统一的疲劳关系式,建立室内疲劳试验与路面疲劳寿命之间稳定、可靠的关系则更为困难。

国外的疲劳强度模型主要分为应变模型和应变—劲度模型。

应变模型以面层底部拉应变 ε_t 为参数,一般具有如下形式:

$$N_f = k_1\left(\frac{1}{\varepsilon_t}\right)^{k_2} \tag{7-1}$$

式中:N_f——疲劳寿命,用加载循环数表示;

k_1、k_2——由试验确定的相关参数;

ε_t——面层底部弯拉应变。

应变—劲度模型是采用 Monismith 建议的以沥青混合料劲度模量为参数的疲劳方

程。考虑沥青老化和温度变化的影响,其表达式为:

$$N_f = k_1\left(\frac{1}{\varepsilon_t}\right)^{k_2}\left(\frac{1}{E}\right)^{k_3} \tag{7-2}$$

式中:k_3——与温度有关的参数;

E——沥青混合料劲度模量(或动劲度模量)。

1)SHRP(SUPERPAVE)模型

SHRP 模型考虑沥青种类、集料性质、沥青含量、空隙率、应变水平等因素对疲劳性能的影响。试验施加 200 ~ 1 200 的微应变,加载频率为 10Hz,温度为 20℃。模型表述如下:

$$N_f = 2.738 \times 10^5 e^{0.077\mathrm{VFB}} \varepsilon_t^{-3.624} (S_0)^{-2.720} \tag{7-3}$$

式中:S_0——初始劲度模量,psi,1psi = 6 894.8Pa;

VFB——沥青空隙率,%。

2)AI 模型

AI 模型由 AASHO 道路试验选定路段的室内疲劳数据回归而来,其表述为:

$$N_f = \mathrm{A} \times 0.004\ 32 C\varepsilon_t^{-3.291} |E^*|^{-0.854} \tag{7-4}$$

式中:N_f——标准轴载下的疲劳寿命;

A——实地校正系数,一般取 18.4;

$|E^*|$——沥青混合料动态模量,psi;

C——空气含量及沥青体积的函数。

3)SHELL 模型

SHELL 模型由 Van Dijk 公式发展而来,其表述为:

$$N_f = (0.856V_b + 1.08)^{5.0}\left(\frac{1}{S_m}\right)^{1.8}\left(\frac{1}{\varepsilon_t}\right)^{5.0} \tag{7-5}$$

式中:S_m——沥青混合料的劲度模量,Pa;

V_b——沥青含量,%。

4)TRRL 模型

TRRL 的疲劳准则依据沥青路面现场疲劳试验 TRRL1132 报告而来,利用弹性层状体系模型计算动态应变。在可靠度为 85% 及 20℃时:

密级配

$$N_f = (4.169 \times 10^{-10})(1/\varepsilon_r)^{4.16} \tag{7-6}$$

热拌沥青混合料

$$N_f = (1.660 \times 10^{-10})(1/\varepsilon_r)^{4.32} \tag{7-7}$$

式中:N_f——标准轴重下路面疲劳寿命;

ε_r——标准轴重下路面底部的水平拉应变。

5)我国沥青路面设计规范

我国沥青路面设计规范，用面层层底拉应力进行验算，进而控制面层的疲劳破坏。其疲劳方程采用如下的形式：

$$N_{\mathrm{f}} = k_1 \left(\frac{1}{\sigma_{\mathrm{t}}}\right)^{k_2} \tag{7-8}$$

规范认为，$N_f = 1$ 时的拉应力（一次荷载作用造成破坏的应力）为极限抗拉强度。将极限抗拉强度f_{t}引入疲劳方程，推演出反映混合料疲劳特性的抗拉强度结构系数 k_{s}：

$$\sigma_{\mathrm{r}} = \frac{f_{\mathrm{t}}}{k_{\mathrm{s}}}, k_{\mathrm{s}} = fN_{\mathrm{f}}^{0.22} \tag{7-9}$$

式中：f_{t}——极限抗拉强度；

σ_{r}——容许拉应力（疲劳方程中的 σ_{t}）；

f——由试验确定的参数。

同济大学用积累的数据归纳得到的结构行为方程反映沥青路面疲劳问题，其结果如表 7-1 所示。

沥青路面现场疲劳方程（半刚性基层） 表 7-1

路面设计标准	低标准	中标准	高标准
疲劳寿命	$\varepsilon_{\mathrm{t}} = 0.041\,4N_{\mathrm{f}}^{-0.30}$	$\varepsilon_{\mathrm{t}} = 0.035\,6N_{\mathrm{f}}^{-0.309}$	$\varepsilon_{\mathrm{t}} = 0.024\,5N_{\mathrm{f}}^{-0.30}$

注：N_{f} 为累计标准轴次，ε_{t} 为面层底面的初始拉应变。

由华南理工大学张肖宁教授主持完成的交通部西部交通科技项目“沥青路面设计指标和参数研究”分课题“沥青层疲劳开裂预估模型研究”，通过对华南理工大学、美国 UC-Berkeley 大学和美国 SHRP 研究项目进行的共计 618 组疲劳寿命试验数据处理，并综合考虑室内疲劳寿命预估模型的实用性及国际通用模型形式的一致性，最终确定了以初始弯拉劲度模量和应变水平为自变量的疲劳寿命模型，通过研究沥青混合料的动态抗压模量与动态弯拉劲度模量之间的关系，推荐给出如下疲劳寿命预估模型：

$$N_{\mathrm{f}} = 4.655 \times 10^{19} \left(\frac{1}{\varepsilon}\right)^{3.747} \left(\frac{1}{E}\right)^{1.278} \tag{7-10}$$

式中：N_{f}——疲劳破坏时的荷载作用次数；

ε——施加的拉应变（微应变）；

E——混合料的单轴动态压缩模量，MPa。

7.2 沥青路面轴载谱研究

渠化交通条件下，车辆荷载的反复作用是引起沥青路面产生疲劳破坏的根本原因。因此，交通组成及轴载分布等交通参数的调查研究对沥青路面疲劳寿命评估有着重要的意义，决定了沥青路面疲劳寿命评估的准确性。

在现场调查基础上，统计常用重型运输车辆组成和轴载分布，在此基础上，采用轴载换算方法,可以进一步整理沥青路面轴载谱。

由于实际交通中,车辆类型和轴型呈现多样化,《沥青路面设计规范》(JTG D50—2006)中规定,各种车型的不同轴载应换算成 BZZ—100 标准轴载的当量轴次。

当以设计弯沉值和沥青层层底弯拉应力为指标时,各级轴载均按式(7-11)换算成标准轴载 P 的当量轴次 N。

$$N = \sum_{i=1}^{K} C_1 C_2 n_i \left(\frac{P_i}{P}\right)^{4.35} \tag{7-11}$$

式中:N——以设计弯沉值和沥青层层底拉应力为指标时的标准轴载的当量轴次,次/d;

n_i——被换算车型的各级轴载作用次数,次/d;

P——标准轴载,kN;

P_i——被换算车型的各级轴载,kN;

C_1——被换算车型的周数系数;

C_2——被换算车型的轮组系数,双轮组为 1.0,单轮组为 6.4,四轮组为 0.38;

K——被换算车型的轴载级别。

当轴间距大于 3m 时,应按单独的一个轴载计算;当轴间距小于 3m 时,双轴或多轴的轴数系数按式(7-12)计算。

$$C_1 = 1 + 1.2(m - 1) \tag{7-12}$$

式中:m——轴数。

应该强调的是,以上计算公式仅适用于单轴轴载小于或等于 130 kN 的各种车型的轴载换算。

但是,实际交通组成中,常常有些车处于严重超载状况,这些车辆对路面的破坏作用非常严重。为了深入研究超载车辆对路面的破坏作用,分析超载车辆的等效轴载,长安大学陈忠达教授以轴载换算等效原理为依据,考虑路面结构的非线性弹性性质,通过路面结构分析和路表弯沉测试、车辙试验等研究手段,分析了轴载换算指数 n 的影响因素,重新建立了弯沉等效轴载换算公式,建议以弯沉为等效参数时,轴载换算指数 n 取:

$$n = 0.010\,19P + 4.009\,5 \tag{7-13}$$

式中:P——轴重,kN。

借鉴以上研究成果,以作者实地调查得到的京珠高速公路交通组成为例,研究典型路段的轴载谱。

交通调查中,根据动态称重系统提供的测试数据,进一步将重型车辆的交通组成按照轴型整理。表 7-2 ~ 表 7-5 为各轴型实际对路面的作用次数和换算为标准轴载后当量轴次数。

对于轴重小于 20kN 的 1 型轴和 2 型轴,都是吨位较小的小型货车,对路面破坏作用较小,近似认为当量轴次为 0。

1 轴型实际作用次数与当量轴次数　　表 7-2

1 型轴轴重(kN)	实际作用次数	比例(%)	当量轴次数	比例
≤20	92	4.60	0.0	0.00%
20~40	447	22.36	15.2	0.94%
40~60	701	35.07	220.0	13.57%
60~80	574	28.72	681.6	42.04%
>80	185	9.25	704.6	43.46%
合计	1 999	100.00	1 621.4	100.00%

2 轴型实际作用次数与当量轴次数　　表 7-3

2 型轴轴重(kN)	实际作用次数	比例(%)	当量轴次数	比例
≤20	58	4.45	0.0	0.000
20~40	86	6.60	0.5	0.002%
40~60	119	9.13	5.8	0.027%
60~80	75	5.76	15.9	0.074%
80~100	131	10.05	82.8	0.386%
100~120	142	10.90	231.6	1.079%
120~140	169	12.97	685.0	3.190%
140~160	168	12.89	1 586.7	7.390%
160~180	142	10.90	2 988.7	13.920%
180~200	90	6.91	4 088.8	19.040%
>200	123	9.44	11 786.0	54.890%
合计	1 303	100.00	21 471.8	100.000%

5 轴型实际作用次数与当量轴次数　　表 7-4

5 型轴轴重(kN)	实际作用次数	比例(%)	当量轴次数	比例
≤100	102	10.77	11.0	0.04%
100~150	57	6.02	16.2	0.06%
150~200	122	12.88	150.1	0.56%
200~250	190	20.06	697.7	2.62%
250~300	208	21.96	2 563.2	9.62%
300~350	125	13.20	4 304.2	16.16%
350~400	101	10.67	9 182.2	34.48%
>400	42	4.44	9 706.7	36.45%
合计	947	100.00	26 631.3	100.00%

7 轴型实际作用次数与当量轴次数　　表 7-5

7 型轴轴重(kN)	实际作用次数	比例(%)	当量轴次数	比例
≤150	19	18.63	1.4	0.007%
150~200	4	3.92	1.3	0.007%
200~250	4	3.92	3.9	0.020%
250~300	7	6.86	16.3	0.085%
300~350	5	4.90	24.1	0.126%
350~400	9	8.82	80.8	0.420%
400~450	7	6.88	159.0	0.830%
450~500	9	8.82	405.4	2.110%
500~550	7	6.86	608.7	3.170%
550~600	5	4.90	822.5	4.280%
600~650	5	4.90	1 531.8	8.000%
650~700	13	12.75	7 327.6	38.160%
>700	8	7.84	8 218.3	42.800%
合计	102	100.00	19 201.1	100.000%

综上所述,根据 24h 不间断调查结果,该路段累计通过重型货车轴次为 4 351 次/d,折合当量标准轴次为 45 832.4 次/d。

另外,从表 6-1~表 6-4 还可以看出,超载车辆对路面破坏非常严重,如轴重大于 400kN 的 5 型轴,虽然实际作用仅 42 轴次,但当量轴次却达到 9 706.7,相当于实际轴次 231.1 倍。因此,实际交通运输中应严格限制超载现象,或者从交通收费角度按照等破坏收费原则进行收费,也就是轴重大于 400kN 的一根 5 型轴收费数量相当于一根 100kN 的 2 型轴行驶相同距离收取费用的 231.1 倍,这样也能有效治理超载现象。

7.3　荷载横向分布修正系数

实际道路中,车辆荷载并不是总是加载于路面的同一位置,而是按照一定的横向分布规律分布在路面中。这样,车辆在不同位置对沥青层层底的某一固定位置产生的应变是不一样的,该位置产生的疲劳损伤也是不一样的。车辆荷载作用一次对路面不同位置处产生的疲劳损伤率也是不同的。因此,横向偏移的量直接影响到路面系统的疲劳性能。

图 7-1 为有关文献报道实测得到的分车道单向行驶时宽为 3.75m 的车道上轮迹横

向分布频率曲线(轮迹宽度以25cm计)。从图中可以看到,距路面外侧边缘0.9m和3m附近的轮迹分布频率分别达到峰值,为该车道总轴载作用次数的30%左右,而车道边缘处路面受到的轴载作用次数很小。可以判断,距路面外侧边缘0.9m和3m位置的路面承受车辆荷载次数最多,是最容易产生疲劳破坏的位置。因此,本书以该点为研究对象,研究合理的荷载横向修正系数和路面疲劳寿命。

许多学者根据轮迹横向分布频率曲线取一定的轮迹横向分布系数,实际上,常用重型车辆轮胎如图7-2所示,单轮轮胎宽度为22.5cm,两个轮胎中心间距为14cm,轮胎总宽59cm。

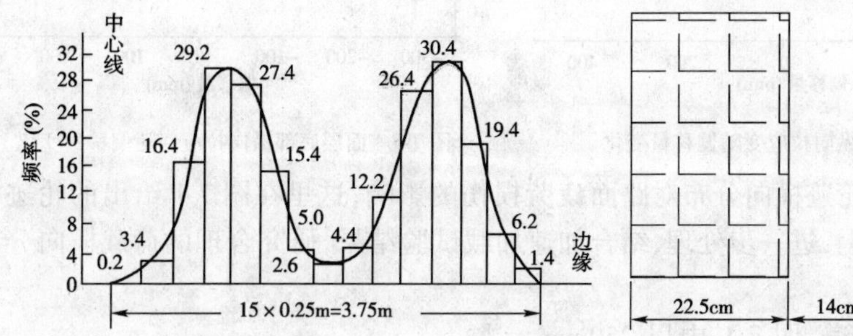

图7-1 分车道单向行驶时轮迹横向分布频率曲线 图7-2 常用重型车辆轮胎

另外,由第5章知道,不管是对于横向动力响应还是对于纵向动力响应,轮胎相对传感器位置不同,测试结果差异严重。为了研究轮胎相对传感器位置对测试结果的影响,作者在足尺路面加速加载试验中,不断改变轮胎轮迹位置,如图7-3所示。

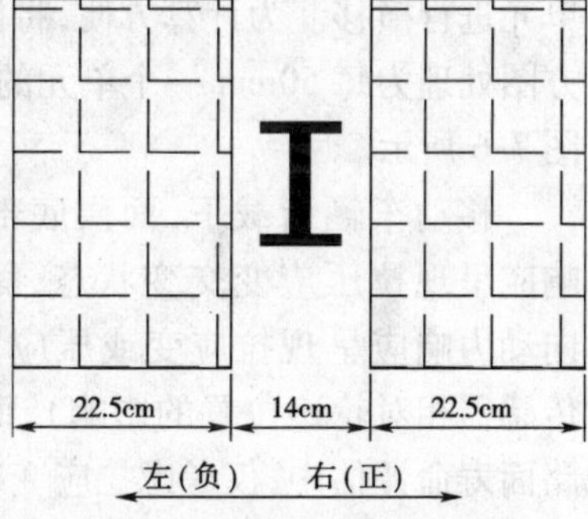

图7-3 传感器位置示意图

轮胎相对传感器向左移动时,相对位置记为负(-),向右移动时记为正(+)。每次移动50mm,移动范围为-400~400mm。

第5章中明确指出,对于纵向动力响应,各个位置下沥青路面纵向弯拉应变的动力响应曲线规律基本相同,呈现拉压应变交变状态,但是,轮胎相对传感器的位置对动力响应数值大小影响严重,-150mm、-200mm、150mm和200mm 4个位置动力响应最大,-400mm和400mm 2个位置动力响应最小,基本没有拉应变。对于横向动力响应,车轮相对传感器位置对其动力响应影响更加严重,不但影响其数值大小,而且影响应变状态。轮胎胎冠下方,面层底部横向路面结构动力响应呈现拉应变状态;轮胎胎肩下方,面层底部横向路面结构动力响应呈现拉压应变交变状态;轮胎外侧及两个轮胎之间,面层底部横向路面结构动力响应呈现压应变状态。图7-4和图7-5给出了轴重为100kN,常温下试验得到的面层底部纵向和横向拉应变随偏移量变化。

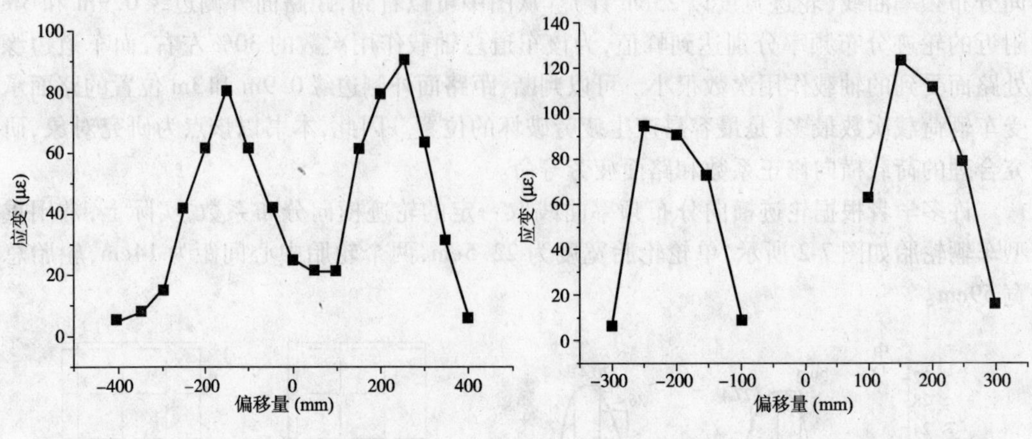

图 7-4　面层底部纵向拉应变随偏移量变化　　图 7-5　面层底部横向拉应变随偏移量变化

为了深入研究轮迹横向分布对路面疲劳损伤的影响,这里在图 7-1 给出的轮迹横向分布频率曲线基础上,进一步处理,结合加速加载试验结果,研究合理的荷载横向分布修正系数。

由前述分析知道,图 7-1 中以 250mm 为长度单元进行统计,而试验中以 50mm 为单元进行横移。为计算方便,将图 7-1 的直方图处理为每 50mm 一个单元的直方图,如图 7-6 所示。

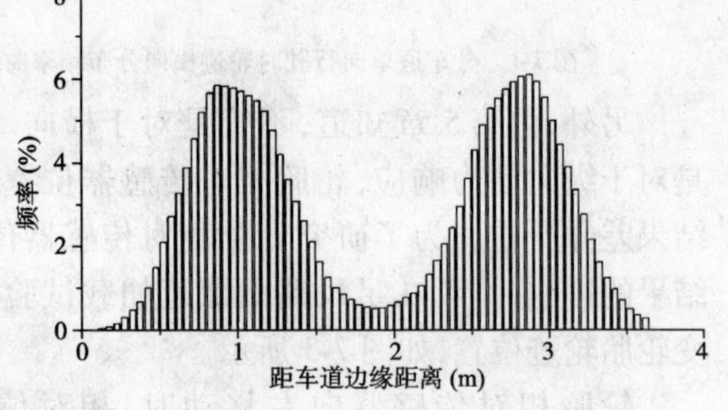

图 7-6　分车道单向行驶时轮迹横向分布频率曲线

移动车辆荷载下,面层底部纵向动力响应呈现拉压应变交变状态,面层底部横向动力响应呈现拉应变或压应变(主要受传感器相对轮迹位置的影响),而现有沥青路面寿命评估中,仅考虑拉应变对路面的破坏作用,至今还没发现考虑压应变对路面疲劳寿命影响的疲劳寿命评估方法。受研究时间和研究经费的限制,本书进行疲劳寿命评估时仅考虑拉应变的作用。

另外,由图 7-4 可知,当偏移量达到 400mm 或 -400mm 时,面层底部纵向拉应变仅 4.5με,应变量非常小,可以推算,偏移量超过 400mm 后,该应变值会更小,因此,不考虑偏移量超过 400mm 部分对路面产生的疲劳破坏作用。也就是说,对于图 7-1 或图7-6中,研究承载最严重位置 3m 处的疲劳寿命时,如果以面层底部纵向拉应变为评价指标,仅分别考虑 2.6 ~ 3.4m 范围内车轮的破坏作用即可。同理,由图 7-5 可知,仅偏移量为 -300 ~ -100mm 和 100 ~ 300mm 范围内,面层底部横向呈现拉应变状态,其他位置呈现压应变状态,因此,以面层底部横向拉应变作为评价指标评价 3m 位置的疲劳寿命时,仅分别考虑 2.7 ~ 2.9m 与 3.1 ~ 3.3m 范围内车轮的破坏作用即可。

由式(7-10)可知,一个车轮荷载作用下,路面产生的疲劳损伤量 D_i 可表示为:

$$D_{\mathrm{i}}=\frac{1}{N_{\mathrm{i}}}=\frac{\varepsilon_{\mathrm{i}}^{3.747}E^{1.278}}{4.655\times10^{19}} \tag{7-14}$$

式中:ε_{i}——面层底部弯拉应变,$\mu\varepsilon$;

E——沥青层单轴动态压缩模量,MPa。

由图7-4和图7-5可知,试验中产生的最大纵向拉应变为90.3$\mu\varepsilon$,最大横向拉应变为123.6$\mu\varepsilon$。因此,不考虑横移时,常温状态下一个100kN轴重的车辆荷载作用下产生的损伤量为(动态压缩模量取8 000MPa,沥青饱和度取70%):

以面层底部纵向拉应变评价:

$$D_{\mathrm{L}}=\frac{1}{N}=\frac{\varepsilon^{3.747}E^{1.278}}{4.655\times10^{19}}=4.4483\times10^{-8} \tag{7-15}$$

以面层底部横向拉应变评价:

$$D_{\mathrm{T}}=\frac{1}{N}=\frac{\varepsilon_{\mathrm{i}}^{3.747}E^{1.278}}{4.655\times10^{19}}=1.4422\times10^{-7} \tag{7-16}$$

考虑轮迹横向分布时,车轮作用一次产生的损伤量为:

$$D'=\sum_{i=1}^{k}p_{\mathrm{i}}D_{\mathrm{i}}=\sum_{i=1}^{k}\frac{p_{\mathrm{i}}\varepsilon_{\mathrm{i}}^{3.747}E^{1.278}}{4.655\times10^{19}} \tag{7-17}$$

式中:D'——考虑横向分布的损伤量;

k——轮迹横向分布级数;

p_{i}——第 i 级轮迹位置的概率;

ε_{i}——不同位置面层底部弯拉应变。

结合图7-4~图7-6和式(7-17),常温状态下,一个100kN轴重的车辆荷载按照图7-6分布规律横移时,路面产生的损伤量为:

以面层底部纵向拉应变评价

$$D'_{\mathrm{L}}=\sum_{i=1}^{k}p_{\mathrm{i}}D_{\mathrm{i}}=\sum_{i=1}^{k}\frac{p_{\mathrm{i}}\varepsilon_{\mathrm{i}}^{3.747}E^{1.278}}{4.655\times10^{19}}=7.0358\times10^{-9} \tag{7-18}$$

以面层底部横向拉应变评价

$$D'_{\mathrm{T}}=\sum_{i=1}^{k}p_{\mathrm{i}}D_{\mathrm{i}}=\sum_{i=1}^{k}\frac{p_{\mathrm{i}}\varepsilon_{\mathrm{i}}^{3.747}E^{1.278}}{4.655\times10^{19}}=1.9529\times10^{-8} \tag{7-19}$$

因此,轮迹横向分布修正系数为:

以面层底部纵向拉应变评价

$$c_{\mathrm{H}}=\frac{D_{\mathrm{L}}}{D'_{\mathrm{L}}}=\frac{4.4483\times10^{-8}}{7.0358\times10^{-9}}=6.32 \tag{7-20}$$

以面层底部横向拉应变评价:

$$c_{\mathrm{V}}=\frac{D_{\mathrm{T}}}{D'_{\mathrm{T}}}=\frac{1.4422\times10^{-7}}{1.9529\times10^{-8}}=7.38 \tag{7-21}$$

c_H 和 c_V 数值相差较小，为了便于应用，这里采用二者的平均值作为轮迹横向修正系数：

$$c = (c_H + c_V)/2 = 6.85 \tag{7-22}$$

即：轴重均为100kN的轴，位置固定时经过一次对路面产生的损伤量相当于位置不固定时产生的损伤量的6.85倍，也就是采用位置固定情况下分析得到的疲劳寿命应乘以6.85才能反映实际道路的疲劳寿命。

7.4 现场修正系数

虽然室内疲劳试验总是尽可能模拟现场实际情况，但现场复杂的荷载分布、环境条件和路面应力应变状态在室内疲劳试验中难以完全表达，如实际路面承受的荷载大小、作用时间和间歇时间都是随机变化值，并非室内试验所施加的常应力或常应变，路面不断变化的温度与疲劳试验的等温条件也不同，从而使材料性质发生变化。因此，室内试验获得的疲劳寿命与实际路面疲劳寿命有所不同。要利用根据室内疲劳试验结果建立的疲劳模型来预测实际路面的疲劳性能，需要进行现场修正。

一般认为，荷载间歇时间、裂缝扩展速度、轮载横向分布、路面温度变化、裂缝率等是导致室内试验结果与现场实际情况差异的主要原因。这些因素的影响造成室内疲劳寿命试验大都低估了实际路用性能。需要采用修正系数来将室内试验结果转化成实际路面疲劳状况。

由华南理工大学张肖宁教授主持完成的交通部西部交通科技项目“沥青路面设计指标和参数研究”分课题“沥青层疲劳开裂预估模型研究”，在采用ALF试验仪进行加速加载试验基础上，对3种不同厚度路面进行疲劳寿命处理，结果发现，ALF现场修正系数与沥青层厚度具有良好的线性相关性，给出如下现场修正系数：

$$c = \begin{cases} 7.54 - 0.49h_{ac} & 0 < h_{ac} \leqslant 15\text{cm} \\ 0.1 & 15\text{cm} < h_{ac} \end{cases} \tag{7-23}$$

式中：h_{ac}——沥青层厚度。

7.5 疲劳寿命计算

本书以面层厚度为12cm的半刚性基层路面结构，即以加速加载试验场第三种路面结构为研究对象，评价沥青路面疲劳寿命。

式(7-10)为通过沥青混合料试验得到的疲劳寿命方程，在进行沥青路面疲劳寿命评估时，不仅要分析沥青混合料的动态抗压模量和BZZ-100标准荷载下沥青路面面层底部的弯拉应变；而且还要进行车辆组成调查，研究实际交通状况下的轴载谱；同时还要考虑车道分配系数、轮迹横向分布修正系数和现场修正系数。即实际交通状况下，沥青路面疲劳寿命可表示为：

$$N_{\mathrm{f}}=4.655\times10^{19}\frac{c_1c_2}{c_3}\left(\frac{1}{\varepsilon}\right)^{3.747}\left(\frac{1}{E}\right)^{1.278} \tag{7-24}$$

式中：c_1——轮迹横向分布系数；

c_2——现场修正系数；

c_3——车道系数；

ε——BZZ-100 标准荷载下面层底部弯拉应变，$\mu\varepsilon$；

E——沥青混合料抗压动模量，MPa。

由前述研究结果知道，轮迹横向分布系数取为 6.85；由式(7-23)可知，现场修正系数为 1.66；《公路沥青路面设计规范》(JTG D50—2006)中规定，对于常见的双向 4 车道高速公路，车道系数为 0.4～0.5，这里取 0.45；由图 7-4 和图 7-5 可知，常温状态 BZZ-100 荷载下，面层底部最大弯拉应变为 123.6$\mu\varepsilon$；参考相关资料，取沥青混合料动态抗压模量为 8 000MPa，沥青饱和度取 70%。

将以上数据代入式(7-23)，得：

$$\begin{aligned}N_{\mathrm{f}}&=4.655\times10^{19}\frac{c_1c_2}{c_3}\left(\frac{1}{\varepsilon}\right)^{3.747}\left(\frac{1}{E}\right)^{1.278}\\&=4.655\times10^{19}\times\frac{6.85\times1.66}{0.45}\times\left(\frac{1}{123.6}\right)^{3.747}\times\left(\frac{1}{8\,000}\right)^{1.278}\\&=1.752\,1\times10^{8}\end{aligned}$$

也就是说，该路面结构在承受 $1.752\,1\times10^{8}$ 次标轴轴载 BZZ-100 作用下才能够达到疲劳破坏。

由于京珠高速河南段日交通当量标准轴载为 45 832.4 次/d，因此，在不考虑增长率的情况下，该路段达到疲劳破坏前服役时间为：

$$T=1.752\,1\times10^{8}/45\,832.4=3\,822.8(\mathrm{d})=10.6(\text{年})$$

也就是说，不考虑车辆增长率、温度等条件下，该结构能够服役 10.6 年。与现有许多资料评价路面疲劳寿相比，该疲劳寿命评估方法更可靠，与沥青路面使用现状更加吻合。

8 沥青路面层间黏结强度研究

试验研究和理论研究均发现,对于半刚性基层沥青路面结构,移动车辆荷载下,面层底部纵向和横向弯拉应变均较小,不适宜作为评价其动力性能的关键指标。而半刚性基层沥青路面面层内部及面层底部动态剪应变较大,远大于弯拉应变,而面层与基层之间由于材料性能差异较大,其黏结性能较差,容易在剪切应力作用下遭到破坏。当面层与基层之间的黏结作用被破坏后,使连续的层间结构变为滑动结构,这不但增加沥青混合料的流动性,使路面容易产生车辙,而且结构的受力状态发生了变化,增加面层底部弯拉应变,容易引起疲劳破坏。因此,对于半刚性基层沥青路面结构,面层与基层之间的黏结强度是保证路面使用寿命的一个关键指标。为了深入研究面层与基层之见的黏结性能,开发了相应的系列测试仪器,并进行了现场试验研究。该系列仪器不仅能够检测沥青路面层间黏结强度,而且可用来检查桥面铺层的黏结强度。

8.1 沥青路面层间黏结强度检测系列仪器简介

作者研究小组开发了一套用于沥青路面黏结层和桥面防水层性能检测的系列仪器。该套仪器主要由三种仪器组成,分别为电动式剪切仪、层间强度拉拔仪和90°撕裂仪。剪切仪主要用来现场检查层间剪切强度,拉拔仪主要是现场检查层间抗拉强度,而90°撕裂仪主要用来检查桥面防水层黏结后在90°方向撕裂时的黏结力。

由于电动剪切仪、层间拉拔仪、90°撕裂仪三种仪器,都是有关力与位移等各种数据的采集分析与处理,因此,研发了一套数据采集与分析系统,可用一套公用的数据采集与分析系统,为三种仪器通用,该系统可对试验数据进行实时采集并传输到计算机。在设计过程中,对其机械结构部分进行了优化设计,使其工作原理、仪器重量、使用的方便性更加合理。对其检测部分利用USB软、硬件接口技术的设计,实现了计算机实时检测和控制,开发了计算机应用程序,仪器实现了自动化。研制的仪器不仅可以应用于施工现场实时检测,而且还可以应用于实验室室内试验,不仅能够完成采集数据,而且还具备实时显示的功能,可以看到强度随位移变化的曲线,提高了测试的精度和自动化程度。

8.1.1 数据采集系统

数据采集卡的设计包括它的硬件设计和相应的软件设计,以MSP430单片机为核心,设计了它的电源部分、USB接口部分、信号调理部分和步进电机驱动部分。

(1)数据采集卡硬件设计

MSP430 单片机是 TI 公司 1996 年推出的一种 16 位超低功耗混合信号处理器(Mixed Signel Processor),它将许多模拟电路、数字电路和微处理器集成在一个芯片上,以提供“单片”解决方案。由于其卓越的性能,短短几年内发展极为迅速,应用日趋广泛。它的主要特点有:

①超低功耗,MSP430 系列单片机堪称目前世界上功耗最低的单片机,其应用系统可以做到用一枚电池使用 10 年。

②强大的处理能力,MSP430 系列单片机是 16 位单片机,采用了精简指令集(RISC)结构。

③高性能模拟技术及丰富的片上外围模块。

④系统工作稳定,MSP430 单片机均为工业级器件,运行环境温度 −40 ~ 85℃,运行稳定、可靠性高。

⑤方便高效的开发环境,目前应用较为广泛的是 FLASH 型,器件内部有 JTAG 调试接口,还有可电擦写的 FLASH 存储器,可以通过 JTAG 接口将程序下载到 FLASH 内,同时也可以 JTAG 接口控制程序运行、读取片内 CPU 状态,整个开发过程可在同一个软件集成环境中进行。

鉴于 MSP430 系列单片机以上的特点和本系统的需求,数据采集卡的核心部件在此选择的是 MSP430 系列单片机的 MSP430F149。

MSP430F14x 系列单片机结构如图 8-1 所示。

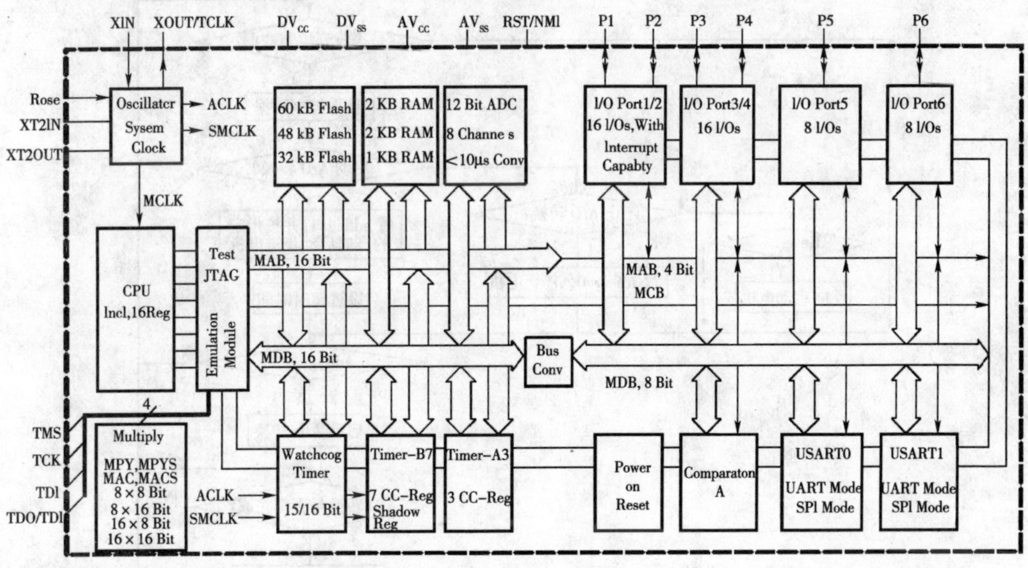

图 8-1　MSP430F14x 系列单片机结构

MSP430F14x 系列单片机的外围电路如图 8-2 所示。

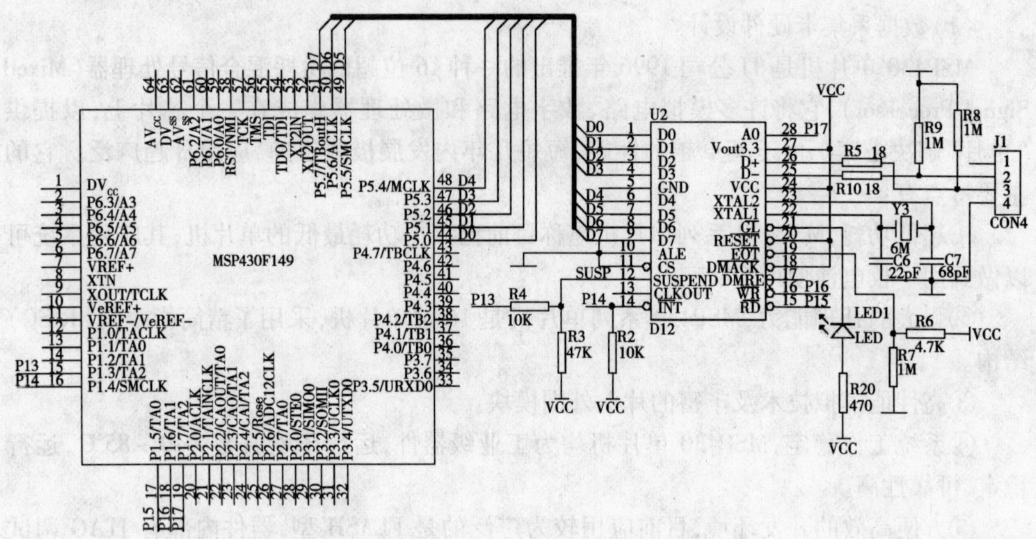

图 8-2　MSP430F14x 系列单片机外围电路

(2)数据采集卡软件的总体设计

根据测试仪的要求,数据采集卡软件主要完成的工作:初始化 USB 设备,完成上位机的枚举过程;向上位机发送采集到的数据。根据上位机的要求(命令)控制步进电机的工作。

根据以上要求,程序流程图如图 8-3 所示。

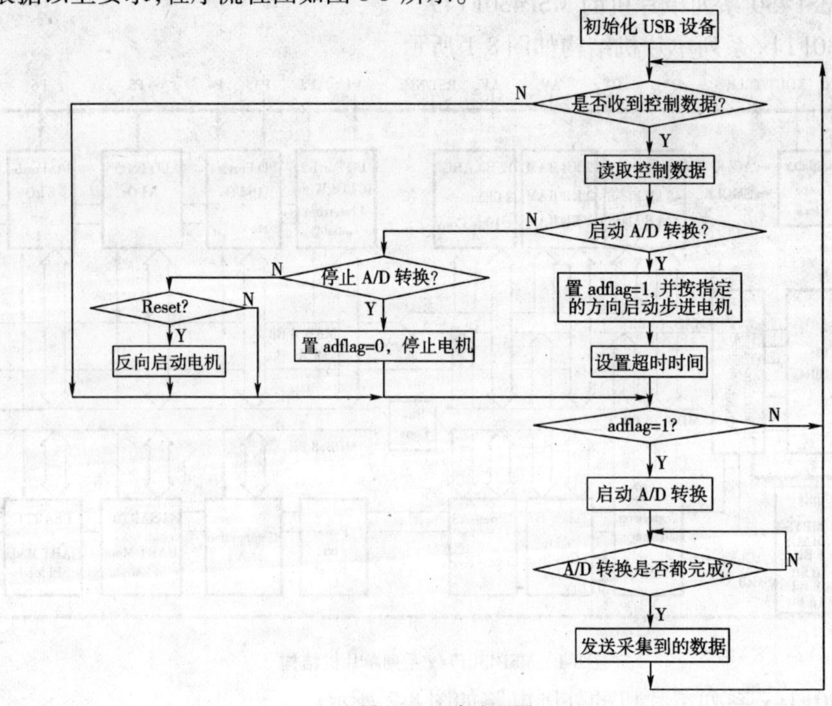

图 8-3　程序流程图

(3)驱动程序开发

在Windows环境下,不允许用户在应用程序中直接访问硬件设备,应用程序必须通过一个中间的桥梁才能访问硬件设备。这个中间桥梁就是设备驱动程序。设备驱动程序通常在内核模式中运行,因为在该模式下具有较高的优先级。因此,在USB外部设备开发中,驱动程序的设计占有很重要的部分,而PC机访问外部设备则需要通过应用程序来实现。

我们开发了USB驱动程序,步进电机驱动程序,传感器检测信号调理驱动等。

仪器的调试与安装过程为:当USB终端设备连接到主机或集线器上时,操作系统会对这个设备进行列举。操作系统根据终端设备返回的描述信息,在自己的INF文件库中寻找与之相匹配的INF文件。如果没有这样的文件,系统将提示发现新设备,并弹出设备安装向导来引导用户安装设备驱动程序。如果系统中已经安装了相应的INF文件,操作系统会根据INF文件中的信息寻找并加载设备驱动程序。

当设备安装完成之后,从设备管理器中可以看到已经安装好的硬件,图8-4~图8-6显示了设备管理器和设备属性的对话框。

图8-4　对话框1

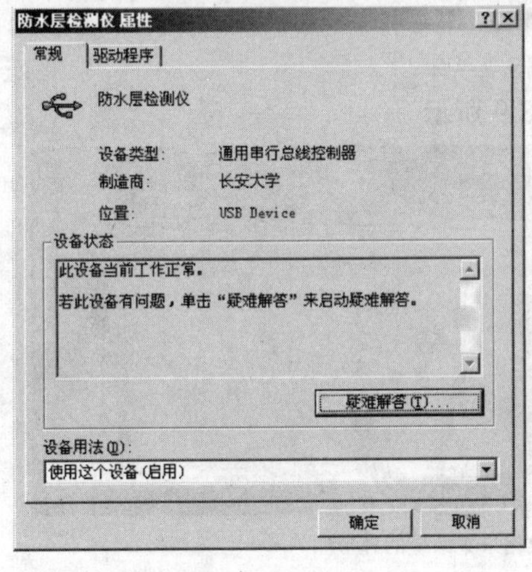

图8-5　对话框2

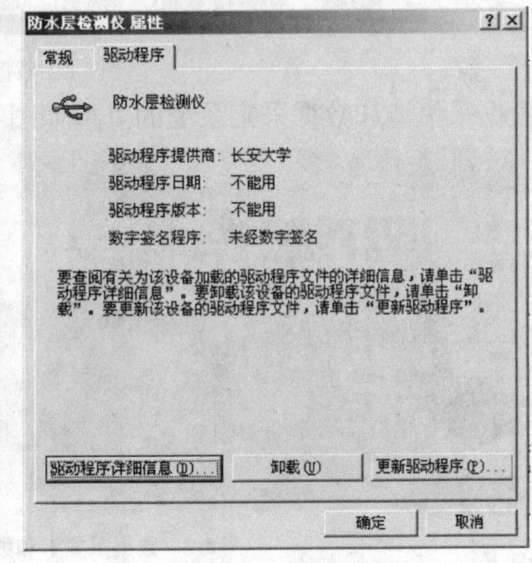

图8-6　对话框3

(4)计算机应用程序设计及其界面设计

计算机应用程序主要完成对采集到的数据进行解封装、实时波形显示,以及对整个数据采集系统的开始、停止,并设置相应的一些参数,以及最后的数据分析处理工作,其程序组成框图见图 8-7。

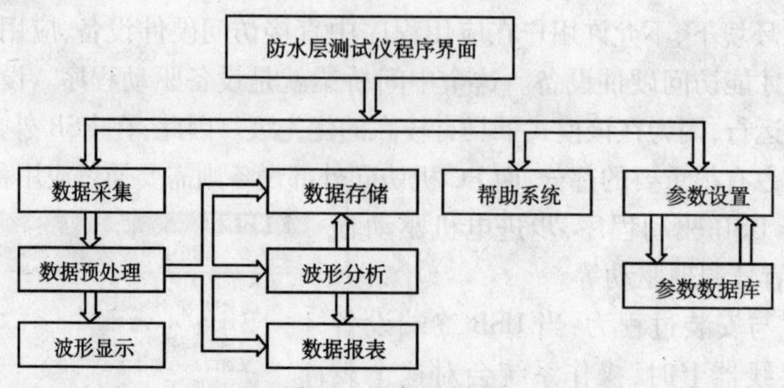

图 8-7　程序组成框图

在 VB. NET 环境下开发的实时数据采集显示的界面如图 8-8 所示。

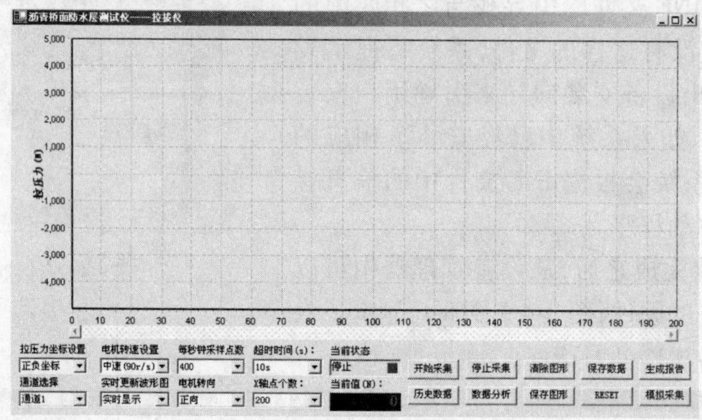

图 8-8　数据采集界面

数据采集卡和数据采集系统的外形如图 8-9 所示。

图 8-9　数据采集卡和数据采集系统的外形图

8.1.2　机械部分设计

(1)拉拔仪主要结构及其设计特点

该仪器主要由底座、拉拔盘、连接螺母、拉杆、力传感器、螺杆、步进电机、提手、限位开关、蜗轮、蜗杆等组成,拉拔仪结构见图 8-10。

图 8-10 拉拔仪

试验时,步进电机通过同步带驱动蜗杆—蜗轮机构旋转,从而带动螺杆、拉杆、连接螺母、拉拔卡盘等实现拉拔的功能,数据采集卡不断采集拉力数据并实时通过 USB 接口上传给计算机,实时显示拉力波形图。拉拔的速度在拉拔之前可以通过计算机软件进行设置。拉拔试验完成之后,需要通过计算机软件的控制将拉拔盘恢复到初始的位置,以备下次拉拔使用。

拉拔仪设计的主要特点:

①结构简单,主要采用传递力矩大的蜗轮—蜗杆传动副和丝杠螺母传动副。

②仪器的重量轻,上部箱体采用铝合金制造,下部受力部分采用成型钢材制造。仪器总质量小于 15kg,携带和搬运方便。

③仪器拉拔卡盘设计采用独特式的三卡片结构,容易卡紧试样不易脱落和滑移,越拉越紧,同时安装和拆卸方便。

④安装了室内底座,可以完成实验室内部的试验。实现了拉拔仪在现场和室内都能完成试验的功能要求。

(2)剪切仪主要结构及其设计特点

图 8-11 剪切仪

剪切仪主要结构由底座、蜗杆—蜗轮、螺杆—螺母、力传感器、推动杆、回拉件、剪切件等组成,底座是仪器的主体,蜗杆蜗轮和导座装在底座上,螺杆与蜗轮以梯形螺纹连接,螺杆右端接力传感器、顶杆、剪切件。剪切件由导座导向。剪切仪结构见图 8-11。

试验时,电机通过同步带驱动蜗杆、蜗轮、螺杆、力传感器,推动剪切件进行剪切试样,数据采集卡不断采集剪切力数据并实时通过 USB 接口上传给上位机,实时显示剪切力波形图。剪切的速度在剪切之前可以通过上位机软件设置。剪切完成之后,需要通过上位机软件的控制将剪切件恢复到初始的位置,以备下次剪切使用。

剪切仪的设计特点:

①结构简单、合理,主要采用传递力矩大的蜗轮—蜗杆传动副和丝杠—螺母传动副。

②仪器的质量轻,上部箱体和下部底座采用铝合金制造,只有受力部分采用 45 号钢制造。仪器总质量小于 15kg,携带和搬运方便。

③在底座上安装了室内试验试样卡头,可以完成室内试验。卡头结构简单,容易

操作。

④剪切件的高度可以根据需要随时调整，适用于不同高度黏结层试验的需要。剪切件结构为半圆形构件，试验时受力面小，容易与试样切紧，保证黏结层实现水平面剪切。

(3)90°撕裂仪主要结构及其设计特点

桥面防水层撕裂仪主要用于检测混凝土桥面与防水层黏结后在90°方向撕裂的黏结力，适用于室内或现场检测卷材类或加筋涂膜类防水层，以便分析不同的桥面处理措施、桥面状况、环境温度等因素对层间黏结力的影响规律，试验结果可以用以选择防水材料，现场判定防水层施工质量。

90°撕裂仪设计原理：为了保证防水层撕裂过程始终为90°撕裂，在试验过程中，就必须始终保持向上运动撕裂的速度与水平运动的速度相等。在90°撕裂仪结构设计中，采用步进电机—同步带传动—蜗轮蜗杆传动—同步带—齿轮齿条传动—带动柔性帆布—夹头—传感器—夹头—防水材料的传动路线，实现防水层90°撕裂。90°撕裂仪结构见图8-12。

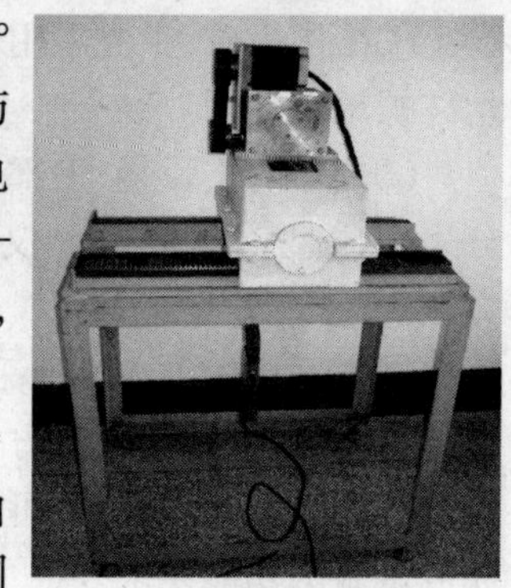

图8-12　撕裂仪

90°撕裂仪设计特点：

①设计新颖、功能齐全，是一台典型的机电一体化仪器，由步进电机驱动，计算机控制，撕裂速度在50～200mm/min范围任意设定。

②设计原理符合实际情况，保证了防水层90°撕裂。同时齿轮—齿条传动平稳，保证撕裂过程平稳。

③结构简单、步进电机功率小。步进电机先经过蜗轮蜗杆传动副减速，再驱动齿轮齿条传动副，这样可使步进电机的驱动功率变小，选择的步进电机完全满足试验过程驱动力矩的需要。

④连接夹头结构简单，容易操作。

8.2　河南某城际快速干道层间黏结强度现场检测

8.2.1　研究问题

在该快速干道施工过程中，利用开发的剪切仪和拉拔仪进行了现场检测(图8-13、图8-14)。主要研究该沥青路面沥青层与稳定层之间的剪切强度与抗拉强度，并且对桥面防水层与混凝土桥面之间抗拉和抗剪强度进行了试验研究。主要用于现场质量监控和层间黏结强度规律研究。试验结果可为评判沥青路面和防水层施工质量提供参考，也可为路面和桥面防水层设计提供设计参考数据。

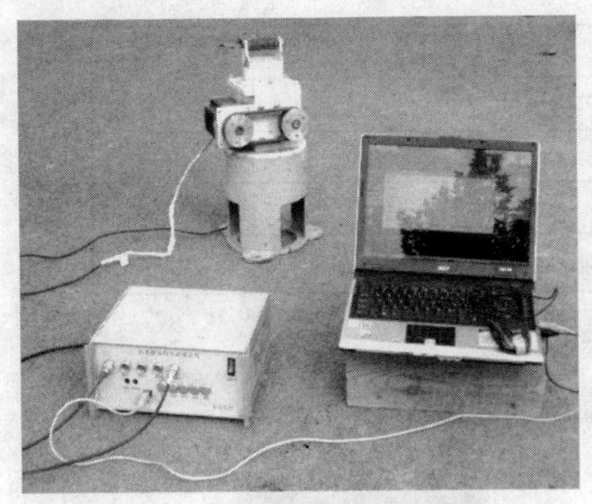

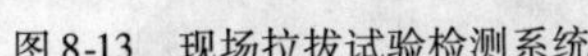

图 8-13　现场拉拔试验检测系统

图 8-14　现场剪切试验检查系统

8.2.2　试验过程和试验方法介绍

首先，让试验人员现场取芯，先取一个直径为 10cm 的芯，然后再在其上取 15cm 的芯，将中间圆环取出（注意不能碰到直径为 10cm 的芯），用毛巾将残余水分吸干。将机械系统放置在一个合适的位置，机械系统应尽量保持水平，不能晃动。用拉拔仪的卡头将芯紧紧抓住，或者将剪切仪的剪切件靠在芯的表面，必须将拉拔仪的拉拔盘或剪切仪的剪切件与所测对象对准，以减小误差。

对于拉拔仪，装夹的时候应保证一定的预紧力，以防止在拉拔的过程中试件脱落，对于剪切仪，试件安装过程中应该尽量使剪切件靠近芯样，将仪器固定牢靠防止倒退。

最后，将机械系统的传感器和步进电机电缆接入数据采集系统，传感器电缆接入数据采集系统的时候，应注意所选择的通道，以便数据采集应用程序中设置。用 USB 数据线将数据采集系统和计算机相连接，在此应当注意数据采集系统的 USB 接口为 B 型口。计算机提示有新的 USB 设备接入，最后运行数据采集应用程序。

步进电机转速为 90r/min（拉拔速度为 10mm/min），数据采样频率为 400Hz 时，拉力曲线如图 8-15 所示，图 8-16 为剪切力曲线，图 8-17、图 8-18 分别为剪切和拉拔后的试样界面。

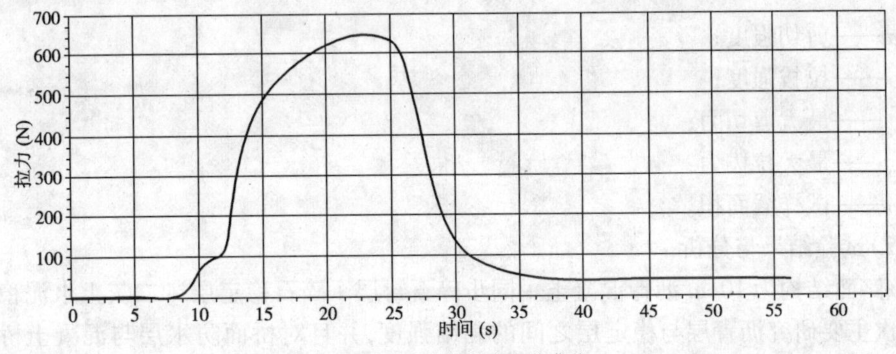

图 8-15　试样拉拔力变化曲线

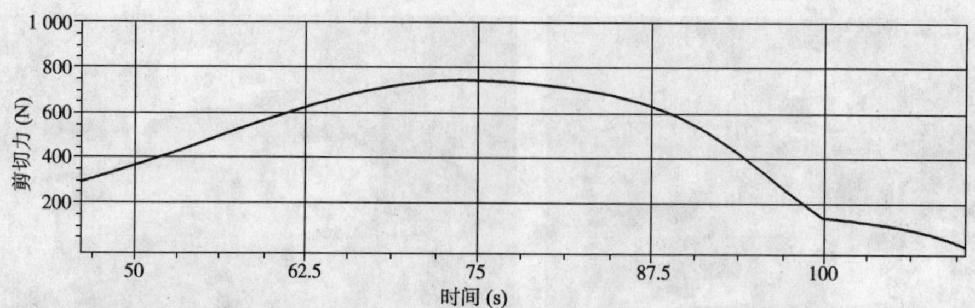

图 8-16　试样剪切力变化曲线

图 8-17　剪切后的试样界面

图 8-18　拉拔后的试样界面

8.2.3　试验数据及处理结果

(1)剪切强度和拉拔强度计算方法

试样的剪切强度和拉拔强度计算公式分别为:

$$\tau = \frac{P_{max}}{A}$$

$$\sigma = \frac{F_{max}}{A}$$

式中:τ——剪切强度;

σ——拉拔强度;

P_{max}——最大剪切力;

F_{max}——最大拉拔力;

A——试样截面积。

(2)试验结果与分析

该路面结构为10cm 沥青混凝土 + 同步碎石封层 + 碎石稳定层 + 二灰土水泥稳定土层,本次主要研究沥青层与稳定层之间的黏结强度,并且对桥面防水层与混凝土桥面和沥青面层之间抗拉和抗剪强度也进行了试验研究。根据要求在郑开线全线上每隔 200m

取一组数据，每组取4个试样，其中，中间车道和边车道各取两个。两个试样中一个做剪切试验，一个做拉拔试验。郑开线三个标段共取试样106个，其中拉拔试验53个，剪切试验53个。三个标段的试验数据见表8-1～表8-8，拉拔和剪切的强度结果见图8-19～图8-25，三个标段总数据统计结果见表8-8。

一标拉拔强度实验结果　　表8-1

标段	边道		中道	
	F_{max}(N)	σ(kPa)	F_{max}(N)	σ(kPa)
K1+300			306	38.96
K1+460	186	23.68	240	30.56
K1+615	175	22.28	197	25.08
K7+680	175	22.28	219	27.88
K7+880	240	30.56	251	31.96
K8+080			404	51.4
K8+280	328	41.76	447	56.91
K10+740	240	30.56	142	18.08
K10+900	110	14.01	197	25.08
K11+040	229	29.16	229	29.16
平均值	210.40	26.79	263.20	33.51

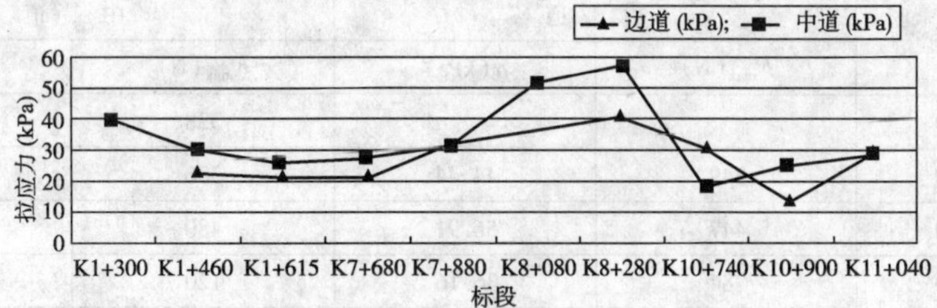

图8-19　一标拉拔强度实验结果

二标拉拔强度实验结果　　表8-2

标段	边道		中道	
	F_{max}(N)	σ(kPa)	F_{max}(N)	σ(kPa)
K13+220	131	16.68	306	38.96
K13+500	360	45.84	350	44.56
K13+700	186	23.68	219	27.88
K13+900	328	41.76		
K14+500	550	70.03	251	31.96

续上表

标段	边道		中道	
	F_{max}(N)	σ(kPa)	F_{max}(N)	σ(kPa)
K14 +700	219	27.88	415	52.84
K23 +500			338	43.04
K23 +700	338	43.04	317	40.36
K23 +900	393	50.04	393	50.04
K24 +100	197	25.08	360	45.84
K24 +300	219	27.88	338	43.04
平均值	311	39.60	289	36.80

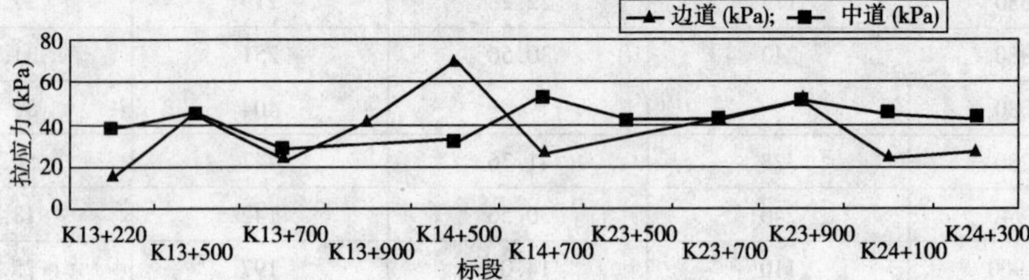

图 8-20　二标拉拔强度实验结果

三标拉拔强度实验结果　　表 8-3

标段	边道		中道	
	F_{max}(N)	σ(kPa)	F_{max}(N)	σ(kPa)
K29 +590			338	43.04
K29 +820	349	44.44	306	38.96
K30 +020	447	56.91	480	61.12
K34 +880	284	36.16	120	15.28
K35 +080			131	16.68
K35 +610	426	54.24	306	38.96
平均值	376.50	47.94	280.20	35.68

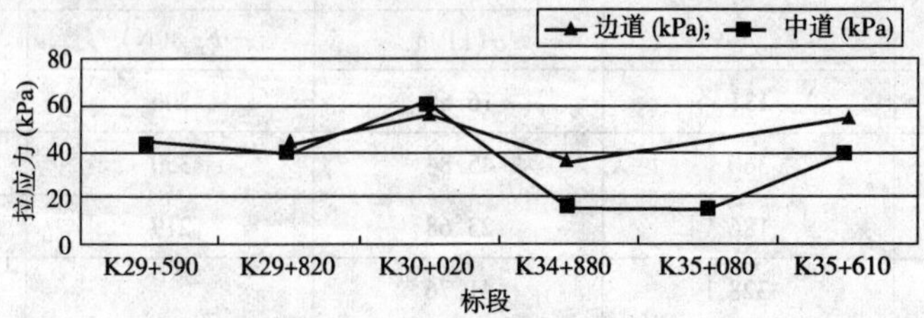

图 8-21　三标拉拔强度实验结果

一标剪切强度实验结果　　表8-4

标段	边道		中道	
	P_{max}(N)	τ(kPa)	P_{max}(N)	τ(kPa)
K1 +460	643	81.87	338	43.04
K1 +615	457	58.19	370	47.11
K7 +680	535	68.12	316	40.23
K7 +880	959	122.10	893	113.71
K8 +080			839	106.82
K8 +280	1 220	155.34	1 188	151.26
K10 +740	1 079	137.38	708	90.15
K10 +900	599	76.27	686	87.34
K11 +040	545	69.39	970	123.50
平均值	754.60	96.08	700.90	89.24

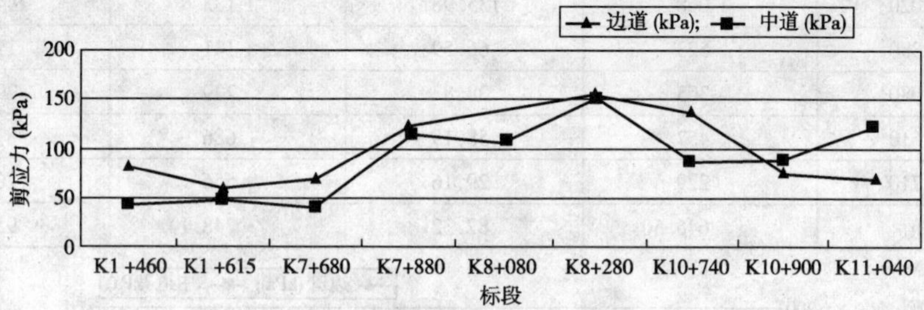

图8-22　一标剪切强度实验结果

二标剪切强度实验结果　　表8-5

标段	边道		中道	
	P_{max}(N)	τ(kPa)	P_{max}(N)	τ(kPa)
K13 +220	610	77.67	1 046	133.18
K13 +500	1 090	138.78	1 155	147.06
K13 +700	479	60.99	828	105.42
K13 +900	686	87.34	545	69.39
K14 +700	512	65.19	839	106.82
K16 +850	545	69.39	348	44.31
K24 +560	643	81.87	436	55.51
K24 +710	616	78.43	579	73.72
K25 +080	305	38.83	370	47.11
平均值	609.60	77.62	682.90	86.95

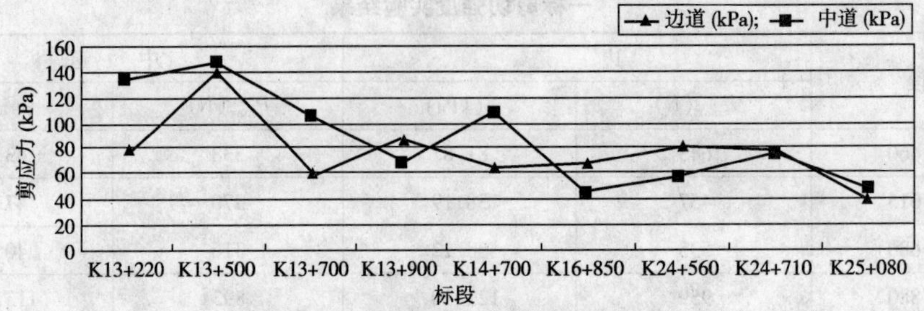

图 8-23　二标剪切强度实验结果

三标剪切强度实验结果　　表 8-6

标段	边　道		中　道	
	P_{max}(N)	τ(kPa)	P_{max}(N)	τ(kPa)
K29 + 590			1 228	156.35
K29 + 820	1 297	165.14	1 264	160.94
K30 + 020	1 068	135.98	1 133	144.26
K34 + 880	523	66.59	141	17.95
K35 + 080	305	38.83	229	29.16
K35 + 610	457	58.19	686	87.34
K35 + 710	229	29.16	556	70.79
平均值	646.50	82.32	748.14	95.26

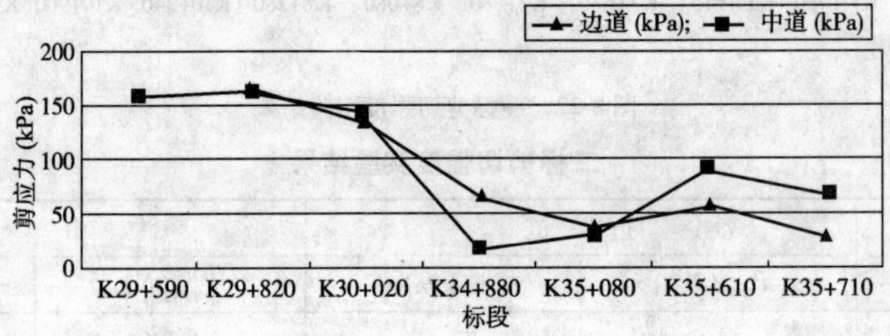

图 8-24　三标剪切强度实验结果

桥面防水层实验结果　　表 8-7

标段	剪　切		拉　拔	
	P_{max}(N)	τ(kPa)	F_{max}(N)	σ(kPa)
K15 + 200	518	65.95	665	84.67
K18 + 624	839	106.82	382	48.64
K19 + 500	1 515	192.90	480	61.12
K19 + 520	1 340	170.61	687	87.47
K21 + 550	893	113.70	976	124.27
平均值	1 146.75	146.01	631.25	80.37

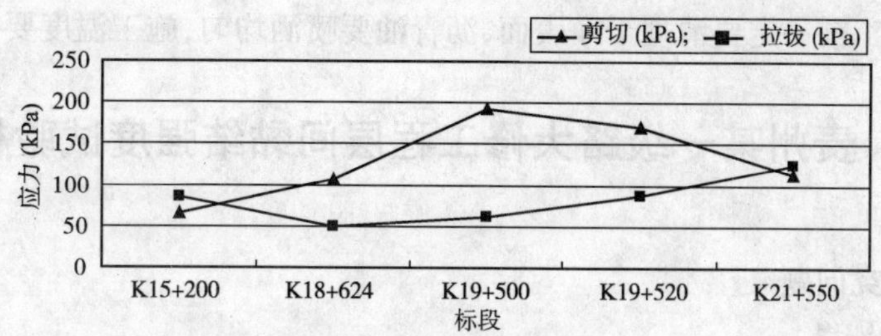

图 8-25 桥面防水层实验结果

拉拔、剪切强度统计结果(kPa)

表 8-8

		平均值	标准差	最小值	最大值	波动范围
路面剪切	边道	85.263	38.184	29.157	165.140	135.983
	中道	90.099	43.466	17.953	160.940	142.987
路面拉拔	边道	35.361	14.299	14.006	70.028	56.022
	中道	37.218	12.205	15.279	61.115	45.836
桥面	剪切	129.997	51.260	65.954	192.900	126.946
	拉拔	81.233	29.026	48.638	124.270	75.632

8.2.4 实验结果分析

(1)层间剪切强度

由试验、统计数据可知:沥青面层与稳定层之间的剪切强度平均值,边道为85.263kPa,中道为90.099 kPa,中道平均强度大于边道强度。剪切强度波动很大,其范围达到135.983~142.987kPa,一般试样剪切强度均大于40kPa,只有三标段K34+880处中道剪切强度为17.95kPa,K35+080处中道剪切强度为29.16kPa,由两个试样剪切后的试样界面可以看出,剪切强度低的原因是沥青没有喷洒均匀。

(2)层间拉拔强度

由试验、统计数据可知:沥青面层与稳定层之间的拉拔强度平均值,边道为35.361kPa,中道为37.218kPa,中道平均强度略大于边道强度。拉拔强度波动较剪切强度小,其范围为45.836~56.022kPa,一般试样拉拔强度均大于20kPa,低于20kPa都有其原因。如一标段K10+900处边道拉拔强度为14.01kPa,由试样拉拔后的试样界面可以看出,其拉拔强度低的原因是表面没有清理干净;三标段K34+880处中道拉拔强度为15.28kPa,K35+080处中道拉拔强度为16.68kPa,由两个试样拉拔后的试样界面可以看出,拉拔强度低的原因是沥青没有喷洒均匀。

(3)桥面防水层强度

由试验、统计数据可知:桥面防水层拉拔强度平均值为81.233kPa,剪切强度平均值为129.997kPa。最低拉拔强度为48.64kPa,最低剪切强度为65.95kPa。桥面防水层强度高于路面功能层强度。

由以上试验研究可知,要保证路面层间和桥面防水层的黏结强度,必须严格按照施工工艺进行,施工前一定要清理干净表面,沥青油要喷洒均匀,施工温度要控制合适等。

8.3 贵州某一级路大修工程层间黏结强度试验检测

8.3.1 研究问题

贵州某一级路面大修施工过程中,使用电动式剪切仪和拉拔仪进行现场质量检测,主要研究沥青加铺层与老路面之间的黏结强度及桥面防水层的黏结强度,通过剪切仪和拉拔仪分别测量其抗剪强度和抗拉强度。

8.3.2 试验过程和试验方法介绍

试验时间:2009 年 3 月 20 日 ~2009 年 5 月 8 日

对于路面层间黏结强度检测,先由试验人员现场取芯,然后用剪切仪或拉拔仪即可进行剪切强度或抗拉强度检测;对于桥面检测,则必须将仪器带到现场进行检测。

对于拉拔仪,装夹的时候应保证一定的预紧力,以防止在拉拔的过程中试件脱落,对于剪切仪,试件安装过程中,应该尽量使剪切件靠近芯样,将仪器固定牢靠,防止倒退。

最后,将机械系统的传感器和步进电机电缆接入数据采集系统,传感器电缆接入数据采集系统时,应注意所选择的通道,以便数据采集应用程序中设置。用 USB 数据线将数据采集系统和计算机相连接,在此应当注意数据采集系统的 USB 接口为 B 型口。计算机提示有新的 USB 设备接入,最后运行数据采集应用程序。

步进电机转速为 90r/min(拉拔速度为 10mm/min),数据采样频率为 400Hz 时,拉力曲线如图 8-26 所示。图 8-27 为剪切力曲线。

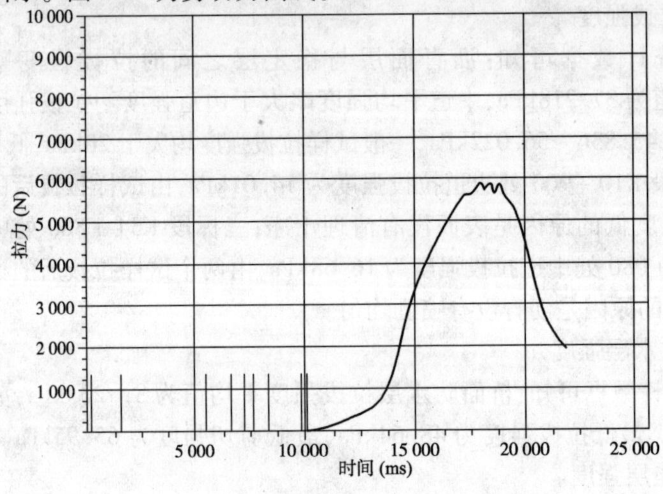

图 8-26 试样拉拔力变化曲线

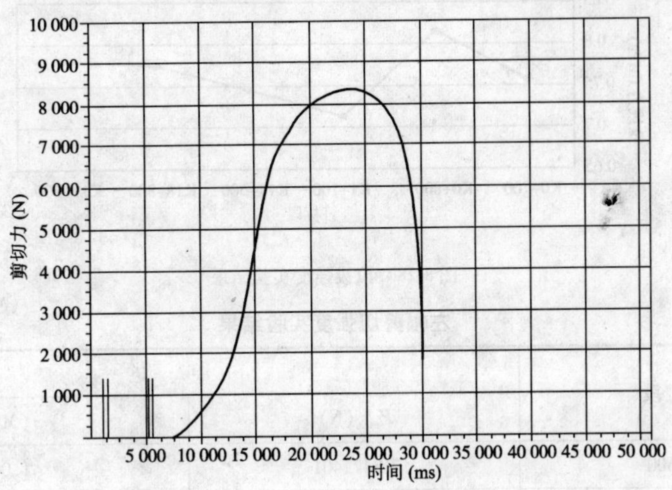

图 8-27 试样剪切力变化曲线

8.3.3 试验数据及处理结果

本次试验选择贵州某一级公路路面改造工程及桥梁改造工程，全线总长 25km，其中小桥有 16 座。根据该路的实际情况，在全线上取了几个标段，每隔 100m 取一组数据，取的试样中一部分做剪切试验，一部分做拉拔试验。在该路上共取试样 46 个，其中拉拔试验 6 个，剪切试验 40 个。桥上共取 3 个。各标段的试验数据见表 8-9 ~ 表 8-12，拉拔和剪切的强度结果见图 8-28 ~ 图 8-31，三个标段总数据统计结果见表 8-13。

拉拔强度实验结果　　表 8-9

标　段	边　道	
	F_{max}(N)	σ(MPa)
K0 +700	5 936.722	0.756
K0 +800	5 603.231	0.816
K1 +100	6 404.352	0.714
K17 +500	5 849.861	0.745
K18 +800	6 083.148	0.775
K19 +600	6 126.498	0.780
平均值	6 000.635	0.766

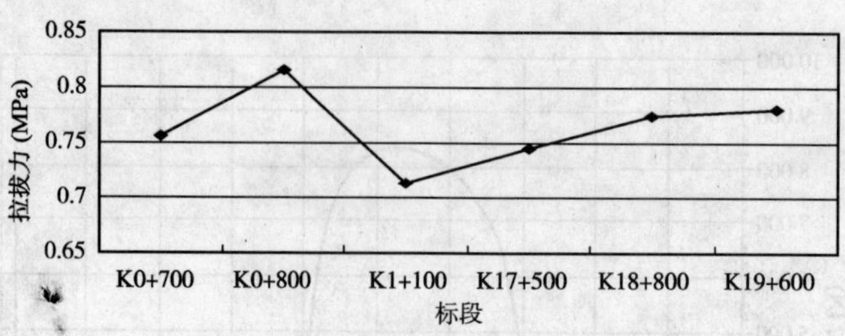

图 8-28　拉拔强度实验结果

左幅剪切强度实验结果　　表 8-10

标　段	中　道	
	P_{max}(N)	τ(MPa)
K0 +600	7 847.401	1.000
K0 +900	7 701.051	0.981
K1 +000	7 521.541	0.958
K1 +200	7 132.323	0.909
K1 +700	4 354.010	0.555
K2 +500	6 889.000	0.878
K2 +700	7 060.140	0.899
K2 +900	7 438.536	0.948
K3 +300	7 459.730	0.950
K3 +400	6 078.136	0.744
K9 +780	4 230.961	0.539
K10 +245	5 602.251	0.714
K10 +345	5 576.215	0.710
K17 +50	8 402.207	1.070
K17 +120	8 333.376	1.062
K17 +460	6 882.000	0.877
K18 +40	7 012.000	0.893
K18 +750	6 257.540	0.797
K19 +430	9 284.214	1.183
K19 +600	6 427.075	0.819
平均值	6 874.485	0.874

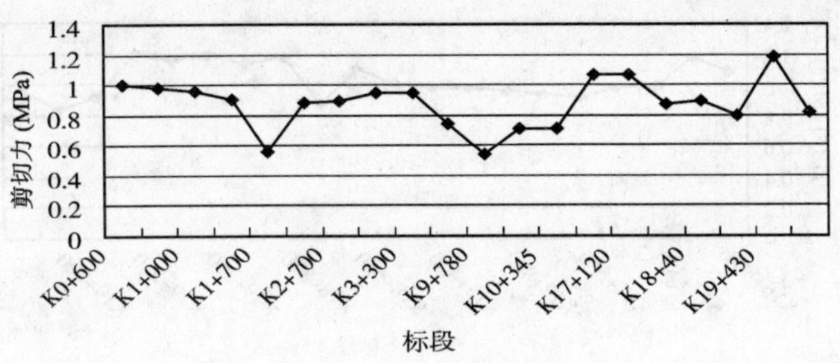

图 8-29　左幅剪切强度实验结果

右幅剪切强度实验结果　　表 8-11

标　段	中　道	
	P_{max}(N)	τ(MPa)
K16 + 800	8 426.13	1.073
K16 + 900	9 213.688	1.174
K17 + 300	7 674.703	0.978
K17 + 400	7 696.217	0.980
K17 + 650	7 189.261	0.916
K17 + 750	7 343.970	0.936
K17 + 880	7 491.836	0.954
K18 + 010	7 586.317	0.966
K18 + 400	7 658.632	0.976
K18 + 560	7 891.881	1.005
K18 + 650	8 647.228	1.102
K18 + 700	6 850.079	0.873
K18 + 870	9 179.065	1.169
K19 + 110	8 869.446	1.130
K19 + 250	9 294.933	1.184
K19 + 400	9 082.772	1.157
K19 + 550	9 408.175	1.198
K19 + 700	7 179.602	0.915
K19 + 800	6 595.676	0.840
K19 + 900	7 526.100	0.959
平均值	8 019.978	1.024

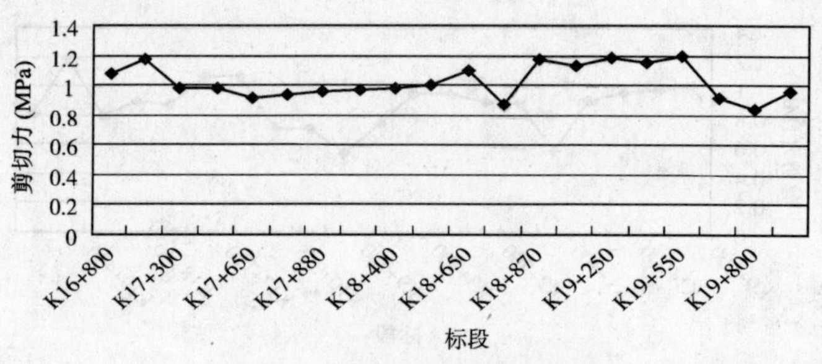

图 8-30 右幅剪切强度实验结果

桥面防水层剪切强度实验结果 表 8-12

标　段	中　道	
	F_{max}(N)	σ(MPa)
K3 +800	4 921.950	0.627
K18 +40	6 354.931	0.810
K18 +50	7 201.681	0.917
平均值	6 000.635	0.766

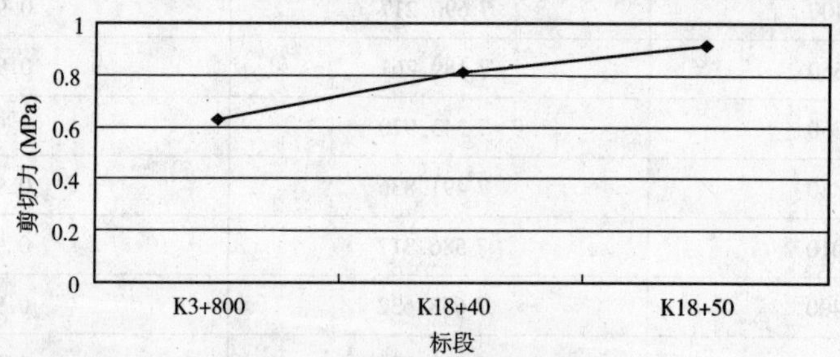

图 8-31 桥面防水层实验结果

拉拔、剪切强度统计结果(MPa) 表 8-13

		平均值	标准差	最小值	最大值	波动范围
路面剪切	左幅	0.874	0.160	0.539	1.183	0.644
	右幅	1.024	0.111	0.840	1.198	0.358
路面拉拔	中道	0.766	0.017	0.714	0.816	0.102
桥面	剪切	0.766	0.046	0.627	0.917	0.290

8.3.4 实验结果分析

(1)路面功能层剪切强度

由试验、统计数据可知:路面功能层剪切强度平均值左幅为 0.874MPa,右幅为 1.024MPa,右幅平均强度大于左幅平均强度。一般试样剪切强度均大于 0.8MPa。右幅大于左幅的原因是在标段 K1 +700 处剪切强度为 0.555MPa,K3 +400 处剪切强度为

0.744MPa,K9+780 处剪切强度为 0.539MPa,K10+245 处剪切强度为 0.714MPa,K10+345 处剪切强度为 0.710MPa。由试样剪切后的试样界面可以看出,这些试样剪切强度低的原因均是沥青没有喷洒均匀,说明黏结层沥青喷洒均匀程度对层间剪切强度影响很大。另外,对于大修工程,由于施工工艺的原因,在铺每一段路时,大约前 30m 和后 30m 内的剪切强度也较低,应加强开始和结束段的施工质量监控。

(2)路面功能层拉拔强度

由试验、统计数据可知:路面功能层拉拔强度平均值边道为 0.766MPa。拉拔强度波动较剪切强度小,一般试样拉拔强度均大于 0.7MPa。

(3)桥面防水层强度

由试验、统计数据可知:桥面防水层剪切强度平均值为 0.766kPa。最低剪切强度为 0.627kPa。

由以上试验研究可知,要保证路面功能层和桥面防水层的黏结强度,必须严格按照施工工艺进行,施工前一定要清理干净表面,沥青油要喷洒均匀,应避免雨天施工,还应加强开始段和结束段的施工质量监控等。

8.4 河北某高速公路大修工程层间黏结强度检测

8.4.1 研究问题

为了保证沥青路面大修工程中路面层间的黏结质量,在河北某高速公路大修施工过程中,使用电动式剪切仪和拉拔仪进行了现场质量检测,主要研究下面层与基层或沥青加铺层与老路面之间的黏结强度,通过剪切仪和拉拔仪分别测量其抗剪强度和抗拉强度。该试验结果可为沥青路面施工质量控制提供参考,也可为路面设计提供设计参考数据。

8.4.2 试验过程和试验方法介绍

试验时间:2009 年 07 月 1 日 ~2009 年 08 月 20 日

试验方法:对于路面层间黏结强度检测,先由试验人员现场取芯,然后用剪切仪或拉拔仪进行剪切强度或抗拉强度检测。

在试验过程中,对于拉拔仪,装夹的时候应保证一定的预紧力,以防止在拉拔的过程中试件脱落;对于剪切仪,试件在安装过程中,应该尽量使剪切件靠近芯样,将仪器固定牢靠,以防止倒退。

最后,将机械系统的传感器和步进电机电缆接入数据采集系统,用 USB 数据线将数据采集系统和计算机相连接,最后运行数据采集应用程序。

步进电机转速为 90r/min(拉拔速度为 10mm/min),数据采样频率为 400Hz 时,拉力曲线(面层与基层)如图 8-32 所示。图 8-33 为剪切力曲线(面层与基层),图 8-34 为剪切

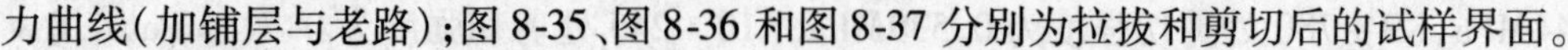

力曲线(加铺层与老路);图 8-35、图 8-36 和图 8-37 分别为拉拔和剪切后的试样界面。

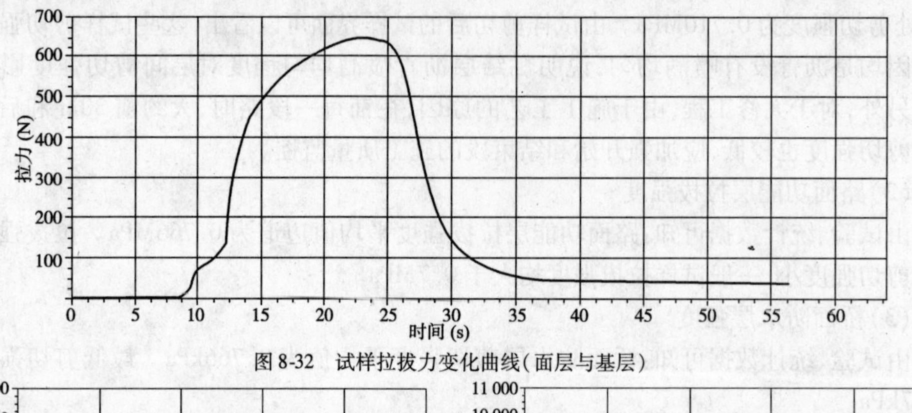

图 8-32　试样拉拔力变化曲线(面层与基层)

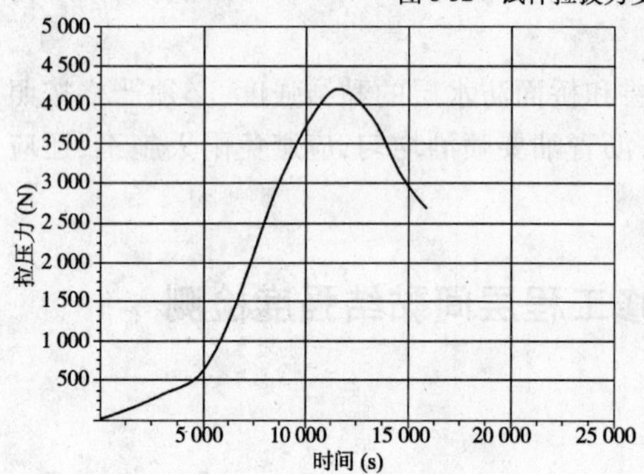

图 8-33　试样剪切力变化曲线(面层与基层)

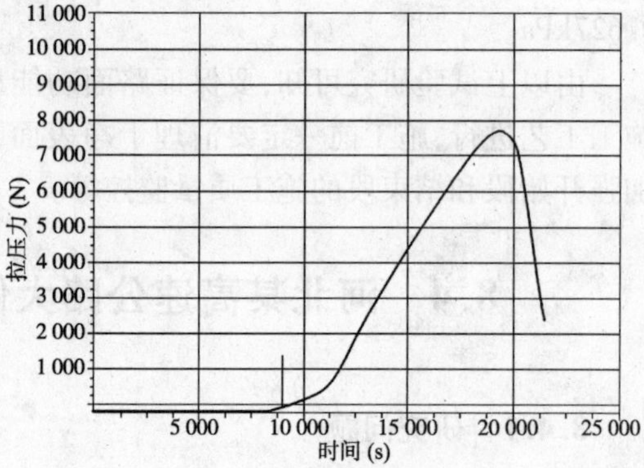

图 8-34　试样剪切力变化曲线(加铺层与老路)

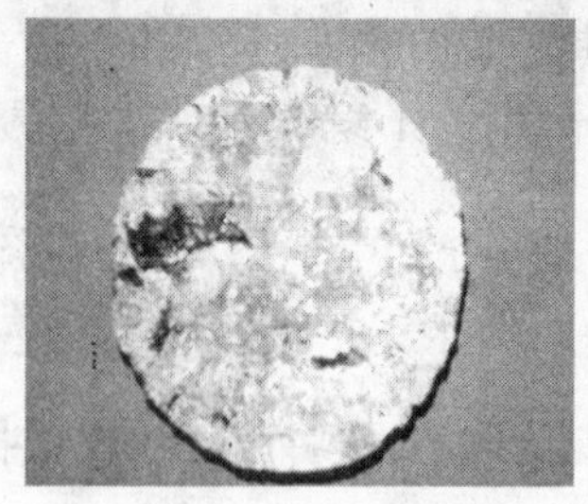

图 8-35　拉拔后的试样界面（面层与基层）

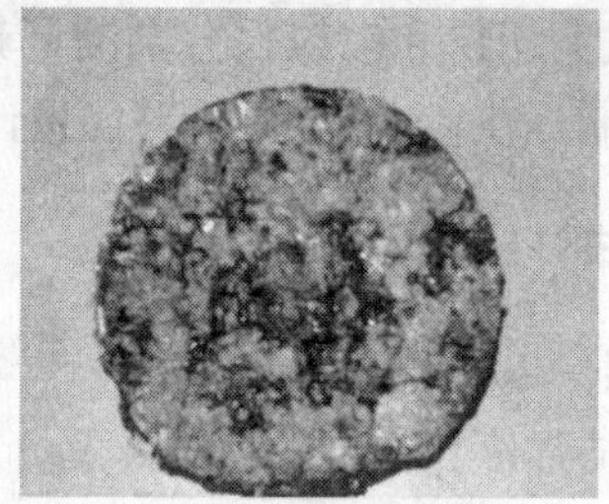

图 8-36　剪切后的试样界面（面层与基层）

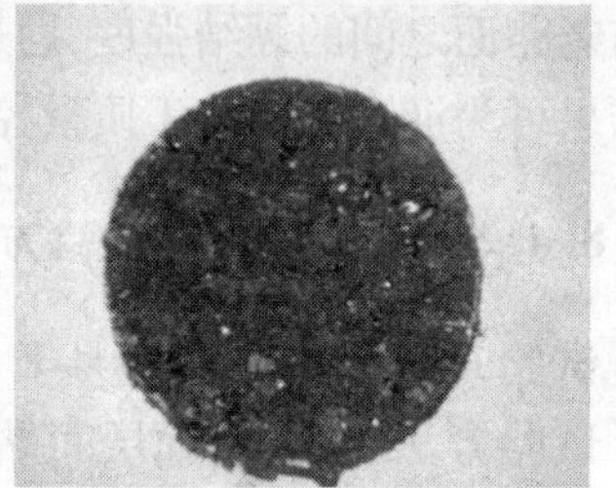

图 8-37　剪切后的试样界面（加铺层与老路）

8.4.3　试验结果与处理

本次试验选择迁河北某高速公路大修工程,全线总长 53km。本次路的大修总共分为五个标段,第一、二、三标段是铣刨原来的老路面,然后,再铺基层和沥青面层,路面的结构为:上面层为改性 AC-13C(采用 SBS 聚合物改性沥青),厚为 4cm;下面层是 AC-20C

沥青混凝土,厚为6cm;基层是18cm水泥稳定碎石。黏层油的材料采用SBS改性沥青。第四、五标段是对原来的老路面进行拉毛,然后加铺沥青面层,路面的结构为:面层为改性AC-13C(采用SBS聚合物改性沥青),厚为4cm,下层是原来的老路面。黏层油的材料采用SBS改性沥青。根据该公路的实际情况,每隔300m取一组试样,取的试样中一部分做剪切试验,一部分做拉拔试验。在该公路上共取试样85个,其中拉拔试验5个,剪切试验80个。各标段的试验数据见表8-14～表8-20,拉拔和剪切的强度结果见图8-38～图8-44,五个标段总数据统计结果见表8-21。

拉拔强度实验结果(面层与基层)　　表8-14

标段	右幅		试验温度(℃)
	F_{max}(N)	σ(MPa)	
K95 +760	422.658	0.054	26
K100 +700	510.620	0.065	28
K103 +500	804.352	0.102	29
K105 +000	649.861	0.083	29
K109 +700	783.148	0.100	28
平均值	634.128	0.081	28

注:该试验数据是在铺完底面层之后,4d之后所测。

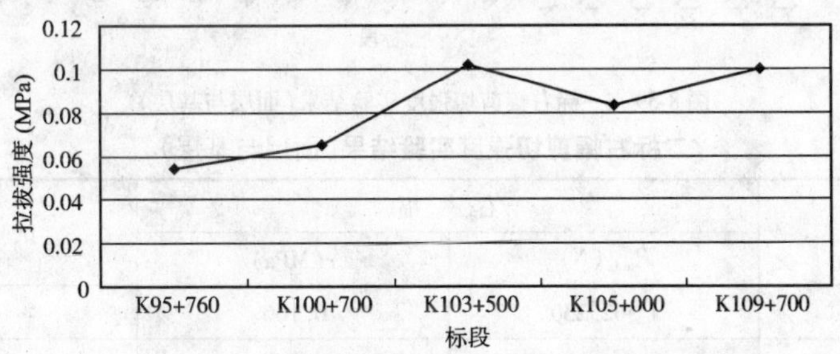

图8-38　拉拔强度实验结果(面层与基层)

一标右幅剪切强度实验结果(面层与基层)　　表8-15

标段	右幅		试验温度(℃)
	P_{max}(N)	τ(MPa)	
K102 +045	2 494.971	0.318	28
K102 +245	1 136.412	0.145	26
K102 +340	1 994.971	0.254	26.5
K100 +500	1 910.398	0.243	26
K100 +300	3 300.880	0.420	26
K100 +100	1 379.562	0.176	26
K99 +510	3 155.089	0.402	26

续上表

标段	右幅		试验温度(℃)
	P_{max}(N)	τ(MPa)	
K98+900	3 422.050	0.436	27.5
K98+500	4 533.075	0.577	24
K98+300	2 580.540	0.329	26
K97+200	2 477.293	0.316	28
K96+900	3 522.050	0.449	27.5
K96+300	1 523.009	0.194	27.5
K94+900	1 598.416	0.204	33
平均值	2 568.630	0.327	27.03

注:该试验数据是在铺完底面层之后,2d之后所测。

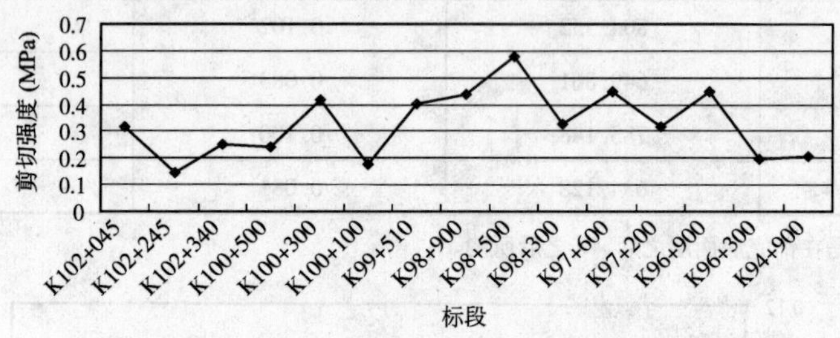

图 8-39　一标右幅剪切强度实验结果(面层与基层)

二标右幅剪切强度实验结果(面层与基层)　　表 8-16

标段	右幅		试验温度(℃)
	P_{max}(N)	τ(MPa)	
K103+750	1 302.230	0.166	28
K104+050	1 542.913	0.197	32
K104+350	3 584.257	0.457	28
K104+700	3 723.643	0.474	28
K105+300	4 321.230	0.550	29
K105+650	2 634.488	0.336	29
K106+000	1 514.496	0.193	28
K106+350	5 315.442	0.677	29
K106+700	3 945.624	0.503	28
K107+000	2 389.385	0.304	29
K107+300	4 618.898	0.588	29
K107+700	4 138.493	0.527	28

续上表

标段	右幅		试验温度(℃)
	P_{max}(N)	τ(MPa)	
K108 +060	1 492.883	0.190	28
K108 +300	1 368.650	0.174	29
K108 +910	4 195.237	0.534	29
K109 +300	5 501.297	0.701	26
平均值	3 224.323	0.417	28.56

注:该试验数据是在铺完底面层之后,7d 后进行检测。

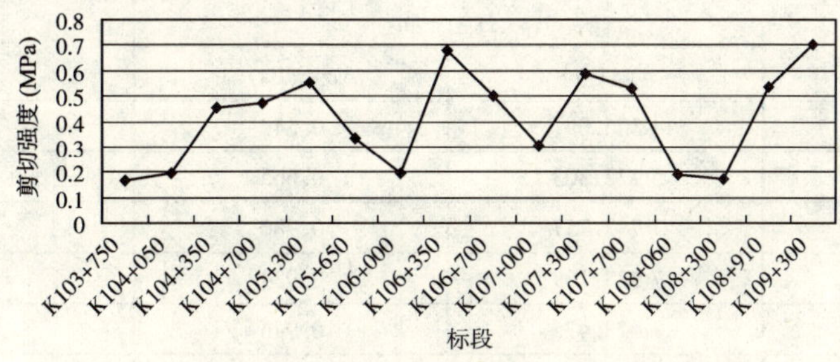

图 8-40 二标右幅剪切强度实验结果(面层与基层)

三标右幅剪切强度实验结果(面层与基层) 表 8-17

标段	右幅		试验温度(℃)
	F_{max}(N)	σ(MPa)	
K115 +842	1 958.777	0.250	33
K115 +952	2 490.875	0.317	28.5
K116 +640	1 668.775	0.213	33
K117 +120	3 819.651	0.487	33
K117 +300	2 337.661	0.298	33
K117 +600	2 466.479	0.314	33
K119 +260	4 949.625	0.631	28.5
K119 +840	1 825.732	0.233	33
K119 +400	2 243.693	0.286	28.5
K120 +160	2 050.875	0.261	28.5
平均值	2 581.214	0.329	31.2

注:该试验数据是在底面层铺完,大概有 5d 之后所测。

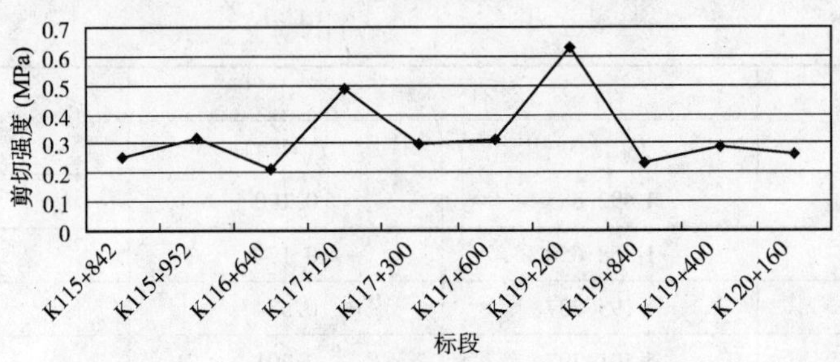

图 8-41　三标右幅剪切强度试验结果(面层与基层)

四标右幅剪切强度实验结果(加铺层与老路面)　　表 8-18

标段	右幅		试验温度(℃)
	F_{max}(N)	σ(MPa)	
K124 +900	4 306.097	0.549	26
K125 +300	5 222.803	0.665	26
K125 +600	7 742.757	0.986	26
K126 +000	7 328.199	0.934	26
K126 +300	7 428.475	0.946	26
平均值	6 405.666	0.816	26

注:该试验数据在铺油 3d 之后所测。

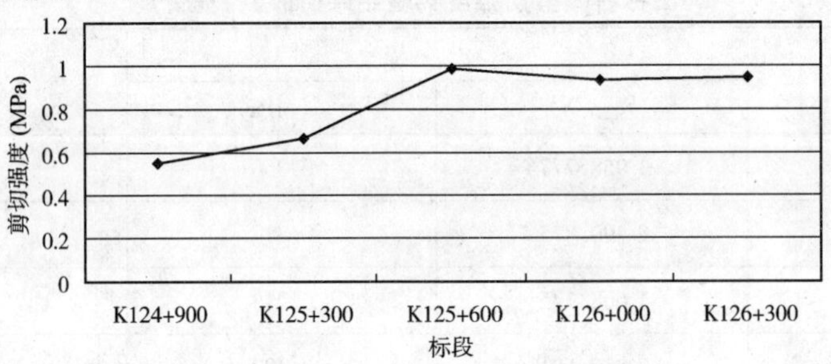

图 8-42　四标右幅剪切强度试验结果(加铺层与老路)

五标右幅剪切强度实验结果(加铺层与老路面)　　表 8-19

标段	右幅		试验温度(℃)
	P_{max}(N)	τ(MPa)	
K131 +630	7 580.550	0.966	26.5
K131 +950	6 397.517	0.815	32
K132 +210	6 951.585	0.886	32
K133 +100	5 548.727	0.707	26.5
K133 +400	7 111.332	0.906	26.5
K133 +700	6 234.938 、	0.794	32

续上表

标段	右幅		试验温度(℃)
	P_{max}(N)	τ(MPa)	
K134 +700	6 380.230	0.813	32
K135 +200	8 264.397	1.052	26.5
K135 +600	7 781.422	0.991	26.5
K136 +500	6 764.171	0.862	32
K136 +900	7 582.186	0.966	26.5
K137 +200	7 780.852	0.991	26.5
K137 +500	7 799.287	0.994	26.5
K137 +800	6 909.635	0.880	32
K138 +530	7 680.550	0.978	26.5
K138 +800	6 840.685	0.871	32
K140 +300	6 887.229	0.877	32
K141 +300	6 896.139	0.878	32
K143 +300	7 985.514	1.017	26.5
K143 +700	7 002.373	0.892	26.5
K146 +800	8 557.510	1.090	26.5
K147 +200	6 141.799	0.782	32
平均值	7 139.938	0.909	29

注:该试验数据是在铺油 15d 之后所测,并且已经跑过车。

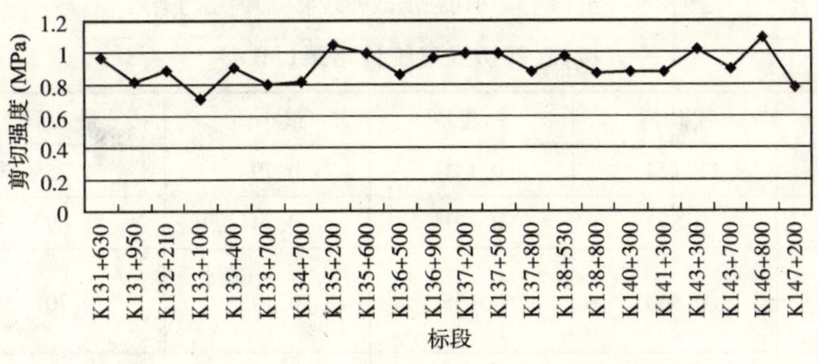

图 8-43　五标右幅剪切强度试验结果(加铺层与老路面)

五标左幅剪切强度实验结果(加铺层与老路面) 表 8-20

标段	右幅		试验温度(℃)
	P_{max}(N)	τ(MPa)	
K137 +000	9 955.857	1.268	24
K137 +500	9 165.530	1.168	24
K138 +700	9 497.560	1.210	24
K139 +200	7 691.645	0.980	24
K140 +500	9 231.371	1.176	24
K141 +100	9 153.170	1.166	24
K141 +800	9 725.050	1.239	24
K142 +500	6 234.938	0.794	24
K143 +200	9 397.480	1.197	24
K144 +000	9 158.320	1.167	24
K145 +000	7 394.330	0.942	24
K147 +320	9 275.339	1.182	24
平均值	8 823.383	1.124	24

注:前 4 个试样是铺油 2d 之后所测,后 8 个试样为铺油 10d 之后所测。

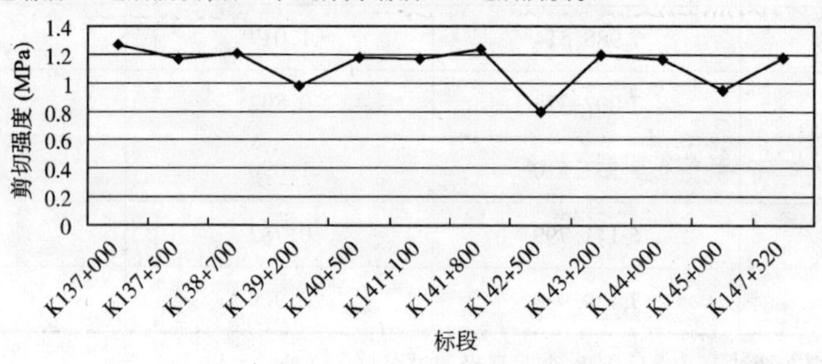

图 8-44 五标左幅剪切强度试验结果(加铺层与老路)

拉拔、剪切强度统计结果(MPa) 表 8-21

		平均值	标准差	最小值	最大值	波动范围
路面剪切(加铺层与老路)	左幅	1.124	0.141	0.794	1.268	0.474
	右幅	0.892	0.121	0.541	1.090	0.503
路面剪切(面层与基层)	右幅	0.360	0.155	0.145	0.701	0.556
路面拉拔(面层与基层)	右幅	0.081	0.021	0.054	0.102	0.048

8.4.4 实验结果分析

(1)路面功能层剪切强度(加铺层与老路面)

由试验、统计数据可知:路面功能层剪切强度平均值左幅为1.124MPa,右幅为0.892MPa,左右幅平均剪切强度为1.008MPa,一般试样剪切强度均大于0.8MPa,总体剪切强度比较高,同时说明SBS改性沥青是一种比较理想的黏层油。左幅平均强度大于右幅平均强度的主要原因是:①右幅有个别测点强度偏低,如四标段K124+900处剪切强度为0.549MPa,K125+300处剪切强度为0.665MPa,五标段K133+100处剪切强度为0.707MPa,由试样剪切后的试样界面可以看出,这些试样剪切强度低的原因是表面没有处理干净,有杂质,说明路面清理的干净程度对层间剪切强度影响很大,应加以重视。②右幅检测温度均高于左幅,说明温度对层间黏结强度影响较大。比如五标左右幅施工条件完全相同,而左幅平均剪切强度为1.124MPa(表8-20),右幅平均剪切强度为0.909MPa(表8-19),左幅大于右幅。其原因除个别试样由于表面没有处理干净而强度低以外,其主要原因是左幅测试温度(平均温度24℃)低于右幅测试温度(平均温度29℃)。由此可见,在温度高的时候,路面的剪切强度就会有所降低。

(2)路面功能层剪切强度(面层与基层)

由试验数据统计数据可知:路面功能层剪切强度平均值为0.360MPa,波动范围为0.556MPa,一般试样剪切强度均大于0.25MPa。总体剪切强度可满足正常车辆作用下的抗剪要求。有个别测点强度偏低,如一标段K102+245剪切强度为0.145MPa,K100+100剪切强度为0.176MPa;二标段K103+750剪切强度为0.166MPa,K108+300剪切强度为0.173MPa;由试样剪切后的试样界面可以看出,这些试样剪切强度低的原因是沥青没有喷洒均匀,说明黏结层沥青喷洒均匀程度对层间剪切强度影响很大。

(3)路面功能层拉拔强度(面层与基层)

由试验数据统计数据可知:路面功能层拉拔强度平均值为0.081MPa。拉拔强度的波动范围0.048MPa,明显比剪切强度小。

(4)由表8-20数据可知,对于加铺层路面,由于加铺层厚度仅4cm,施工2d后检测的剪切强度与10d后检测的剪切强度没有明显差异,说明加铺层施工2d后路面层间黏结强度已经稳定。

(5)对于该大修路,在水稳基层铺完之后,经常就会有大车通过,这样就对水稳基层造成影响,造成基层表面松散。即便在黏层质量很好的情况下,也会影响其剪切强度,如三标段K118+140,K118+440,K119+480处取样不成功,从现场试样断裂的位置可以看出,原因是此处水稳碎石质量有问题。所以应该加强管理,避免此类问题的出现。

由以上试验研究可知,要保证路面层间的黏结强度,必须采用性能良好的黏层油和合理的施工工艺,严格控制施工质量,施工前一定要清理干净表面,沥青油要喷洒均匀,同时要加强管理,施工期间严禁车辆通行。

参考文献

[1] 交通部规划司.2007 年公路交通行业发展统计公报[R].

[2] 沈金安,等.高速公路沥青路面早期损坏分析与防治对策[M].北京:人民交通出版社,2004.

[3] 孙立军,等.沥青路面结构行为理论[M].北京:人民交通出版社,2005.

[4] 沙庆林,著.高速公路沥青路面早期破坏现象及预防[M].北京:人民交通出版社,2001.

[5] 孟书涛.沥青路面合理结构的研究[D].南京:东南大学,2005.

[6] 姚祖康.公路设计手册——路面(第三版).北京:人民交通出版社,2006.

[7] Valkering C. P. ,Stapel F. D. R. and Lijzenga J. The SHELL Pavement Design Method on a Personal Computer[C]. Proceedings of 7th International Conference on Asphalt Pavement. Nottingham:ISAP,1992.

[8] Shell International Ltd. Shell Pavement Design Manual: Asphalt Pavements and Overlays for Road Traffic. London: Shell International Ltd. ,1981.

[9] 中华人民共和国交通部.JTG D50—2006 公路沥青路面设计规范(S).北京:人民交通出版社,2006.

[10] 陈荫三.汽车动力学[M].北京: 人民交通出版社,1994.

[11] 王国权,余群.8 自由度乘坐动力学模型及时域仿真[J].中国农业大学学报,2002,7(2).

[12] 任卫群.车-路系统动力学中的虚拟样机[M].北京: 电子工业出版社,2005.

[13] 陆兆峰.车辆对路面作用的力学行为研究[D].西安: 长安大学,2005.

[14] 尤晋闽.车辆对路面作用的动载荷研究[D].西安: 长安大学,2006.

[15] 杨英,刘刚, 赵广耀.基于 ADAMS 机械模型的车辆主动悬架控制策略与仿真[J].东北大学学报(自然科学版),2006,27(1):72-75.

[16] Centea D. ,Rahnejat H. ; Menday M. T. ,Non-linear multi-body dynamic analysis for the study of clutch torsional vibrations[J]. Applied Mathematical Modelling,2001,25(3):177-192.

[17] Lu Xiao-Yun. ,Hedrick J. Karl. Heavy-duty vehicle modelling and longitudinal control [J]. Vehicle System Dynamics,2005,43(9):653-669.

[18] Lewis A. S. ,El-Gindy M. Sliding mode control for rollover prevention of heavy vehicles based on lateral acceleration[J]. Heavy Vehicle Systems,2003,10(1):9-34.

[19] Lewis A. Scot,El-Gindy Moustafa Nonlinear active rollover prevention control strategies

for a 5-axle tractor/semitrailer[C]. ASME International Mechanical Engineering Congress and Exposition, Proceedings, v 2, 2001:579-586.

[20] 邓学钧,孙璐. 车辆——地面结构系统动力学[M]. 北京:人民交通出版社,2000.

[21] Collop A. C., Cebon, D. Effects of 'road friendly' suspensions on long-term flexible pavement performance[C]. Proceedings of the Institution of Mechanical Engineers, Part C: Journal of Mechanical Engineering Science, 1997, 211(6):411-424.

[22] Hardy M. S. A., Cebon, D. Flexible pavement response models for assessing dynamic axle loads[C]. Proceedings of the Third International Symposium on Heavy Vehicle Weights and Dimensions, 1992:65-75.

[23] Costanzi M., Cebon D. An investigation of the effects of lorry suspension performance on road maintenance costs[C]. Proceedings of the Institution of Mechanical Engineers, Part C: Journal of Mechanical Engineering Science, 2007, 221(11):1265-1277.

[24] Cole D. J., Collop A. C., Potter T. E. C., Cebon D. Spatial repeatability of measured dynamic tyre forces[C]. Proceedings of the Institution of Mechanical Engineers, Part D: Journal of Automobile Engineering, 1996, 210(3):185-197.

[25] Sun Lu, Cai Ximing, Yang Jun Genetic algorithm-based optimum vehicle suspension design using minimum dynamic pavement load as a design criterion[J]. Journal of Sound and Vibration, 2007, 301(1):18-27.

[26] Sun Lu Optimum design of road-friendly vehicle suspension systems subjected to rough pavement surface[J]. Applied Mathematical Modelling, 2002, 26(5):635-652.

[27] Sun Lu, Luo Feiquan Nonstationary dynamic pavement loads generated by vehicles traveling at varying speed[J]. Journal of Transportation Engineering, 2007, 133(4):252-263.

[28] Sun Lu, Kennedy Thomas W. Spectral analysis and parametric study of stochastic pavement loads[J]. Journal of Engineering Mechanics, 2002, 128(3): 318-327.

[29] Alpan I. and Naker R. the Speed Effect in Pavement Deflection[J]. Acta Technica, 1997, 85(1):11-28.

[30] Harr ME. Influence of Vehicle Speed on Pavement Deflection[C]. Proc. Highway Research Board, 1962.

[31] Kerr, A. D. Elastic and viscoelastic foundation models[J]. Journal of Application Mechanics, 1964: 491-498.

[32] Kenis W. J., Sherwood J. A., and McMahon T. F. Verification and application of the VESYS structural subsystem[C]. Proc. 5th nt. Conf. on the Structural Design of Asphalt Pavements:333-345, 1982.

[33] Monismith C. L. Analytically based asphalt pavement design and rehabilitation: Theory to practice, 1962-1992. Transportation Research Record 1354, Transportation Research

Board, Washington, D. C. :5-26.

[34] Ullidtz P. , and Larsen B. K. Mathematical model for predicting pavement performance. Transportation Research Record, 949:45-55.

[35] Battiato G. , Verga C. , Ronca G. Viscoelastic Deformations in a two-layered Paving System Predicted from Laboratory Creep Results. Transportation Research Record, n 640, 1977: 34-38.

[36] Verga C. , Battiato G. , Ronca G. Deformability of Flexible Pavements Subjected to Repeated Moving Loads. Transportation Research Record, n 572, 1976:97-110.

[37] Battiato G. , Ronca G. , Verga C. Viscoelastic Analysis of a Three-Layer Paving System Subjected to Moving Loads[C]. Plastics in Medicine and Surgery (International Conference), v 3, 1980: 679-682.

[38] Antonio J. B. , Kausel E. Green's functions for two-and-a-half-dimensional elastodynamic problems[J]. Journal of Engineering Mechanics, 2000, 126(10): 1093-1097.

[39] Park J. , Kausel E. Impulse response of elastic half-space in the wave number-time domain[J] Journal of Engineering Mechanics, 2004, 130(10):1211-1222.

[40] Hardy M. S. A. , Cebon D. Response of continuous pavement to moving dynamic loads [J]. Journal of Engineering Mechanics, 1993, 119(9):1762-1780.

[41] Hardy M. S. A. , Cebon D. Importance of speed and frequency in flexible pavement response[J]. Journal of Engineering Mechanics, 1994, 120(3): 463-492.

[42] Collop A. C. , Cebon D. , Hardy M. S. A. Viscoelastic approach to rutting in flexible pavements[J]. Journal of Transportation Engineering, 1995, 121(1): 82-93.

[43] Hardy M. S. A. , Cebon D. Flexible pavement response models for assessing dynamic axle loads[C]. Proceedings of the Third International Symposium on Heavy Vehicle Weights and Dimensions, 1992: 65-75.

[44] 黄仰贤(美). 路面分析与设计[M]余定选, 齐诚, 译. 北京:人民交通出版社, 1998.

[45] Chatti K, Mahoney J. , Monismith C L. Field response and dynamic modeling of an asphalt concrete pavement section under moving heavy trucks[C]. Proceedings of the International Symposium on Heavy Vehicle Weights and Dimensions, Road Transport Technology, 1995:189-200.

[46] Zafir Zia. Siddharthan Raj, Sebaaly Peter E. Dynamic pavement-strain histories from moving traffic load[J]. Journal of Transportation Engineering, 1994, 120(5): 821-842.

[47] Siddharthan R. V. , Krishnamenon N. , Sebaaly P. E. Finite-layer approach to pavement response evaluation. Transportation Research Record, 1709, 2000:43-49.

[48] Sebaaly Peter E. , Tabatabaee Nader. Effect of tire parameters on pavement damage and load-equivalency factors [J]. Journal of Transportation Engineering, 1992, 118 (6):

805-819.

[49] Siddharthan Raj V. , Sebaaly Peter E. , El-Desouky Magdy, Strand Dan, Huft David. Heavy off-road vehicle tire-pavement interactions and response[J]. Journal of Transportation Engineering, 2005, 131(3): 239-247.

[50] Siddharthan Raj V. , Yao Jian, Sebaaly Peter E. Pavement strain from moving dynamic 3D load distribution[J]. Journal of Transportation Engineering, 1998, 124(6): 557-566.

[51] Siddharthan Raj V. , El-Mously Mohey, Sebaaly Peter E. , Krishnamenon, N. Investigation of tire contact stress distributions on pavement response[J]. Journal of Transportation Engineering, 2002, 128(2): 136-144.

[52] Sebaaly Peter E. , Tabatabaee Nader. Influence of vehicle speed on dynamic loads and pavement response. Transportation Research Record, n 1410, 1993: 107-117.

[53] Sebaaly Peter E. , Siddharthan Raj, EI-Desouky Magdy. Effect of Off-Road Equipment on Flexible Pavements. Transportation Research Record, n 1821, 2003: 29-38.

[54] Magdy El-Desoudy. Further Developments of 3DMOVE and Its Engineering Applications [D]. University of Nevada, 2003.

[55] 任瑞波,谭忆秋,张肖宁. FWD 动荷载作用下沥青路面层状粘弹体路表弯沉的求解[J]. 中国公路学报, 2001, 14(2): 9-13.

[56] 钟阳,陈静云,王龙,李玉华. 求解动荷载作用下多层粘弹性半空间轴对称问题的精确刚度矩阵法[J]. 计算力学学报, 2003, 20(6): 749-755.

[57] 孙璐,邓学钧. 匀速运动的线源荷载激励下无限长梁动力分析[J]. 应用数学和力学, 1998, 19(4): 341-347.

[58] 孙璐,邓学钧. 运动负荷下粘弹性 Kelvin 地基上无限大板的稳态响应[J]. 岩土工程学报, 1997, 19(2): 14-22.

[59] 孙璐,邓学钧. 运动分布荷载作用下弹性地基上无限大板瞬态响应[J]. 应用力学学报, 1997, 14(2): 72-78.

[60] 孙璐,邓学钧. 移动的线源平稳随机荷载激励下梁的随机响应[J]. 力学学报, 1997, 29(3): 365-368.

[61] Teng Paul. Long-term pavement performance program for years 1992-1997: A strategic plan[C]. Pacific Rim TransTech Conference, 1993: 256-262.

[62] Rada, Gonzalo R. SHRP's layer moduli backcalculation procedure. ASTM Special Technical Publication, n 1198, Dec, 1994: 38-52.

[63] Rabinow S. D. , Rada G. R. , Tayabji S. D. , Richter C. A. Development of strategic highway research program long-term pavement performance climatic data base. Transportation Research Record, n 1388, 1993: 88-96.

[64] Li S. , Li Y. , Metcalf J. B. Enhancement of asphalt pavement evaluation using Monte

Carlo simulation and accelerated pavement testing[J]. Journal of Testing and Evaluation,2002,30(5):392-399.

[65] Onar Arzu,Thomas Fridtjof,Choubane Bouzid,Byron Tom. Statistical mixed effects models for evaluation and prediction of accelerated pavement testing results[J]. Journal of Transportation Engineering,2006,132(10):771-780.

[66] Martin Amy Epps,Walubita Lubinda F.,Hugo Fred,Bangera Nitin U. Pavement response and rutting for full-scale and scaled APT[J]. Journal of Transportation Engineering, 2003,129(4): 451-461.

[67] Asphalt Strain Gage ASG-152, http://www. CTLGroup. com, Acessed December 10,2005.

[68] Epps J.,Monismith C. L.,etl. Performance of HMA Test Sections at WESTRACK[J]. Journal of the Association of Asphalt Paving Technologists,1998,Vol. 67:783-782.

[69] Loulizi A.,Al-Qadi I. L.,Lahouar S.,Freeman T. E.. Data Collection and Management of the Instrumented Smart Road Flexible Pavement Sections. Transportation Research Record,n 1769,2001:142-151.

[70] Chadbourn B. A.,Newcomb D. E. and Timm D. H.. Measured and Theoretical Comparisons of Traffic Loads and Pavement Response Distributions[C]. Eighth International Conference on Asphalt Pavements,Seattle,WA,1997:229-238.

[71] Al-Qadi I.,A. Loulizi,Elseifi M. and Lahouar S.. The Virginia Smart Road: The Impact of Pavement Instrument on Understanding Pavement Performance[J]. Journal of the Association of Asphalt Paving Technologists,2004,Vol. 73:427-465.

[72] Kohls Amy R. Design and construction of smart road over Wilson Creek: Montgomery County,Virginia. Transportation Research Record,n 1813,2002: 229-234.

[73] R. Buiter,M. H. Cortenraad,A. C. Van Eck and H. Van Rij. Effects of Transverse Distribution of Heavy Vehicles on Thickness Design of Full-Depth Asphalt Pavements. Transportation Research Record 1227,Transportation Research Board, National Research Council,Washington,D. C.,1989:66-74.

[74] Angela L. Priest,David H. Timm. A Full-Scale Pavement Structural Study for Mechanistic-Empirical Pavement Design. Journal of the Association of Asphalt Paving Technologistis,Vol. 74,2005:519-555.

[75] Immanuel. S,Timm. D. H. Measured and Theorectical Pressures in Base and Subgrade Layers Under Dynamic Truck Loading, Journal of Airfield and Highway Pavements, 2006:155-166.

[76] Stoffels Shelley M.,Solaimanian Mansour,Morian Dennis,Soltani Ali. Field instrumentation and testing data from Pennsylvania′s superpave in-situ stress/strain investigation

[C]. Proceedings of the 2006 Airfield and Highway Pavement Specialty Conference, v 2006, Airfield and Highway Pavements: Meeting Today's Challenges with Emerging Technologies - Proceedings of the 2006 Airfield and Highway Pavement Specialty Conference, 2006:107-118.

[77] Joubert A., Baron E., Grunberg C., Larson J. D., Mittig W., Ripouteau F. The SISSI project: An intense secondary ion source using superconducting solenoid lenses[C]. Source: Conference Record of the 1991 IEEE Particle Accelerator Conference, 1992: 594-597.

[78] Hayhoe, Gordon F. Spectral characteristics of longitudinal highway profiles as related to ride quality. ASTM Special Technical Publication, n 1164, 1992:32-53.

[79] Boessio, Mario Leonardo, Morsch, Inacio Benvegnu, Awruch, Armando Miguel. Fatigue lifetime estimation of commercial vehicles[J]. Journal of Sound and Vibration, 2006, 291(1): 169-191.

[80] Sun L., Zhang, Z., Ruth J. Modeling indirect statistics of surface roughness[J]. Journal of Transportation Engineering, 2001, 127(2):105-111.

[81] Hegmon, Rudolph R. Definition and Measurement of Pavement Surface Roughness[J]. Wear, 1979, 57(1):127-136.

[82] 王新明,王秉刚.高速公路路面功率谱[J].交通运输工程学报,2003,3(2).

[83] Papagiannakis A. T., Raveendran G., International Standards Organization-compatible index for pavement roughness. Transportation Research Record, n 1643, 1998:110-115.

[84] Mannel, Manuel, Beckenbauer, Thomas. Characterisation of road surfaces by means of texture analysis. VDI Berichte, n 2014, 2007:223-239.

[85] 国家标准局.GB 70312—1986 车辆振动输入路面平度表示方法[S].

[86] 孙虹.东风载货汽车[M].北京:国防工业出版社, 2001.

[87] 解放汽车工业企业联营公司.解放系列汽车技术性能手册[M].北京:机械工业出版社,1990.

[88] 黄玮,薛云,赵云峰,等.斯太尔系列重型汽车的结构与维修[M].北京:国防工业出版社,2003.

[89] 张克猛,张义忠.理论力学[M].北京:科学出版社,2008.

[90] 张宝生,等.汽车优化设计理论与方法[M].北京:机械工业出版社,2000.

[91] 汽车工程手册编辑委员会.汽车工程手册(设计篇).北京:人民交通出版社,2001.

[92] 郭正康.现代汽车列车设计与使用[M].北京:北京理工大学出版社,2006.

[93] Kutsche, Thomas, Raulf, Matthias, Becher, Hans-Otto. Optimized ride control of heavy vehicles with intelligent suspension control. SAE Special Publications, v 1308, 1997, Heavy Vehicle and Highway Dynamics:63-67.

[94] Muluka V. G. , Rakheja S. , Haseganu E. M. Reduction of dynamic pavement loads of heavy vehicles through optimal suspension damping and axle vibration absorber. SAE Special Publications, v 1201, 1996, Commercial Vehicles and Highway Dynamics: 1-9.

[95] Ahmadian, Mehdi, Yang Shaopu. Effect of system nonlinearities on locomotive bogie hunting stability[J]. Vehicle System Dynamics, 1998, 29(6): 365-384.

[96] 张克健. 车辆地面力学[M]. 北京:国防工业出版社,2002.

[97] Dihua Guan, Chengjian Fan. Tire modeling for vertical properties including enveloping properties using experimental modal parameters[J]. Vehicle System Dynamics, 2003, 40(6): 419-433.

[98] Jianmin G. , Gall R. , Zuomin W. Dynamic damping and stiffness characteristics of the rolling tire[J]. Tire Science and Technology, 2001, 29(4): 258-268.

[99] Guo Konghui, Liu Qing. Generalized theoretical model of tire cornering properties in steady state condition. SAE Special Publications, v 1308, Nov, 1997, Heavy Vehicle and Highway Dynamics: 31-38.

[100] Taylor R. K. , Bashford L. L. , Schrock M. D. Methods for measuring vertical tire stiffness [J] Transactions of the American Society of Agricultural Engineers, 2000, 43(6): 1415-1419.

[101] 洪永福. 东风汽车产品手册[M]. 北京:人民交通出版社,2001.

[102] 吴定才,等. 东风 EQ1108G EQ1141G 汽车结构与使用维修[M]. 北京:人民交通出版社,2001.

[103] 洪永福. 东风汽车实用指南[M]. 北京:机械工业出版社,1994.

[104] 郑仲浪. 大型货车对路面动作用力的研究[D]. 西安:长安大学,2007.

[105] 国家标准局. GB 9744—97 载重汽车轮胎[S].

[106] 陆明万,罗学富. 弹性理论基础[M]. 北京:清华大学出版社,2000.

[107] 郭大智,任瑞波. 层状粘弹性体系力学[M]. 哈尔滨:哈尔滨工业大学出版社,2001.

[108] 杨挺青. 粘弹性力学[M]. 武汉:华中理工大学出版社,1990.

[109] Yeremeyev V. A. , Freidin A. B. , Sharipova L. L. The stability of the equilibrium of two-phase elastic solids[J]. Journal of Applied Mathematics and Mechanics, 2007, 71(1): 61-84.

[110] Fuchs Moshe B. Analytic representation of member forces in linear elastic redundant trusses[J]. International Journal of Solids and Structures, 1992, 29(4): 519-530.

[111] Araki Y. , Hjelmstad K. D. Rate-dependent projection operators for frictional contact constraints[J]. International Journal for Numerical Methods in Engineering, 2003, 57(7): 923-954.

[112] Mesquita A. D. , Coda H. B. A simple Kelvin and Boltzmann viscoelastic analysis of three-dimensional solids by the boundary element method [J]. Engineering Analysis with Boundary Elements,2003,27(9):885-895.

[113] Durban,David,Zeitoun,David Gaston,Benaim,Hanoch Eric. Finite linear viscoelasticity [J]. : Journal of Engineering Mechanics,1990,116(11):2449-2462.

[114] Wu G. H. ,Tsein T. C. ,Ju S. H. Three-dimensional finite element analysis of thermomechanical behavior in flip-chip packages under temperature cycling conditions[J]Journal of Reinforced Plastics and Composites,2005,24(18):1895-1907.

[115] Sunwoo K. B. , Park S. J. , Lee S. J. , Ahn K. H. , Lee S. J. Numerical simulation of three-dimensional viscoelastic flow using the open boundary condition method in coextrusion process[J] Journal of Non-Newtonian Fluid Mechanics,2001,99(2):125-144.

[116] Ellero Marco,Kroger Martin,Hess Siegfried. Viscoelastic flows studied by smoothed particle dynamics[J]. Journal of Non-Newtonian Fluid Mechanics,2002,105(1): 35-51.

[117] Hack Robert, Orlic Bogdan, Ozmutlu Senol, Zhu Sicai, Rengers Niek. Three and more dimensional modelling in geo-engineering[J]. Bulletin of Engineering Geology and the Environment,2006,65(2):143-153.

[118] Wang Yan ,Arruda Ellen M. Constitutive modeling of a thermoplastic olefin over a broad range of strain rates[J]Journal of Engineering Materials and Technology,Transactions of the ASME,2006,128(4): 551-558.

[119] Yang W. ,Fung T. C. ,Chian K. S. ,Chong C. K. 3D mechanical properties of the layered esophagus: Experiment and constitutive model[J] Journal of Biomechanical Engineering,2006,128(6):899-908.

[120] 肖果能,王家宝,徐千里. 实用大学数学手册[M]. 长沙:湖南科学技术出版社,2005.

[121] 郑传超,王秉纲. 道路结构力学计算[M]. 北京:人民交通出版社,2003.

[122] You Zhanping,Buttlar William G. Micromechanical modeling approach to predict compressive dynamic moduli of asphalt mixtures using the distinct element method. Transportation Research Record,n 1970,Bituminous Paving Mixtures,2006:73-83.

[123] Pellinen Terhi K. ,Witczak Matthew W. ,etc. Stress dependent master curve construction for dynamic (complex) modulus[J]. Association of Asphalt Paving Technologists-Proceedings of the Technical Sessions,2002,v 71:281-309.

[124] Bari Javed, Witczak Matthew W. ,etc. Development of a new revised version of the Witczak E Predictive Model for hot mix asphalt mixtures[C]. Association of Asphalt Paving Technologists-Proceedings of the Technical Sessions,v 75,Association of Asphalt Paving Technologists -Proceedings of the Technical Sessions 2006 Annual Meeting,

2006:381-424.

[125] Bari Javed ,Witczak Matthew W. Evaluation of the effect of lime modification on the dynamic modulus stiffness of hot-mix asphalt: Use with the new mechanistic-empirical pavement design guide. Transportation Research Record, n 1929,2005:10-19.

[126] Bari Javed, Witczak Matthew W. New predictive models for viscosity and complex shear modulus of asphalt binders: for use with mechanistic-empirical pavement design guide. Transportation Research Record, n 2001, Bituminous Paving Mixtures 2007,2007:9-19.

[127] Airey Gordon D. ,Rahimzadeh Behzad, Collop Andrew C. etc. Linear viscoelastic limits of bituminous binders[J]. Asphalt Paving Technology: Association of Asphalt Paving Technologists-Proceedings of the Technical Sessions, v 71,2002:89-115.

[128] Airey Gordon D. , Hunter Alistair E. Dynamic mechanical testing of bitumen: Sample preparation methods[C]. Proceedings of the Institution of Civil Engineers: Transport, 2003,156(2):85-92.

[129] Drakos Christos A. ,Roque Reynaldo, Birgisson Bjorn. Effects of measured tire contact stresses on near-surface rutting. Transportation Research Record, n 1764,2001:59-69.

[130] Tielking John T. , Abraham Moises A. Measurement of truck tire footprint pressures. Transportation Research Record, n 1435, Sep,1994:92-99.

[131] Huhtala Matti, Pihlajamaki Jari, Pienimaki Markku. Effects of tires and tire pressures on road pavements. Transportation Research Record, n 1227,1989:107-114.

[132] De Beer M. ,Sadzik E. M. ,Fisher C. ; Coetzee C. H. Tyre-pavement contact stress patterns from the test tyres of the Gautrans Heavy Vehicle Simulator (HVS) MK IV + [C]. 24th Annual Southern African Transport Conference, SATC 2005: Transport Challenges for 2010, 24th Annual Southern African Transport Conference, SATC 2005: Transport Challenges for 2010,2005:413-430.

[133] De Beer M. Measurement of tyre/pavement interface stresses under moving wheel loads [J]. Heavy Vehicle Systems,1996,3(1):97-115.

[134] 张超,郑南翔,王建设.路基路面试验检测技术[M].北京:人民交通出版社,2004.

[135] AASHTO. AASHTO Guide for Design of Pavement Structures. Washington: AASHTO,1986.

[136] AASHTO. AASHTO Guide for Design of Pavement Structures. Washington: AASHTO,1993.

[137] Al-Qadi, Imad L. , Yoo, Pyeong J. , Elseifi, Mostafa A. , etc. Effects of tire configurations on pavement damage[J]. Asphalt Paving Technology: Association of Asphalt Paving Technologists-Proceedings of the Technical Sessions, v 74,2005 Meeting of the Association of Asphalt Paving Technologists - Proceedings of the Technical Sessions,2005:921-961.